INHALTSVERZEICHNIS

Für die wertvollsten Menschen in meinem Leben:
Natascha, Klaus und Monika.
Danke, dass Ihr da seid!

Vorwort

Bevor wir uns zusammen auf eine ungewöhnliche Reise begeben, möchte ich Dich warnen. Dieses Buch enthält Informationen, die eigentlich nicht für Dich bestimmt sind. Manche Kreise würden es begrüßen, wenn Du dieses Buch nicht lesen würdest. Diese Kräfte benötigen nämlich eine möglichst große Anzahl von willigen Untertanen, um ihre eigenen Pläne umzusetzen. Dieses Buch kann diesen Herrschaften richtig schön die Suppe versalzen, denn es kann eine Spielfigur in einen **Spieler** verwandeln. Du stehst nun vor der Wahl: Möchtest Du weiterhin als kleines Zahnrad in einem gigantischen Getriebe existieren, oder willst Du Dir Dein Leben zurückholen? Aber ich muss Dich warnen – dies wird kein esoterischer *Gutelaune-Trip*. Wenn Du glaubst, dass allein das Lesen eines Buches ausreicht, dann ist dieses Buch nichts für Dich. Lies bitte **keinesfalls** weiter! Dieses Buch verlangt nämlich aktive Entscheidungen und selbstverantwortliche Lebensgestaltung.

Ich möchte Dir nichts vormachen, Dich erwartet vielleicht die härteste Herausforderung Deines Lebens und eine Menge Arbeit. Der Lohn Deiner Mühen kann sich aber sehen lassen: ein Leben, das auch wirklich *Dein* Leben ist. Du hast bereits alle Fähigkeiten, die Du dazu brauchst. Deine Erziehung und die Manipulation über die Massenmedien haben aber dazu geführt, dass Du diese natürlichen Fähigkeiten völlig vergessen hast. Dieses Buch wird Dich wachrütteln und Dich mit Deinem schlummernden Potenzial konfrontieren. Am Ende dieses Buches wirst Du feststellen, dass Du keinesfalls ein Opferlamm, sondern im Gegenteil, ein wahrhaft mächtiges Wesen bist. Dieses Wissen bringt aber auch große Verantwortung mit sich. Du wirst nicht mehr zurück in Dein altes Leben können, ohne Dich selbst zu belügen. Ich bin mir aber ziemlich sicher, dass Du dann auch gar nicht mehr zurück *willst*. Die Informationen in diesem Buch haben die Macht, einen Entwicklungsprozess in Dir auszulösen. Dieser Prozess kann Dich in einen *freien Menschen* verwandeln, einen Menschen, der mutig und ohne Zaudern in die Welt hinausgeht, und der sich seine eigene Realität erschafft. Damit wirst Du zu den maximal 5% der Menschen gehören, die ihr wahres

Potenzial kennen und es einsetzen können. Du wirst damit Teil einer wahrhaft elitären Minderheit, ganz im Gegensatz zu den Menschen, die sich heute als *Elite* verstehen, dabei aber selbst doch nur wieder ahnungslose Marionetten an den Fäden anderer Hintermänner sind.

Wie Du bereits bemerkt hast, benutze ich das vertrauliche *Du* als Anrede. Diese Form der Anrede ist für mich persönlicher, praktischer und direkter als das *Sie*. Mit diesem Buch möchte ich Dich schließlich erreichen und ganz *direkt* ansprechen, störe Dich also bitte nicht daran. Aus dem gleichen Grund nehme ich auch kein Blatt vor den Mund und spreche eine sehr deutliche Sprache.

Dies ist definitiv kein wissenschaftliches Buch, und folglich erhebe ich keinesfalls den Anspruch auf „Wissenschaftlichkeit". Glaube bitte nichts von dem, was ich sage, sondern prüfe selbst nach, ob es wahr sein könnte. Dieses Buch ist das Ergebnis einer jahrelangen Suche und bildet gleichzeitig das Fundament meiner Arbeit als Coach. Meine Suche begann in den 1990er-Jahren und dauert auch weiter an. Das Ziel dieser Suche ist die Antwort auf die Frage: *„Wie erschafft man sich ein wahrhaft lebenswertes Leben, anstelle nur irgendwie zu existieren?"* Rückblickend glich die Suche fast einem Indiana-Jones-Ausflug in die Metaphysik. Trotzdem bin ich aber ein ganz „normaler Mensch" geblieben – ein Mensch mit ein paar ganz subjektiven Erlebnissen und ein paar durch und durch subjektiven Erfahrungen. Mein Weg machte mich zu einem „Coach", der modernen Bezeichnung für einen „Lebenslehrer" – eben zum *Gedankencoach*. Mein Wahlspruch lautet: *„Ihre Gedanken sind mein Geschäft!"* Und genau darum geht es auch in diesem Buch. Ich biete Dir einige Perspektiven an, und Du entscheidest, ob und was Du damit anfangen kannst. Auf meiner Reise stieß ich mehrfach auf eine Art „Geheimnis". Dieses Geheimnis kam aber so gewöhnlich daherspaziert, dass ich mindestens fünf Mal darüber stolperte, bis ich die volle Bedeutung davon begriff. Dieses Geheimnis hat das Potenzial, Dein gesamtes Leben auf drastische Weise zu verbessern, ja es zu *befreien*, so wie es das meinige befreit hat. Das Geheimnis besteht aus nichts anderem als einer Entscheidung. Bei dieser Entscheidung geht es um einen fundamentalen Standpunkt, eine Perspektive. Es geht um Deinen Standpunkt in der Frage: *„Was in Deinem Leben ist real – oder eben nicht?"* Die Antwort auf diese Frage entscheidet, als *was* Du dieses Leben erlebst: Als *freier Mensch* oder als *Sklave*.

Die einzelnen Kapitel sind nichts anderes als Wegstationen auf einem Bergpfad, der sich ganz um die erwähnte Frage schlängelt: *„Was in Deinem Leben ist real?"* Die Antwort auf diese Frage trägt ganz entscheidenden Anteil daran, dass Du Deine Ketten sprengen und tatsächlich ein Leben als *freier Mensch* führen kannst. Und nun: Lass uns loslegen! Begebe Dich bitte mit Herz und Verstand auf unsere Reise! Es wird zwar kein geruhsames Picknick, denn Du musst Dich bewegen – aber es lohnt sich! Ich bin aber ein anspruchsvoller Mensch und erwarte deshalb Deine aktive Mitarbeit. Lies dieses Buch bitte nicht, wie Du vielleicht Deine Urlaubslektüre verschlingst, sondern mache Dir Deine eigenen Gedanken. Du musst keinesfalls alles so übernehmen, wie ich es Dir präsentiere.

Bei meiner Arbeit als Coach geht es weniger um die Präsentation meiner Gedanken, als um das Aufspüren und das Optimieren der Gedanken meiner Klienten. Dies ist bei einem Buch, bedingt durch seine Materialeigenschaften, leider nicht möglich. Da ich meiner Arbeit aber leidenschaftlich gern nachgehe, möchte ich Dir die Gelegenheit geben, mich an Deinen Gedanken teilhaben zu lassen. Kommentare, Anregungen, Kritik oder Lob kannst Du mir gerne zukommen lassen (Kontaktdaten siehe „Autorenseite").
Also, lass uns zusammen nachdenken – oder besser gesagt, das Leben *vor*-denken und damit gewissen Herrschaften zeigen, wo der Hammer hängt!

Stefan Müller, *der Gedankencoach*

Kapitel 1: Das Leben ist *kein* Wunschkonzert

Ich möchte Dir nichts vorgaukeln. Das Leben ist kein Ponyhof und kein Wunschkonzert, auch wenn zahlreiche Menschen es Dir so verkaufen wollen. 2013 hat der Ausverkauf der Religionen längst stattgefunden. An die Stelle der Weltreligionen sind oftmals schon fast religiöse New-Age-Philosophien getreten. Es genügt, das „Richtige" zu denken bzw. manchmal ist auch das nicht nötig, da uns irgendeine unbekannte Macht sowieso im letzten Moment rettet. Soweit die optimistische Sichtweise. Die negative Perspektive sah 2012 gar als das letzte Jahr der Menschheit. Mittlerweile steht fest: Hurra, wir leben noch! Aber auch für das Jahr 2014 ziehen bereits dunkle Wolken am Himmel der Prophezeiungen auf. Ich halte aber jede Wette, dass die Welt in den nächsten Jahren nicht untergeht. Egal wie positiv Du denkst, in Deinem Leben wird es zahlreiche Katastrophen und Schicksalsschläge geben. Du wirst viele kleine Missgeschicke erleben, ebenso einige ernstere Probleme und leider auch einige echte Krisen.

Vielleicht ist eines Deiner Haustiere vor langer Zeit gestorben, ebenso werden Deine Großeltern und Eltern sterben. Irgendwann wirst auch *Du* sterben – dies ist die härteste Wahrheit, mit der ich Dich in diesem Buch konfrontieren werde.

Das ist die Situation!

Ziemlich krass für ein Selbsthilfebuch, oder? Ich gebe Dir vollkommen recht, meine Worte sind drastisch. Aber: Möchtest Du weiter mit betörend süßen Lügen gefüttert werden, damit Du fett und faul dem Ende Deiner Tage entgegendämmern kannst? Meine Worte sollen Dich erreichen und wachrütteln, damit fungieren sie als Impfstoff gegen falsche spirituelle „Wahrheiten". Der Sport mit seinen spektakulären Szenarien von Erfolg und Misserfolg ist ein reicher Fundus für markige Sprüche, ebenso die Politik. Aus diesem Grund bediene ich mich in diesem Buch auch an Zitaten aus diesen Lebensbereichen.

Mit diesem Buch möchte ich vor allem eines sein: **EFFEKTIV**. Das bedeutet für mich, dass meine Worte Dich erreichen und ein Nachdenken auslösen sollen. Du darfst mein Buch furchtbar schlecht finden, oder Du darfst es auch lieben – finde es nur bitte nicht *kuschelig nett*. Ich möchte Dir deshalb das Prinzip der Gedankencoach-Methode bereits hier verraten. Ein brillanter Denker hat das Fundament meiner Methode bereits vor Jahrzehnten formuliert:

„Die Kunst ist es, einmal mehr aufzustehen, als man umgeworfen wird."

Winston Churchill

Genau darum geht es auch in diesem Buch und in der von mir entwickelten Methode. Du wirst noch unzählige Schläge abbekommen – egal was Du denkst, wie oft Du meditierst, betest oder wie gut Deine Ausbildung auch ist. Das ist einfach so, liebe es oder lasse es! Deshalb nochmals auf betont drastische Weise: Du wirst Dir immer wieder Schläge und Tritte einfangen: ins Gesicht, in den Magen und auch in den Unterleib. Im Leben geht es aber niemals um die Vermeidung davon, denn dies ist schlichtweg unmöglich!

Sicherlich kann man sich aber mit der Zeit (und der nötigen Erfahrung) einiges an Schmerz und Leid ersparen, aber niemals wirst Du für immer schmerzfrei sein. Egal wie hart Dich ein Schlag getroffen hat, solange Du Dich noch wimmernd auf dem Boden krümmen kannst, kannst Du auch wieder aufstehen. Wenn Du nicht mehr wimmerst, gibt es keinen Grund mehr aufzustehen, denn *dann* lebst Du nicht mehr!

Wenn Du aber auf dem Boden liegen bleibst, dann ist dies Deine Entscheidung. Diese Entscheidung führt dann aber dazu, dass Du niemals mehr die schönen Seiten des Lebens genießen kannst. Du selbst entscheidest Dich dann dafür. Es ist nicht das „Leben", die „Gesellschaft" oder sonst eine „höhere Gewalt". Du selbst entscheidest Dich dafür und nagelst Dich damit am Boden fest.

Ich werde Dir auch jetzt an dieser Stelle keinen Honig um den Mund schmieren. Es ist Deine Entscheidung, aber ich finde sie erbärmlich. Für mich ist das eine besonders stark ausgeprägte Form von **Leidkultur.** Ich habe mit vielen Klienten zusammengearbeitet, die äußerst harte Schicksalsschläge verdauen mussten. Viele dieser Menschen haben massiv darunter gelitten, und das ist auch vollkommen menschlich. Ich mache mich also keinesfalls über das Leid von Menschen lustig, ganz im Gegenteil. Je härter die Krisen waren, mit denen meine Klienten umgehen mussten, desto weniger leidend waren aber die Menschen. Erkennst Du das Muster?

Ich denke da besonders an eine Frau, die an einer seltenen Erkrankung des Bindegewebes litt. Das Bindegewebe ist sozusagen das „Universalgewebe" im menschlichen Körper. Bei dieser Frau verhärtete und verkürzte sich dieses Gewebe immer mehr. Der positive Aspekt war, dass diese Klientin nicht unter Falten zu leiden hatte. Obwohl die Frau auf ihren 60. Geburtstag zuging, verfügte sie über das straffe Gesicht einer jungen Frau. Aber genau in dieser „Straffheit" lag auch das Problem. Auf Dauer werden diese Patienten sogar bewegungsunfähig und sterben oftmals auch an den Folgen davon.
Diese Klientin ist aber eine der wahrhaft positivsten Menschen, die mir bisher in meinem Leben begegnet sind. Auf eine geradezu ganzheitliche Art hat diese Frau ihren Frieden mit ihrer Krankheit gemacht. Trotz dieser hammerharten Diagnose genoss die Frau ihr Leben in vollen Zügen. Sicherlich hatte meine Klientin Phasen, in der es ihr ausgesprochen schlecht ging, aber sie blieb keinesfalls freiwillig am Boden.

Dem entgegen stehen Menschen mit einer verhältnismäßig „schwachen" Diagnose, wie z.B. einem Bandscheibenvorfall. Ich selbst kenne die Schmerzen dieses Krankheitsbildes aus erster Hand. Ich musste zeitweise sogar Opiate nehmen, um überhaupt nur eine halbe Stunde schlafen zu können. Die überwältigende Mehrheit der Patienten erlebt aber einen relativ guten Heilungsverlauf. Dennoch gibt es einen extrem großen Anteil von Menschen, die sich als völliges Opfer ihrer Bandscheibe stilisieren. Willkommen zurück in der Leidkultur! Nicht selten werden Menschen mit dieser Diagnose auch für berufsunfähig erklärt, sind aber dennoch in der Lage, teils starke Belastungen zu tolerieren, solange diese im Zusammenhang mit einer für sie „angenehmen" Tätigkeit stehen.

Ein Klassiker hierfür ist die Gartenarbeit. Es gibt Menschen, die keiner Erwerbstätigkeit mehr nachgehen können, dafür aber in der Lage sind, tagelang ihren Garten zu pflegen. Auch dafür habe ich persönlich kein Verständnis, aber das muss ich schließlich auch nicht. Jeder Mensch ist für sein Leben selbst verantwortlich. Letztlich geht es nämlich um eine ganz andere Frage. Es geht darum, welchen Sinn Du Deinem Leben geben möchtest und wie Du Dir Deine Rolle in diesem Leben vorstellst... Besteht Dein Sinn darin, hemmungslos *herumzuheulen*, dann bitte. Wenn das aber nicht der Plan ist und es andere Ziele gibt, warum dann länger im Opferdasein bleiben als unbedingt nötig? Stehe also sofort wieder auf, wenn Du hingefallen bist!

Mit dem Tag unserer Zeugung begann unser Dasein auf diesem Planeten. Gleichzeitig war in diesem Beginn auch das Ende enthalten. Jedes Lebewesen auf diesem Planeten wird sterben, auch der Mensch. Uns steht also nur eine begrenzte Lebensdauer zur Verfügung, die wir weitestgehend frei nutzen können. Jeder Einzelne trägt die Verantwortung für sein Leben und darf es frei gestalten.
Einer meiner Klienten tat das auf sehr fragwürdige Weise. Seinen Lebensentwurf würde ich als „Mecker-Stil" beschreiben. Der Klient war wirklich fleißig und arbeitete bis zum Umfallen. Zuerst hatte er eine handwerkliche Ausbildung absolviert und begann dann, wie ein Tier zu schuften. Das Leben hat die Angewohnheit, über Zeichen mit uns zu kommunizieren – mit Symbolen. Die Schufterei des Mannes war einfach zu viel. Im besten Mannesalter bekam mein Klient nun eine Diagnose, die sein ganzes Leben auf den Kopf stellen sollte: Morbus Bechterew. Diese Erkrankung lässt die Bänder der Wirbelsäule langsam immer unflexibler und kürzer werden. Als kleiner Junge hatte ich bei

Urlaubsreisen in Südeuropa Menschen gesehen, deren Wirbelsäulen durch die Folgen dieser Erkrankung vollkommen rund geworden waren. Durch die verbesserten Behandlungsmöglichkeiten unserer Zeit ist dies heute eigentlich nicht mehr der normale Verlauf dieser Krankheit.

Mein Klient musste also seinen Beruf aufgeben und wechselte die Werkstatt gegen einen Schreibtisch. Zeitgleich mietete er sich aber einen Schrebergarten und begann, dort jede freie Minute zu arbeiten – sozusagen als Ausgleich. Über die Jahre folgten mehrere Mietwohnungen, die mein Klient selbstverständlich selbst renovierte. Dann baute sein mittlerweile erwachsener Sohn ein Haus, und natürlich wurde dieses Haus in Eigenleistung, federführend durch den Vater errichtet. Dadurch motiviert, folgte dann auch das erste eigene Haus meines Klienten, das im Ursprungszustand selbstverständlich aus einer besseren Bauruine bestand. Diese Ruine wurde dann in Kleinstarbeit nach Feierabend, an den Wochenenden und im Urlaub saniert.

Ich stellte meinem Klienten deswegen einmal die Frage, wann er denn einmal „nichts" machen würde. Daraufhin erhielt ich die Antwort, dass man doch schließlich „immer" etwas zu tun haben müsste. Dieser Mann geht heute nicht mehr aufrecht durch das Leben. Seine Wirbelsäule gleicht einem Fragezeichen – verbogen durch die selbst aufgebürdeten Belastungen. Damit gleicht er den Menschen, die ich in meiner Kindheit in südeuropäischen Ländern gesehen habe – trotz moderner Behandlungen, trotz Medikamenten und trotz einer Umschulung.

Ich vermute, dass dieser Mann irgendwann „voll beschäftigt" stirbt. Dies ist sein gutes Recht, denn er ist erwachsen und im Vollbesitz seiner geistigen Kräfte. Bis heute kann ich nur darüber spekulieren, warum sich dieser Mann all das angetan hat. Ich kann aber mit Sicherheit sagen, dass ihm dieses Lebenskonzept geschadet hat. Denn: Glücklich war er damit nie. Zu jeder Gelegenheit war er wütend, weil es irgendwelche Probleme gab, die ihm das Leben zusätzlich erschwerten. Gab es keine Probleme, dann beschwerte er sich über die Politiker, die ihm das „Geld aus der Tasche" zögen. Eigentlich sollte dieser Mann dafür sogar dankbar sein, denn sonst hätte er sich vielleicht noch eine Ferienhausruine gekauft, um diese dann auch noch für seinen Urlaub zu sanieren (den er sich ohnehin nie gönnte).

Ich glaube, dass es dem Mann aus diesem Beispiel wahrscheinlich deutlich besser ergangen wäre, wenn er die Arbeiten glücklich erledigt hätte. Wenn ihm all die Arbeit Freude bereitet hätte, dann hätte er dadurch zusätzlichen Nutzen daraus gezogen. In diesem Beispiel finde ich die Aussage *„man muss doch immer etwas zu tun haben"* besonders erwähnenswert. Ist das wirklich *real*? Muss „man" wirklich immer etwas zu tun haben? Wer ist eigentlich „man"?! Ich bin der Auffassung, dass es exakt *eine* Sache gibt, die man auf diesem Planeten tun muss: Wir alle müssen irgendwann sterben. Wie wir die Zeit bis dahin verbringen, ist aber allein *unsere* Sache. Niemand *muss* arbeiten, niemand *muss* ein Haus besitzen, niemand *muss* ein Kind in die Welt setzen. Niemand *muss* irgendetwas. Aber alle *wollen* wir etwas! Wir müssen lediglich die Konsequenzen unseres Handelns tragen, sonst nichts.

Eine meiner Lehrerinnen sprach in diesem Zusammenhang immer von „Mussturbation" (in Anspielung auf „Masturbation"). Viele Menschen verbringen ihr Leben damit, hektisch durch die Welt zu rennen, um sich und die anderen Menschen davon zu überzeugen, dass sie etwas **müssen** und furchtbar unter diesem Zwang zu leiden haben. Willkommen in der Leidkultur, dem Reich des Opferbewusstseins. Stellst Du Dir Dein Leben so vor?

Und nun zu Dir. Gibt es etwas, wovon Du glaubst, es tun zu müssen? Wenn das der Fall sein sollte, warum glaubst Du das? Musst Du es wirklich tun? Wer oder was zwingt Dich dazu? Oder ist es eher so, dass Du Dich dieser Sache freiwillig unterordnen willst? Nimm Dir bitte ein Blatt Papier, und schreibe Deine Gedanken dazu auf. Lese die Notiz und denke erneut darüber nach: Gibt es wirklich etwas, was Du tun musst, obwohl Du es nicht tun möchtest? Kann es sein, dass die Freiheit nur eine einzige Entscheidung weit weg ist?

Kapitel 2: Die Fakten

Die durchschnittliche Lebenserwartung eines Menschen in Deutschland beträgt für Männer 77 Jahre und für Frauen 82 Jahre (laut Wikipedia). Männer erreichten 2006 mit zirka 63 Jahren das Rentenalter, Frauen mit durchschnittlich zirka 62 Jahren. Psychologische Erkrankungen (wie z.B. Depressionen) nehmen rapide zu und werden in den Industrienationen laut WHO bald zu den Volkskrankheiten Nummer 1 avancieren. Eine der Hauptursachen für die starke Zunahme dieser Erkrankungen ist Stress, genauer gesagt: der falsche Umgang damit.

Neben den klassischen psychischen Erkrankungen haben auch die psychosomatischen Erkrankungen stark zugenommen. (Unter dem Begriff *Psychosomatik* versteht man eine Erkrankung mit körperlichen und seelischen Symptomen, deren Ursache aber in der Psyche des Kranken verborgen liegt.) Eine Studie der *Universität von Kalifornien* belegt, dass 7 von 10 Fällen von Rückenbeschwerden psychosomatischer Natur sind. Das bedeutet nichts anderes, als dass viele Menschen eine vollkommen unpassende Behandlung bekommen. Es werden die körperlichen Beschwerden mit großem Aufwand behandelt. Die seelischen Ursachen werden hingegen im günstigsten Fall als Nebenwirkung bemerkt und gleichzeitig als nur sekundär angesehen. Laut einer repräsentativen FORSA-Umfrage ist jeder dritte Deutsche chronisch krank. „Chronifizierung" bedeutet, dass die Ursache einer Erkrankung nicht ausgeschaltet werden kann bzw. dass die Erkrankung aus „noch nicht erkannten" Gründen nicht ausheilt. Ein weiterer Grund für die Chronifizierung einer Krankheit kann auch hier der „übliche Verdächtige" Stress sein. Aber auch Stress selbst kann chronisch werden. Wenn dies passiert, können Gedächtnisprobleme eine Folge sein. Stress kann also wortwörtlich *dumm* machen. Die positive Nachricht: Dies ist reversibel. Wird der Stresspegel verringert, funktioniert auch das Gedächtnis wieder einwandfrei!

Langfristiger Stress steht mittlerweile unter dem begründeten Verdacht, für die Entstehung der gefürchteten Demenz verantwortlich zu sein. Kann es da verwundern, dass Stress auch bei der Todesursache Nummer 1, den Herz-Kreislauf-Erkrankungen, wie z.B. Herzinfarkten und Schlaganfällen, als Mitverursacher gehandelt wird?

Die Liste der möglichen negativen Folgen von Stress könnte noch fortgesetzt werden. Für unsere Überlegungen wäre dies aber nicht weiter nützlich. Viel interessanter hingegen ist die Allgegenwart des Phänomens „Stress". Schaue Dir doch bitte einmal Deinen Bekanntenkreis an. Wie viele vollkommen gelassene, entspannte und fröhliche Zeitgenossen findest Du darin vor? Wahrscheinlich sind es nicht ganz so viele, oder?

So schädlich Stress auch ist, das Problem selbst ist er nicht! Es ist sogar so, dass Stress eine überlebenswichtige Körperfunktion ist. Nur durch die Funktion Stress hat der Mensch bis zum heutigen Tag überleben können. Ist es da nicht pure Ironie, dass die gleiche Körperfunktion heute genau zum Gegenteil beiträgt?

An diesem Punkt wird es nun aber leider ungemütlich. Ich muss Dir gestehen, dass nicht die Politik, die Wirtschaft, Dein Chef oder Dein Partner für Deinen Stress verantwortlich sind – egal wie sehr Du davon überzeugt bist. Wenn es einen Schuldigen gibt, dann sind wir das selbst, jeder Einzelne für sich selbst. Oder genau: Der Fehler liegt im individuellen Umgang mit Stress!

Die Welt hat sich in den letzten Jahrzehnten massiv verändert. Allein die Innovationen der Technik nahmen und nehmen kein Ende. Mindestens im selben Maße hat sich die Welt durch die Folgen der Globalisierung verändert. Alles ist näher zusammengerückt, und das fordert seinen Tribut. Aber „schuld" sind auch nicht diese äußeren Zustände, sondern unsere falsche Reaktion darauf!

Vor 20 Jahren kannten wir den Begriff „online" noch gar nicht bzw. hatten nur eine theoretische Vorstellung davon. Heute sieht das anders aus. Wir alle glauben doch, ständig „online" sein zu müssen. Wann hast Du z.B. das letzte Mal Deine Emails gecheckt oder bei Facebook vorbeigesehen?

Wer von seinem Arbeitgeber kein Smartphone bekommt, kauft sich selbst eines und ist so auf vielerlei Wegen Tag und Nacht erreichbar. Auf dem Weg zur Arbeit hören wir MP3s, surfen im Internet, lesen ein ebook oder schauen uns eine Episode unserer Lieblingsfernsehserie an. Kurz gesagt: Das, was Max Goldt einmal als „Zeitsnack" (eine vollkommen sinnbefreite Pause voller Nichtaktivität) bezeichnet hat, existiert praktisch nicht mehr. Wenn wir ausnahmsweise *offline* sind, sind wir aber definitiv immer *aktiv*. Nach der Arbeit geht es dann zur Afterwork-Party, zum Feierabendbier, ins Fitnesscenter oder auch zum Elternabend. An den Wochenenden wartet der Einkauf, die Autowäsche, das Kulturprogramm (man will ja schließlich auch leben und nicht nur arbeiten) und eine Batterie sich überschneidender Einladungen (die man natürlich auch erwidern muss).

Ein kleiner Test: Wann war Dir das letzte Mal wirklich langweilig? Wahrscheinlich geht es Dir wie vielen anderen Menschen auch, und Du erinnerst Dich nicht mehr wirklich daran. Dauerhaft funktioniert das Leben so aber nicht! In der Natur verläuft eigentlich alles zyklisch: Auf den Tag folgt die Nacht, auf Regen (irgendwann) Sonnenschein, auf den Herbst der Winter, auf Ebbe Flut. Nur wir Menschen glauben, diesem uralten Rhythmus trotzen zu können, indem wir die Entspannung völlig außen vor lassen. Die Dauer einer Belastungsperiode ist klar begrenzt: Wenn die Reserven aufgebraucht sind, folgt irgendwann der Zusammenbruch. Wer *hart* arbeitet, muss sich auch *hart* ausruhen! Ansonsten wird die Leistung nachlassen, und es wird zu den bereits beschriebenen Folgen des Stress kommen.

Nun gibt es Zeitgenossen, die das mit der „harten" Entspannung sehr, sehr wörtlich nehmen. Einer meiner Klienten litt bereits unter den ersten Folgen von chronifiziertem Stress, als er zu mir kam. Es war also eigentlich schon „5 nach 12". Eine Bekannte hatte ihn an mich verwiesen, und ich wertete es als sehr positives Signal, dass er sich Hilfe suchte, bevor der totale Zusammenbruch erfolgte. Der Klient — nennen wir ihn Mike — war als junge Führungskraft in einem mittelständischen Unternehmen tätig und arbeitete ebenfalls zeitgleich an seiner noch recht jungen Beziehung. Während des ersten Termins erarbeiteten wir bereits Strategien, wie er mit der für ihn belastenden Situation im beruflichen und privaten Umfeld besser umgehen konnte. Als wir fertig waren, hatte ich ein positives Gefühl und war gespannt, wie sich unsere Pläne auswirken würden.

Beim nächsten Termin war ich dann regelrecht schockiert. Als er meine Praxis betrat, erkannte ich, wie mies es ihm ging. Seine Gesichtsfarbe sprach deutlich die „Wenig-Schlaf-Sprache", und Mike schien gleichzeitig auch abgenommen zu haben. Beides sprach nicht unbedingt für eine Besserung seiner Situation. Mike erklärte dann aber strahlend, er habe alles genau so umgesetzt, wie wir das besprochen hätten. Ich war natürlich überrascht, warum es ihm dann eher schlechter ging und sprach ihn auch direkt darauf an. Mike war auch zuerst ratlos, rückte dann aber mit zusätzlichen Informationen heraus. Sein Hausarzt hatte ihm zu einer „Lichttherapie" geraten. Leider befand sich die nächste Praxis mit diesem Therapieangebot erst in der zirka 20 Kilometer entfernten Großstadt. Damit Mike die Therapie dort mit seinem langen Arbeitstag in Einklang bringen konnte, hatte er sich dort Termine frühestmöglich geben lassen. „Frühestmöglich" bedeutete in diesem Fall dann morgens gegen acht Uhr. Um pünktlich zu diesen Terminen zu kommen, musste sich Mike dann also mehrmals wöchentlich erst durch die Hauptverkehrszeit zur Arztpraxis durchkämpfen und dann erneut durch den Stoßverkehr zurück zu seiner Arbeitsstelle – Zeitdruck pur und damit die besten Chancen, diese Therapie vollkommen zu sabotieren. Aber Mike hatte es auch nicht dabei belassen. Zusätzlich hatte er sich dann noch zu mehreren neuen Kursen im örtlichen Fitnesscenter angemeldet. Nach diesen Kursen fuhr Mike dann ebenfalls mehrfach wöchentlich zu seiner neuen Lebensgefährtin, die ebenfalls nicht in direkter Nähe wohnte.

Um es ganz klar zu sagen: DAS verstehe ich nicht unter „hart entspannen"... Im Sport gibt es den Begriff des „Alibi-Trainings". Für Mikes Plan halte ich die Bezeichnung „Alibi-Entspannung" für zutreffend. Mike trieb sich durch dieses Verhalten bis an den Rand des totalen Zusammenbruchs. Erst an diesem Punkt konnten wir mit wirklich konstruktiver Arbeit beginnen, da der Leidensdruck ihn zum Handeln drängte. Die erste Maßnahme bestand in einem Abbruch der Lichttherapie, da diese in diesem Fall sogar zu einer deutlichen Mehrbelastung geführt hatte. Anstelle dessen nutzte Mike die Zeit am Morgen für ein gemäßigtes Lauftraining und konnte dadurch auch die Häufigkeit seiner Trainings nach Feierabend im Fitnesscenter reduzieren. Heute lebt Mike zusammen mit seiner Partnerin in einer Wohnung und ist insgesamt deutlich entspannter, was auch der Beziehung sehr gut getan hat. Eine effektive Stress-Reduktion benötigt also keine aufwendigen und teuren Maßnahmen, sondern nur den viel beschworenen *gesunden Menschenverstand*.

Ein etwas naiverer Mensch könnte glauben, dass der Umgang mit Stress ausschließlich ein Problem der „arbeitenden" Bevölkerung ist. Dies ist aber natürlich ein Trugschluss. Ich kenne einige Menschen, die niemals einen Terminkalender besessen haben – bis sie Rentner wurden. Oder kennst Du einen Rentner, der „Zeit hat"? Hier schlagen dann alte Programme und Glaubenssätze erbarmungslos zu. Wenn Du zu der Gruppe der gestressten Rentner gehören solltest, möchte ich Dich fragen: Hast Du Dir Deinen Ruhestand tatsächlich so vorgestellt? Gibt es nicht vielleicht eine bessere Art, mit Deiner Zeit umzugehen?

Unsere Gesellschaft hat sich stets verändert und verändert sich weiter. Die Welt ist heute zum globalen Dorf geworden, aber auf der anderen Seite gleichzeitig auch komplexer. Dies scheint ein Widerspruch in sich zu sein, aber nur auf den ersten Blick. Die Welt ist tatsächlich näher zusammengerückt – aber sie ist dadurch nicht übersichtlicher geworden. Nehmen wir doch einfach das Thema „Fairtrade" (gerechter Handel). Als die Firma Chiquita mit dem Verkauf von Bananen in alle Welt begann, war Lateinamerika noch weit weg, und niemand ahnte etwas von den Bedingungen, unter denen die Früchte angebaut wurden und welche Folgen das für die Arbeiter hatte. Heute weiß man sehr wohl von dem Einsatz auch für den Menschen gefährlicher Pestizide und hat die Bedingungen bereits verbessert. Ebenso gibt es mittlerweile auch den Begriff „Fairtrade". Das Bewusstsein, dass der Anbau von

Waren auch in weiter Ferne ökologischen und menschenwürdigen Bedingungen unterliegen sollte, existiert erst, seitdem man durch das „globale Dorf" von den tatsächlichen Bedingungen in den Erzeugerländern erfahren hat. Durch den verbesserten Blick des Einzelnen auf den Globus haben sich ebenfalls einige „alte Modelle" als wenig geeignet erwiesen und verloren in Folge massiv an Autorität. Diese „Autoritätskrise" hat dazu geführt, dass der Einzelne in unserer Gesellschaft mit einer Vielzahl von Themen konfrontiert wird, zu denen er sich einfach noch keine Meinung gebildet hat. Wenn man sich die Vielzahl unterschiedlicher Themengebiete, Fragestellungen und die Informationsexplosion durch das Internet vor Augen hält, dann wird schnell die Unmöglichkeit dieses Unterfangens klar.

Früher gab es Institutionen, die diese „Denkarbeit" für den Einzelnen übernahmen und eine Art Orientierungshilfe darstellten. Bei den angesprochenen Einrichtungen handelt es sich vor allem um die Kirchen, die Politik, die Wirtschaft und die Medien. Selbstverständlich verfolgten diese Institutionen auch immer eigene Interessen und wollten die Menschen lenken. Der Deal bestand also in einer Orientierungshilfe im Tausch gegen eine Teil-Beeinflussung und dadurch auch den Machterhalt für die Autoritäten. Doch diese „Orientierungshilfen" erlitten, eine nach der anderen, massive Imageschäden.

Die **katholische Kirche** erscheint vielen Menschen heute sehr weltfremd, und die zahlreichen Fälle von Kindesmissbrauch haben zusätzlich sehr viel Vertrauen zerstört.

Ebenso verhält es sich mit der **Wirtschaft**. Jahrzehntelang genossen auch Wirtschaftsführer den Ruf, verantwortungsvolle Stützen der Gesellschaft zu sein. Die „alte Schule" des Managements achtete peinlich genau darauf, das eigene Unternehmen nicht mit überhöhten Gehaltsansprüchen und Tantiemen zu schädigen. Ebenso galt grundsätzlich auch das Prinzip: Kaufmann = Ehrenmann. Dies hört sich heutzutage geradezu bemitleidenswert weltfremd an. Zu sehr wurde das Image durch überhöhte Tantiemen, knallharte „Shareholder-Value"-Politik, dubiose Geschäftspraktiken und rücksichtslosen Umgang mit den eigenen Beschäftigten beschädigt.

Selbiges gilt für die **Politik**. Egal ob es um Lobbyismus, die „alternativlose" Euro-Rettung, das Flughafen-Desaster (BER), Parteispenden, schamlose Diätenerhöhungen oder Schmiergeldaffären geht – die meisten Menschen haben der Politik bereits ihr Vertrauen und damit ihre Autorität entzogen.

Ähnliches gilt auch für die **Medien**. Früher unterstellte man den eher „einfach strukturierten" Menschen, dass sie alles glauben würden, was in der Zeitung steht. Dennoch glaubte vor allem der Bildungsbürger natürlich weiterhin an das, was die mutmaßlich seriösen Blätter schrieben. Heute wissen wir, dass auch die seriösen Verlage vor allem Profit erzielen müssen, denn es sind völlig normale Unternehmen. Dies wirft auch auf die „Wulff-Affäre" ein anderes Licht – oder kannst Du in wenigen Sätzen erklären, warum Christian Wulff sein Amt tatsächlich niederlegen musste? Oder glaubst Du immer noch daran, dass man einen Bundespräsidenten mit einem Urlaub auf Sylt „kaufen" kann? Dies ist die Version der Medien, die jedoch vor allem durch eine Tatsache glänzte, nämlich nahezu völlige Substanzlosigkeit. Dennoch war diese Kampagne von Erfolg gekrönt, der Bundespräsident verlor sowohl sein Amt als auch seine Frau.

Auch die „**Götter in Weiß**" erlebten einen Sturz auf den Boden der Tatsachen. Der Kostendruck in der Krankheitsindustrie zwingt sie dazu, ihre Handlungen wirtschaftlichen Maßstäben unterzuordnen. Der Patient wird zum Kunden und manch ein Arzt zum absatzorientierten „Krankheitsmanager". Den letzten Rest Vertrauen verspielte die Ärzteschaft dann durch einen gigantischen Organspendeskandal und immer neue Vorwürfe der Bestechlichkeit bei der Auswahl von Implantaten.

Ebenso hat auch die **Lehrerschaft** an Ansehen verloren, denn sie stehen als Diener vieler Herren auf verlorenem Posten. Eltern verlangen die Lösung ihrer eigenen erzieherischen Defizite. Die Politik verlangt die Produktion funktionierender Bürger, soweit dies mit einem minimalen finanziellen Aufwand möglich ist. Ergänzend soll selbstverständlich ein möglichst gutes Ergebnis in dem fraglichen PISA-Ranking erreicht werden. Die Unternehmen bekommen am liebsten maximal spezialisierte Fachidioten als Schulabgänger präsentiert, damit diese dann zehn Jahre lang als unterbezahlte „Trainee" arbeiten können.

Die Autoritäten sind allesamt chronisch überstrapaziert. Kaum jemand kann (oder will) seinen primären Auftrag erfüllen, und alle schieben die Verantwortung weiter. Der Einzelne wird dabei sich selbst überlassen und kann sich kaum mehr auf allgemeingültige Wert- oder Normvorstellungen verlassen. Alles ist zur Relativität verdammt, der Einzelne befindet sich in einer gigantischen Grauzone. Diese „Orientierungslosigkeit" ist für viele Menschen das direkte Ticket in die Opferrolle. Gleichzeitig ist ein starker Verlust der direkten Kommunikation von Mensch zu Mensch zu verzeichnen. Durch die seltenere direkte Kommunikation verringern sich auch die Gelegenheiten, um *Soft Skills* zu trainieren. Unter dem Begriff *Soft Skills* versteht man Fähigkeiten, die nötig sind, um mit Menschen zielgerichtet und angemessen zu interagieren. Selbst grundlegende *Soft Skills* scheinen auch bei Akademikern nicht mehr besonders hoch im Kurs zu sein. Mir selbst ist ein prominenter Mathematiker bekannt, der nicht in der Lage ist, mit eindeutigen Worten seinen Aufschnitt an der Wursttheke zu bestellen. Vielleicht erfordert dies eine besonders komplexe Rechenoperation mit verschiedenen Primzahlen, aber ich erwarte von einer Hochschule, dass sie ihren Absolventen auch die rudimentären Kommunikationsfähigkeiten vermittelt.

Die oben beschriebenen Zustände könnte man als „Krise" bezeichnen – eine Krise, die beim Einzelnen beginnt, ganze Nationen umfasst und die sich schließlich zu einer globalen Krise auswächst. Der Begriff *Krise* bezeichnet aber nicht zwangsläufig etwas ausschließlich Negatives. Ursprünglich stammt der Begriff aus dem Griechischen und bedeutet „Entscheidung". Im Hinduismus wird die Göttin *Kali* als „Todesgöttin" bezeichnet, aber auch mit dem Begriff der *Krise* in Verbindung gebracht. *Kali* selbst steht aber sowohl für *Zusammenbruch* als auch für *Erneuerung*.

25

Falls Du Dich also in einer Krise befinden solltest: **Wie sieht *Deine* Entscheidung aus? Wie soll es weitergehen?**

Und genau darum geht es. Viele Menschen wissen nämlich genau darauf keine Antwort. Dafür wissen sie um so besser, was sie *nicht* wollen. Auch diese Aussage solltest Du nicht einfach so übernehmen. Höre Dich doch einfach mal in Deinem Bekanntenkreis um, und frage nach den Zielen dieser Menschen. Du wirst überrascht sein und vielleicht sogar etwas schockiert.

Ein neuer Klient stellte sich in meiner Praxis vor, und vereinbarte mit mir einen Termin. Schon bei der Terminvergabe erschien mir der junge Mann sehr fahrig. In der Beratung bestätigte sich dieser Eindruck dann auch. Vor einem Monat hatte sich mein Klient von seiner langjährigen Partnerin getrennt, nachdem diese ihn mehrfach betrogen hatte. Nun hatte sich diese Frau wieder bei ihm gemeldet und ihm dabei mitgeteilt, dass sie schwanger sei und gerne eine neue Chance wolle. Der Klient teilte mir ganz deutlich mit, dass er diese Frau abgrundtief verachte, ihr nicht mehr über den Weg traue und sein Leben seit der Trennung wesentlich besser geworden sei. Er beendete seine Aussagen mit einer Frage: „*Soll ich meiner Exfreundin eine neue Chance geben?*"
Zuerst glaubte ich, dass es meinem Klienten eventuell um das Kind ging, dessen Vater er möglicherweise war. Doch das Kind war ihm nicht wirklich wichtig. Ich hakte nach, doch immer wieder kamen wir in dem Gespräch zu dem Punkt, an dem der Klient nicht wusste, was er tun sollte. Ich gab ihm die Antwort in Form einer Frage: „*Glauben Sie, dass Sie eine Fortsetzung der Beziehung glücklich machen wird?*"
Der Klient glaubte es. Er gab der Frau eine neue Chance. Die Frau betrog ihn erneut, und es kam sogar zu einem Vaterschaftstest. Dieser Test ergab, dass mein Klient unmöglich der Vater des Kindes sein konnte. Mein Klient lebt heute glücklich verheiratet nur einige Straßen von meiner Praxis entfernt. Sein Beziehungsneustart erschien mir damals falsch. Heute weiß ich, dass es aber für ihn genau die richtige Entscheidung war, denn er brauchte die Gewissheit, dass seine damalige Freundin ihn immer und immer wieder enttäuschen würde. Hätte er

diese Erfahrung nicht gemacht, wäre er vielleicht nicht für seine jetzige Frau bereit gewesen. Er hätte seine Exfreundin in Gedanken von Jahr zu Jahr immer mehr idealisiert und wäre nicht wirklich von ihr losgekommen.

Damit sind wir wieder genau beim Thema: Schmerz ist nicht nur negativ. Schmerz ist auch ein wertvolles Hilfsmittel, um auf eine Entscheidung oder Neuorientierung hingewiesen zu werden. Dies kann dazu führen, dass der Betroffene aufwacht und eine Entscheidung trifft. Dies erfordert aber die Übernahme von Verantwortung, und genau *das* kann Dir niemand abnehmen!

Da „draußen" ist also niemand mehr, der Dir die Denkarbeit abnimmt, niemand, der die richtigen Antworten kennt – zumindest niemand, der Dir ohne Manipulation von A bis Z helfen würde. Du bist also allein, was die Auswahl Deiner Ziele und Wünsche angeht. Deshalb solltest Du Dir also Deinen eigenen Kopf zerbrechen. Diese Arbeit solltest Du nicht abgeben – der Preis dafür ist einfach zu hoch.

Wenn Du geklärt hast, was Du möchtest, kann ich Dir ein anderes Werkzeug anbieten. Dieses Werkzeug habe ich *Fokussierung* genannt, also die Ausrichtung der Aufmerksamkeit auf das, was Du *willst*. Durch diese Ausrichtung sparst Du auf ganzheitliche Art und Weise Energie und wirst wieder handlungsfähig. All dieser Informationsüberfluss um Dich herum ist sinnlose Zeitverschwendung. Ordne Deine Prioritäten, und nutze sie als Deinen Kompass. Du solltest Deine einzige Autorität sein!

Ich möchte Dir das Verhalten einiger Menschen etwas deutlicher vor Augen führen: Du gehst mit Deinem Partner spazieren. Ihr kommt an einer Eisdiele vorbei und beschließt, Euch ein Eis mitzunehmen. Du stehst an der Eistheke, und als Du an der Reihe bist, schaust Du Dir die Sorten genauer an. Es gibt Vanille, Schokolade, Erdbeere, Tiramisu, Zitrone, Banane, Amarena, Karamell, Schokolade, Bitterschokolade, Pistazie und Nuss. Deine Bestellung lautet: *„Ich hätte gerne zwei Kugeln Eis, aber keine Schokolade und keine Banane."* Wie soll der arme Eismann auf diese Bestellung reagieren? Was erwartest Du für ein Eis?

Der gigantische Vorteil dieser Bestellung liegt aber auch auf der Hand: Wenn Dir das Eis nicht schmeckt, dann bist Du nicht schuld, schließlich hat der Eismann das Eis ausgesucht... Willkommen im Opferland!

Im Leben ist es wie an der Eisdiele. Wenn Du Heidelbeere und Vanille willst, dann solltest Du Dir das auch holen! Man bekommt immer das, was man bestellt hat! Je genauer die Bestellung, desto besser das Ergebnis. Dies funktioniert mit unglaublicher Effektivität. Wenn Du gedanklich etwas ganz besonders *nicht* willst, was wirst Du dann wohl exakt bekommen? Natürlich genau das, was Du *nicht* willst! Ein Mittel gegen Stress ist nun das Leben nach den eigenen Maßstäben. Dies erfordert allerdings Mut, denn die Vorstellungen des Einzelnen können von den Vorstellungen der Masse abweichen. Die Masse könnte darauf mit Unverständnis bis hin zur Aggression reagieren. Hältst Du das aus?

Stress an sich ist nicht schlecht, sondern sogar lebensnotwendig. Zu viel Stress aber ist gefährlich, kann sogar tödlich sein. Der Schlüssel ist also ein Perspektivwechsel. Dieser Wechsel steht im engen Zusammenhang mit der Technik des „Fokussierens".

Deine große Frage lautet: *„Was hat wirklich Priorität in meinem Leben?"* Worauf willst Du Deinen Fokus richten? Wem willst Du Deine Aufmerksamkeit schenken? Viele Menschen ordnen allem und jedem die gleiche Priorität zu: ULTIMATIV.

Mach doch mal ein kleines Experiment. Im Betriebssystem *Windows* gibt es ein kleines Programm, das alle aktiven Programme anzeigt. Dieses Programm nennt sich *Taskmanager*. Vielleicht hast Du Lust auf ein kleines Experiment? Öffne den Taskmanager und ordne jedem Prozess die höchste Priorität zu. Dies wird die Leistungsfähigkeit Deines Rechners nicht verbessern, ganz im Gegenteil. Im negativsten Fall wird Dein Computer sogar abstürzen, deshalb solltest Du alles im Anschluss wieder auf „normal" stellen. Niemand kann der Diener vieler Herren sein. Du hast überhaupt keine andere Wahl, als gewisse Teilbereiche Deines Lebens abzuwerten: die Bereiche, die nicht im direkten Zusammenhang mit Deinen grundsätzlichen Prioritäten stehen.

Dies hört sich im ersten Moment egoistisch an und das ist es sogar. Aber dieses Verhalten ist grundsätzlich natürlich. Wir alle sind zuerst einmal Einzelwesen (später erweitern wir diese Perspektive), und dies erfordert ein Verhalten, das unserem Überleben dient. Genau darüber spreche ich. Du sollst Deine Mitmenschen nicht übervorteilen oder abzocken. Ich empfehle Dir, Dich nicht verschleißen zu lassen. Setze Deine Energie ökonomisch ein – für Menschen und Dinge, die Dir wichtig sind.

Wie sieht es nun in Deinem Leben aus? Wen möchtest Du am Montag mit all Deinen wahnsinnig tollen und außergewöhnlichen Wochenendaktivitäten beeindrucken? Macht es Dich zu einem besseren Menschen, wenn Du bei anderen Menschen mit Deinem Freizeitprogramm aufschneiden kannst? Macht diese Show in Deiner Freizeit wirklich irgendeinen Sinn? Was davon bedeutet Dir eigentlich wirklich etwas? Was davon tust Du nur für Dich und nicht nur, um andere damit zu beeindrucken? Wann hast Du das letzte Mal so richtig ausgeschlafen und einfach in den Tag hineingelebt? Wann hast Du das letzte Mal etwas völlig Sinnloses getan, was ausschließlich Spaß als Ziel hatte? Wie sieht es eigentlich mit Deinem engen sozialen Umfeld aus? Hast Du eine Vorstellung, was diese Menschen gerade bewegt, oder bist Du nur über die Lage in Argentinien informiert? Wann hast Du das letzte Mal länger als zehn Minuten mit Deinem Partner gesprochen? Welche Informationen sind wirklich wichtig in Deinem Leben? Was ist in Deinem Leben real?

Kapitel 3: Selbstverantwortung

Wer trägt die *Schuld* daran, dass Dein Leben so ist, wie es ist? Selbstverständlich die „üblichen Verdächtigen": Eltern, Schule, Gesellschaft, die Bosse in der Wirtschaft, die Illuminaten... Glaubst Du wirklich daran? Im Grunde ist das Kartenspiel *Poker* eine schöne Metapher für das menschliche Leben. Wir alle sitzen an einem gigantischen Tisch und bekommen von einem Kartengeber unsere Spielkarten. Es gibt jedoch einen großen Unterschied zum Poker. Wir müssen unsere Karten spielen und können sie nicht einfach „wegschmeißen". Ein solcher Verstoß gegen die „Spielregeln" würde zu einer sofortigen Wiederholung der Situation führen, denn wir haben die Karten nicht zufällig bekommen. Wir sollen lernen, diese Karten anzunehmen und zu spielen. Wer aber ist nun schuld, wenn Du nur schlechte Karten in der Hand hältst? Die einfachste Antwort: Natürlich der Kartengeber!

Vielleicht hast Du ja mal echten Profis beim Pokern zugesehen? Ich habe keine einzige Partie erlebt, bei der ein Profi beleidigt seine Karten auf den Tisch schmeißt und den Kartengeber angiftet. Die Person des Kartengebers ist natürlich ebenfalls eine Metapher für etwas Anderes: Gott, die Natur, Zufall, der Kosmos, Vorsehung, Schicksal... Ich überlasse es ganz Dir, ein für Dich passendes Bild zu finden.

Aber was bedeutet das jetzt? Sind wir diesem ominösen Kartengeber hilflos ausgeliefert? Rein objektiv scheint es so. Oder hast Du Dir Dein Elternhaus, Deinen Körper und Deine Fähigkeiten selbst ausgesucht? Hast Du Dir den Autounfall bewusst ausgesucht? Deine Behinderung?

Ich möchte Dir sofort eine Antwort auf die Fragen geben: *„Ja, Du hast Dir Dein Leben selbst ausgesucht!"* Für gewöhnlich ist dies der Punkt, an dem sich ein Sturm erhebt, ein Sturm der Entrüstung. Sofort entstehen Fragen wie z.B.: *„Was ist dann mit den Menschen in Afrika? Haben die sich ihr Leben auch ausgesucht? Ein Leben im Hunger?"* Ebenso entrüstet wird weiter gefragt: *„Ach, und das Kind hat sich ausgesucht, zuerst sexuell missbraucht und dann bestialisch umgebracht zu werden?"*

Auch hier lautet meine Antwort: *„Ja – nur ist die Sachlage deutlich komplexer.“* Um diese Frage aus der richtigen Perspektive betrachten und beantworten zu können, wenden wir uns an dieser Stelle dem Thema *Reinkarnation* zu. Viele Menschen rümpfen bei diesem Begriff die Nase, weil sie es für zu „esoterisch“ halten. Vielleicht wird es Dich überraschen, dass die Lehre der Reinkarnation Teil *aller* Weltreligionen ist. Hinduismus und Buddhismus beinhalten diese Lehre als zentralen Bestandteil, aber auch im Judentum, im Islam und im Christentum werden an zentralen Stellen Gedanken zu dieser Thematik geäußert. Die Idee der Reinkarnation wurde erst im Jahre 553 n.Chr. auf dem Konzil zu Konstantinopel aus den offiziellen Schriften des Christentums getilgt. Bei der Reinkarnation handelt es sich also keinesfalls um irgendeine „spinnerte“ Idee. Wie ernst die Wiedergeburt genommen wird, kann man sehr leicht am Beispiel des Dalai Lama erkennen. Dieses Amt wird nicht durch Ernennung oder Wahl bestimmt. Ein „neuer“ Dalai Lama wird durch ein kompliziertes Verfahren *gefunden*, denn es handelt sich um die Wiedergeburt des verstorbenen Dalai Lama. Der amtierende Dalai Lama wurde 1935 als Sohn eines Bauern geboren und mit 2 Jahren als Wiederverkörperung seines Vorgängers entdeckt. Bei der Auffindung des Jungen war im Übrigen eine Vision federführend, die der damalige tibetische Regent empfing. Von einer zufälligen Besetzung dieses hohen Amtes kann keine Rede sein, wenn man sich die Leistungen von *Tendzin Gyatsho*, dem jetzigen Dalai Lama, ansieht, denn unter anderem wurde seine politische Leistung mit dem Friedensnobelpreis ausgezeichnet. Viel wichtiger aber als irgendeine weltliche Auszeichnung ist jedoch das, was er für Tibet geleistet hat, das immer noch von China besetzt wird. Tibet ist jedoch ein zu komplexes Thema, als dass wir es hier auch nur annähernd erörtern könnten. Der Dalai Lama aber ist für mich ein eindrucksvolles Beispiel dafür, dass die Lehre der Reinkarnation alles, aber kein esoterischer Firlefanz ist.

Reinkarnation bedeutet wörtlich übersetzt: *wieder ins Fleisch gehen*. Zuerst müssen wir uns natürlich die Frage stellen, *wer* oder besser *was* da eigentlich wieder ins Fleisch geht. Es handelt sich natürlich um die *Seele*. Was ich mir nun genau unter diesem Begriff vorstelle, erläutere ich an einer anderen Stelle in diesem Buch. Im Moment genügt uns die landläufige Vorstellung des „Seelen"-Begriffs.

Der Mensch besteht aus Körper, Geist und Seele. Wie ich bereits erwähnt habe, ist es die Seele, die wieder ins Fleisch (einen Körper) geht. Nun sollten wir uns die Frage stellen, warum die Seele das eigentlich macht. Die Seele wird gelegentlich auch als „göttlicher Funken" bezeichnet. Aus diesem Grund ist es nicht nur richtig, sondern auch keinesfalls Gotteslästerung, wenn ich sage: *„Du bist Gott!"* Die Seele ist nur ein individualisierter Teil Gottes. Wenn Du magst, stelle Dir einen Ozean vor. Diese gewaltigen Wassermassen bestehen letztlich nur aus einzelnen Regentropfen. Genauso kann man behaupten, dass jeder einzelne Tropfen Teil des Ozeans ist. Bei den einzelnen Tropfen und dem Ozean handelt es sich selbstverständlich nur um eine Metapher, also ein Sinnbild. Es bietet sich aber eine weitere, sehr anschauliche Ableitung in diesem Gefüge an. Jeder Regentropfen auf dieser Welt findet letztlich wieder seinen Weg dorthin zurück, wo er einst herkam. Dies kann man aus religiöser Sicht auch als „Rückkehr ins Reich Gottes" verstehen.

Nun befinden wir uns aber immer noch beim Motiv der Seele für die Wiederverkörperung, also die Reinkarnation. Zu diesem Zweck sollten wir uns die Welt um uns herum ansehen. Es gibt gute Menschen, genauso wie es schlechte Menschen gibt. Kriege, Frieden, Hungersnöte, Leid, Freude, Liebe – all dies sind Aspekte unseres Lebens. Die großen Weltreligionen sind sich darüber einig, dass Gott vor allem bedingungslose Liebe ist. Oftmals wird dann aber sehr schnell hinterfragt, warum ein „liebender Gott" dann so viel Leid, Brutalität und Böses zulässt. Würde das ein wirklich liebender Gott tun? Würde er nicht besser auf seine „Kinder" aufpassen?

Ein wirklich liebender Gott lässt vor allem *Freiheit* zu. Welches größere Geschenk als *bedingungslose Liebe* könnte es geben? Jede Seele kann den Weg einschlagen, den sie einschlagen möchte. Der Weg kann sich im hellen Licht der Liebe befinden oder auf der absoluten Schattenseite. Beides sind für Gott gültige Entscheidungen, denn er liebt jede einzelne Seele.

Möglicherweise bemerkst Du jetzt eine gewisse Richtung in meiner Argumentation. Durch die Seele eines Menschen kann Gott auch Teile des Lebens erfahren, die er sonst nicht erfahren könnte. Nehmen wir das Beispiel eines Serienmörders: Kein gesunder Mensch auf dieser Welt würde behaupten, dass die Akzeptanz dieser Taten etwas mit Liebe zu tun hat. Wie sollte das auch anders sein? Wir alle sind eben als Menschen inkarniert, zwar mit einem göttlichen Kern, aber eben auch mit vielen irdischen Bestandteilen (Ego, Verstand usw.). Aus der menschlichen Perspektive können die Verbrechen eines Mörders niemals gutgeheißen werden. Nun vergrößern wir aber den Bildausschnitt um das Millionenfache. Wenn nun jede Seele nahezu unbegrenzt oft reinkarniert, könnte es da nicht vorkommen, dass sie ebenfalls die Last eines Mordes auf sich genommen hat? Könnte es dann auch weiter sein, dass es in diesem Fall ebenfalls ein Akt der größten Liebe wäre, wenn eine andere Seele diese Last auflöst?

Ich halte diese Sichtweise für sehr schlüssig. Wovor ich aber ganz ausdrücklich warnen möchte, ist spirituelle Arroganz nach dem Motto: *„Ach, ist doch nicht so schlimm. Die Seele wollte es halt erfahren, sie hat doch noch unzählige Leben vor sich – deshalb ist das alles nicht so dramatisch."* Eine solche Aussage ist der Beleg für eine ziemlich zynische und sehr herzlose Einstellung. Der Kontext, aus dem die Reinkarnation betrachtet werden sollte, ist Liebe und Mitgefühl. Wenn ein Mensch leidet, sollte das immer ernst genommen werden und nicht als Anlass, um locker mit den Schultern zu zucken.

Wenn man nach dem Motiv für die Reinkarnation fragt, sollte man noch einen Schritt weitergehen und nach dem Grund für die Existenz der Seelen fragen. Die Antwort wird in beiden Fällen gleich sein: Nur auf diese Weise kann Gott jede Facette seiner Schöpfung erfahren. Zu diesem Sachverhalt finden wir eindrucksvolle Aussagen in dem sehr interessanten Buch: *„Die Kinder des neuen Jahrtausends"* von *Jan Udo Holey*. Eine sehr aufschlussreiche Aussage stammt von dem medialen, siebenjährigen *Flavio Cabobianco* aus Argentinien: *„In Wirklichkeit ist das Leben eine große Schule: Einige fangen gerade an, andere sind sitzen* *geblieben, und man steigt die Stufen des Lernens aufwärts, bis man selbst Professor ist. Dann ist man Fachmann der Ewigkeit und hat die Aufgabe, herunterzukommen und den Schülern zu helfen, damit sie auch so weit kommen. Und dann bringt man ihnen bei, dass wir alle ein Teil Gottes sind und dass das Leben uns so lange abschleift, bis wir tadellos geworden sind.*"

Aus diesem Grund gibt es auch „schlechte" Karten in unserem sinnbildlichen Pokerspiel. Seelen mit einem besonders schlechten Kartenblatt leisten also extrem wichtige Arbeit, wenn man diese fast schon kosmische Perspektive einnimmt.

Mit diesem Thema kam ich zum ersten Mal in Kontakt, als ich mit meiner Klientin *Rita* zu arbeiten begann. Rita war zum damaligen Zeitpunkt etwa 50 Jahre alt und litt unter Erschöpfungszuständen. Bevor Rita Mutter von zwei Söhnen wurde, hatte sie als Bankkauffrau gearbeitet, war dieser Tätigkeit nach der Geburt ihres zweiten Sohnes aber nicht mehr nachgegangen. Seitdem führte sie ihr eigenes „Familienunternehmen", in dem sie ihre Rolle als Hausfrau und Mutter ausfüllte. Seit einiger Zeit war sie aber manchmal so müde, dass sie am Nachmittag regelmäßig in einen mehrere Stunden dauernden, tiefen Schlaf fiel. Schon während der ersten Sitzung fragte sie mich beiläufig, ob ich nicht eine gute Einrichtung kennen würde, die *Schlaftherapie* anbietet. Ich verneinte das lächelnd, da ich es für einen kleinen Witz hielt. Doch in diesem Fall hatte ich mich getäuscht, denn Rita sprach mich bei einer der nächsten Sitzungen erneut auf dieses Thema an. Bei dieser Gelegenheit spürte ich, dass sie die Frage wirklich ernst meinte und stutzte.

Ich hörte zwar gelegentlich von dem einen oder anderen Klienten den Wunsch nach einer Schlaftherapie. Dabei ging es aber eher um einen kleinen, hypothetischen Urlaub auf „Rezept" und mit viel Schlaf. Wirklich ernst gemeint waren diese Aussagen aber niemals. Mir war das Thema „Schlaftherapie" aber dennoch nicht unbekannt. Diese Therapieform war sozusagen der Vorläufer der Elektrokrampftherapie, die gezielt einen epileptischen Anfall hervorruft und bei schweren Formen der Schizophrenie eingesetzt wird. Ihre Blütezeit hatte die Schlaftherapie in den 1920er und 1930er-Jahren. Nach relativ kurzer Zeit hatte man aber von dieser Therapie abgelassen, da zirka 10% aller Patienten aufgrund schlechter Pflege verstarben.

Ich fragte Rita, wo sie denn von dieser Therapie gehört habe. Als ich die Frage gestellt hatte, geschah etwas in ihrem Blick, so als wenn sie plötzlich den Faden verlieren würde. Sie antwortete im Brustton der Überzeugung, „...*dass man das doch so macht und das mit guten Pflegern doch eine sehr gute Therapie ist...*". Ich war verwirrt, denn die Klientin hatte absolut keine medizinische Vorbildung und konnte von diesem Kapitel der Medizingeschichte eigentlich nur unwahrscheinlich etwas gehört haben. Deshalb fragte ich sie, ob sie denn jemanden persönlich kennen würde, der an dieser Therapie teilgenommen habe. Wieder geschah diese seltsame Veränderung in ihrem Blick und in ihrem Gesicht, dann antwortete sie schlicht und einfach: *„Nein."*

Ich beschloss, Rita mit den Fakten zu konfrontieren und wartete ab. Verwirrung machte sich auf ihrem Gesicht breit, gemischt mit einer seltsamen Form von Gewissheit. *„Aber woher weiß ich denn dann davon?"*, fragte Rita. Das war genau die Frage, die mich auch interessierte. Aus diesem Grund lenkte ich das Gespräch auf das Thema Reinkarnation, und Rita zeigte sich sehr neugierig. Deshalb berichtete ich ihr auch von der Möglichkeit einer *Rückführung*. Rita ging mit dieser Idee einige Zeit schwanger und machte dann bei einem Reinkarnationstherapeuten einen Termin aus. Der Therapeut führte Rita zuerst in eine tiefe Entspannung und von dort aus in einen Bewusstseinszustand, von dem sie Einblicke in eine vorherige Inkarnation nehmen konnte. Dadurch erfuhr sie, dass sie in diesem vorherigen Leben als Arzt in einer Klinik beschäftigt war, in der diese Therapieform eingesetzt wurde. Weiterhin hatte sie sich in dieser Zeit Schuld aufgeladen, die sie in ihrer jetzigen Inkarnation aufarbeiten sollte. Dabei ging es um ein ganz spezielles Problem im Zusammenleben mit ihrem Ehemann. Bei unserer weiteren Zusammenarbeit nutzten wir die Erkenntnisse aus dieser Rückführung, und seitdem hat Rita, wenn überhaupt nötig, nur noch ein kurzes „Mittagsschläfchen" gemacht. Von den früheren Erschöpfungszuständen konnte aber keine Rede mehr sein.

Das Beispiel von Rita bringt uns direkt zum nächsten Thema, dem sogenannten „Lebensplan". Unter diesem Begriff versteht man ein äußerst vielschichtiges Thema, das sehr oft missverstanden wird. Viele Menschen fühlen sich durch die Existenz eines Lebensplans zur Marionette degradiert. Dies ist jedoch ein voreiliger Trugschluss. Es ist faktisch aber korrekt, dass wir innerhalb unserer Inkarnation nicht mehr über die volle Willensfreiheit verfügen. So wird es mir für den Rest dieses Lebens versagt bleiben, ein international bekannter Popstar zu werden – denn ich kann schlichtweg nicht singen.

Gerne möchte ich hierzu das Erlebnis von *Jan van Helsing* („*Das Eine Million Euro Buch!*") mit anführen, der mit jungen Jahren ein sogenanntes Nahtoderlebnis hatte:

„Ich war damals 19 Jahre alt, als ich mit meinem Auto aus der Kurve flog – dreimal überschlagen und dann um einen Baum gewickelt. Einen Moment später fand ich mich über der Unfallstelle wieder, etwa 20 Meter über der Situation schwebend, und ich habe von oben das Geschehen betrachtet. Ich sah, wie die Autos anhielten, wie die Straße gesperrt wurde, der Schulbus hielt, der Krankenwagen kam und so weiter. Und vor allem war ich überrascht, mich selbst da unten im Auto liegen zu sehen. Ich brauchte einen Moment, um zu realisieren, dass ich, also genauer gesagt mein Körper, da unten im Wagen eingeklemmt lag und ich dennoch hier oben war – in der Luft. Plötzlich hörte ich eine Stimme neben mir, die sagte: ‚Jan, Du bist von Deinem Lebensweg abgekommen, besinne Dich, sonst holen wir Dich wieder ab.'

Und dann sah ich, ja, wie soll ich das sagen, es war, als wenn man einen alten Super-8-Film von der Filmrolle zieht – man sieht die kleinen Zacken am Rand und hat die Bilder einzeln untereinander, oder wie die Negative eines Fotofilms. Ich sah einzelne Bilder aus meinem Leben. Wenn ich geradeaus sah, sah ich meine gegenwärtige Situation. Wenn ich nun ein Bild nach oben wählte, sah ich Bilder aus meiner Zukunft. Ging ich nach unten, sah ich Bilder aus der Vergangenheit.

Ich möchte das näher beschreiben: Also da war ein Bild, das war aus meiner Kindheit. Es war ein Tag, an dem meine Eltern morgens am Frühstückstisch darüber sprachen, ob es nicht besser für mich sei, wenn ich auf ein Internat komme. Das war damals eine Situation als Kind, die mir sehr negativ in Erinnerung blieb, da natürlich kein Kind gerne von Zuhause weggeht. Im Endeffekt war es natürlich gut für mich, aufs Internat zu gehen, und es hatte auch richtig Spaß gemacht. Doch damals an diesem Morgen war das ein Schock für mich. So, da war also nun das Bild, und plötzlich war ich in dem Geschehen drin, sah mich im Kinderzimmer liegen, sah die alte Blümchentapete im Zimmer, sah die alten Kinderbilder. Es war alles abgespeichert.

Und so konnte ich nun in die verschiedensten Bildchen, die ich vor mir sah, hineinschlüpfen, und alle wurden sie dann wie zu einem Film, also beweglich. Ich befand mich dann wieder in der jeweiligen Situation.

Nun befand ich mich auf einmal wieder in einer Situation, bei der ich vom Rad fiel und ins Krankenhaus kam. In einer anderen Situation war ich im Mutterleib. Kurz darauf fand ich mich im Weltraum schwebend wieder und spürte, wie etwas oder jemand neben mir war – konnte aber niemanden sehen. Dieses etwas, was ich heute als meinen Schutzengel deute, zeigte mir drei verschiedene Familien, in die ich wählen durfte zu gehen. Ich weiß heute nicht mehr, was genau der Unterschied war, doch im Wesentlichen ging es darum, dass ich zwar in jeder Familie und in jedem der drei Leben ähnliche Lebenswege einschlagen würde, da die Prüfungen und Herausforderungen in etwa dieselben waren. Nur würde ich dann eben – je nach genetischem Code der Eltern – etwas anders aussehen, eventuell eine andere Kindheit haben, aber spätestens nach dem Auszug aus dem Elternhaus meinen eigenen Weg gehen. Es war also an mir zu wählen, zu welcher Familie ich als Seele hineinschlüpfe und an welchem Ort das sein würde. Es ist natürlich jetzt die Frage, ob das ein hundertprozentiger freier Wille ist, da ich nicht irgendein Leben wählen konnte, sondern nur eines von dreien, doch ich selbst hatte mich offenbar bereit erklärt, wieder auf die Erde zu kommen, weil ich etwas lernen oder verrichten wollte. Könnte also schon ein richtiger ‚freier Wille‘ sein...

Dann zeigte man mir mich selbst in einem anderen Körper. Es war der Körper meines vorherigen Lebens, und ich sah mich als erwachsenen Mann während eines Kriegsgeschehens.

Und so, wie ich in der Zeit zurückgehen konnte, so konnte ich auch in meine damalige Zukunft schauen. Es wurde mir gezeigt, was ich mir einst selbst gewählt hatte, bevor ich in den Körper des Jan schlüpfte, und was ich mir für dieses Leben vorgenommen hatte. Und ein Teil hat sich bereits erfüllt, und ein anderer wartet noch auf mich."

Berichte wie diese gibt es zahlreiche, was nun eben darauf hinweist, dass unsere Seele vor einer Inkarnation gewisse zentrale Erfahrungen auswählt, die sie machen möchte. Dazu wählt unsere Seele ebenfalls das passende Umfeld aus, wie z.B. das für unsere Aufgaben am besten geeignete Elternhaus, das soziale Umfeld usw.. Unser Leben findet nun zwischen den großen Stationen unseres Lebensplans statt. Die Stationen des Lebensplans können Unfälle, Krankheiten, aber natürlich auch positive Ereignisse sein. Diese Stationen gleichen einer objektorientierten Programmiersprache, bei der gewisse Aktionen über den Fortgang des Programms entscheiden. Ebenso ist es möglich, dass gewisse Stationen des Lebensplans nicht aktiviert werden müssen, weil die Seele sich bereits ohne diese Erfahrung weiterentwickeln konnte. Die unglaublich positive Nachricht ist, dass wirklich jeder Mensch über die nötige Ausrüstung verfügt, um ein Leben gemäß seines Lebensplanes zu führen. Diese Ausrüstungsgegenstände heißen *Intuition* und *Bauchgefühl*. Rational kann man hingegen nicht auf diesen Plan zugreifen, das wäre ja auch fast schon zu einfach...

Neben der eigenen Grundausstattung gibt es natürlich auch noch andere Instanzen, die uns täglich zur Verfügung stehen. Ich spreche in diesem Zusammenhang von Instanzen wie dem *Geistführer* und dem *Schutzengel*. Es gibt Menschen, die diese feinstofflichen Wesen tatsächlich sehen und sogar mit ihnen interagieren können. Ultra-Materialisten belächeln solche Aussagen natürlich. Es ist vollkommen normal, wenn einzelne Menschen die 100m-Strecke unter 10 Sekunden laufen können, auch wenn das der Durchschnittsmensch selbst durch hartes Training nicht schafft. Außersinnliche Wahrnehmungen werden aber gerne belächelt und ins Reich der Phantasie gerückt. Aber was ist mit Tieren, die ebenfalls Dinge wahrnehmen können, die dem Menschen verborgen bleiben?

In dem bereits erwähnten Buch „*Die Kinder des neuen Jahrtausends*" findet sich eine beeindruckende Sammlung von Berichten über medial begabte Kinder. Ein Junge namens Arian berichtet dort auch über den Lebensplan und unsere Helfer aus der feinstofflichen Welt: „*...Jedenfalls kennen der Schutzengel und der Geistführer den ganzen Lebensplan und weisen uns immer wieder darauf hin, wenn wir von unserem Weg abkommen; manchmal auch mit einem Unfall oder einer Krankheit. Sie wissen schließlich am besten, wo unsere kleinen Eitelkeiten verborgen sind und setzen genau da an, um uns zu einer Änderung zu bewegen. Ja, ja, diese geliebten Schlawiner. Sie versuchen alles, um uns auf unseren eigentlichen Weg zurückzuführen...*"

Auch das bekannte britische Medium *Paul Meek* kommt in diesem ungewöhnlichen Buch zu Wort und erläutert uns seine Definition von unseren Helfern aus der feinstofflichen Welt: „*Dabei begleiten uns Engel, Schutzengel, Geistführer und andere Lichtarbeiter, die als Boten Gottes angesehen werden, die ihren jüngeren Geschwistern Hilfe und Schutz gewähren. Durch sie können wir mit der geistigen Welt kommunizieren. Sie schulen uns, wenn wir dies möchten, in geistiger Weisheit und Wahrheit und in allem anderen, was uns auf dem spirituellen Pfad weiterbringt – und das grenzenlos. Diese wiederum erhalten ihr Wissen auch wieder von noch höheren Lehrern, die es wiederum von anderen bekommen. Es ist ein riesiger Entwicklungsprozess, im Diesseits wie auch im Jenseits.*"

Trotz Geisthelfer, Schutzengel und unserer „bordeigenen" Instrumente können wir trotzdem vom Weg abkommen. Dies ist durchaus möglich, wenn das auch alles andere als der reibungsärmste Weg zu leben sein dürfte. Wir können uns der Entwicklung verweigern.
Von Lektion zu Lektion, von Jahr zu Jahr und sogar von Leben zu Leben. Nur einem können wir uns damit nicht verweigern: dem Kreislauf der ewigen Wiedergeburt. Ich genieße dieses Leben wirklich sehr, aber ich möchte hier nicht immer wieder zwanghaft Ehrenrunden drehen und mit den immer gleichen Lektionen konfrontiert werden.

Wenn Du jetzt tatsächlich ein scheinbar „nachteiliges" Blatt auf der Hand haben solltest, was wäre jetzt ein konstruktiver Lösungsansatz? Es wäre jetzt jedenfalls nicht konstruktiv, wenn Du zuerst losheulst und dann (verbal) auf den Kartengeber losgehst. Dadurch wird Dein Kartenblatt nicht besser, ganz im Gegenteil. Wenn Du nur konsequent heulst und zeterst, dann werden Dich Deine Mitspieler um so leichter durchschauen und dann, aber erst dann hast Du *verloren*. An diesem Punkt können Dich dann auch Spieler mit einem noch schlechteren Blatt schlagen.

Ich halte Poker für eine treffende Metapher für das Leben, jedoch mit einigen Unterschieden. Du kannst nicht „folden", also frühzeitig aus einer Partie aussteigen, denn ich bin der festen Überzeugung, dass wir unsere Lektionen nicht überspringen können. Wer das versucht, bekommt die ungeliebte Lektion immer wieder vorgesetzt, so lange, bis er die Aufgabe annimmt. Den weitaus gravierenderen Unterschied sehe ich aber im „Spielziel". Beim Pokern geht es ums Gewinnen. Im Leben geht es meiner Meinung nach aber um „mehr", nämlich um die Erkenntnis des eigenen Potenzials. Niemand bekommt immer gute Karten, den Profi unterscheidet vom Anfänger aber das Wissen darüber, wie er jedes Blatt spielen kann. Ich empfinde eine Eigenschaft als fundamental wichtig, um aktiv sein Leben zu leben (also sein Blatt zu spielen). Diese Eigenschaft ist *Selbstverantwortung*.

Aus dieser Perspektive betrachtet, verwandelt sich auch ein angeblich „nachteiliges" Blatt. Ich betrachte Menschen mit einer Behinderung nicht als Benachteiligte. Wie ich weiter oben betont habe, geschieht in diesem Leben nichts zufällig. Du hast auch Deine Karten, also Deine Lebenssituation nicht zufällig ausgesucht. Die Situation in Deinem Leben enthält eine Aufgabe für Dich. Diese Aufgabe ist nicht wie eine Kugel an Deinem Bein, sondern soll dazu führen, dass Du mehr Einsicht in Lebensbereiche bekommst, die Dir bisher vielleicht verborgen waren. Aus diesem Grund ist für mich auch das Thema Wiedergeburt absolut schlüssig.

Bevor wir uns das Thema „Selbstverantwortung" genauer ansehen, möchte ich zuerst über den Begriff *Schuld* nachdenken. Bei den Begriffen Schuld und Verantwortung gibt es nämlich gelegentlich Irritationen, manche Menschen halten die Begriffe sogar für Synonyme.

Das Wort *Schuld* ist problematisch. Wer trägt die Schuld, wenn ein Mensch eine Krebserkrankung entwickelt? Grundsätzlich kommt bei Lungenkrebs sehr schnell die Frage: *„Er war doch Raucher, oder?"* Das bedeutet im Klartext: Selber schuld! Der Raucher hat sich selbst geschadet und hat es (eigentlich) auch nicht anders verdient. Oftmals stecken hinter dieser wirklich unangenehmen Argumentationskette auch schlicht und einfach Angst und ein Mangel an Mitgefühl. Dies gilt umso stärker, wenn der selbsternannte Richter selber auch noch Nichtraucher ist. In diesem Fall wird dann die eigene Angst vor einer möglichen Krebserkrankung rationalisiert, denn der Raucher ist dann ja vermeintlich selbst schuld. Frei nach dem Motto: *„Ich rauche nicht, also bekomme ich auch keinen Krebs!"*

Hört sich gut an, ist aber lediglich eine vollkommen haltlose Privatmeinung und wissenschaftlich nicht belegbar. Was ist denn nun, wenn ein 40jähriger Sportler, der sich bewusst ernährt und nicht raucht, plötzlich einen Schlaganfall bekommt? Wer ist hier schuld? Notfalls ist es die Genetik, Stress, Zufall oder aber... der „viele" Sport.

„Schuld" ist in diesem komplexen System ein völlig unzureichender und auch menschenfeindlicher Begriff. Uns allen täte es gut, keinen Menschen zum Schuldigen zu machen. Kein Wissenschaftler kann hieb- und stichfest belegen, dass Zigaretten definitiv Krebs auslösen. Ebenso kann nicht belegt werden, dass eine gesunde Lebensführung, Sport und der Verzicht auf Nikotin einen Schlaganfall garantiert verhindern. Auch hier: Willkommen im Reich des Relativen. Sicherlich begünstigen Zigaretten genauso Krebs, wie eine gesunde Lebensführung einen Schlaganfall unwahrscheinlicher macht. Garantien gibt es aber keine. Im einen Fall wollen wir einfach glauben, dass uns eine gewisse Verhaltensweise vor etwas schützt, und im anderen Fall wollen wir glauben, dass eine andere Verhaltensweise schadet.

Und da sind wir an einem ganz wichtigen Punkt angekommen: Schuld benötigt *Glauben*, damit sie funktionieren kann. Deshalb ist auch der Begriff *Sünde* so eng mit dem Begriff *Schuld* verknüpft. Wer sich versündigt, macht sich immer auch schuldig. Wir als Menschen sollten das Richten den Richtern und vielleicht sogar besser noch der höchsten Instanz (je nach Religion) überlassen, denn wir sind keinen Deut besser als der Mensch, den wir zum Schuldigen erklären.

Schreit jetzt etwas in Dir auf? Das geht vielen Menschen an diesem Punkt so. Denn: Was ist mit Straftätern? Soll man die etwa nicht bestrafen? Dies ist kein juristisches Buch und zumindest ich bin kein Richter. Wenn ein Mensch ein Verbrechen begangen hat, dann soll ein ordentliches Gericht befinden, ob er „schuldig im Sinne der Anklage" ist. Wenn er schuldig ist, dann soll er ebenfalls eine angemessene Strafe erhalten. Aber: Egal welche Straftat ein Mensch begangen hat, wir sollten niemals vergessen, dass auch wir an seiner Stelle stehen könnten. Auch ein Straftäter bleibt ein Mensch und sollte so behandelt werden. Andernfalls machen wir uns der Unmenschlichkeit *schuldig* und unterscheiden uns nicht mehr vom Täter.

Je verabscheuungswürdiger ein Verbrechen ist, desto schwerer ist das natürlich. Ich beobachte aber mit Sorge, wie in der Öffentlichkeit schnell zum Mob gerufen wird, teilweise lange bevor es überhaupt ein Gerichtsurteil gibt. Besonders häufig geschieht dies natürlich bei Gewalttaten oder bei Straftaten im Zusammenhang mit Kindern. Einige Menschen suchen dann Zuflucht in Selbstjustizphantasien und wollen diese dann ausleben. Ich frage Dich aber ganz konkret: Bringt das dem unschuldigen Opfer irgendetwas? Verhindert eine solche Tat solche Verbrechen?

Ich bin für die konsequente Anwendung der geltenden Gesetze. Es braucht keine „schärferen" Gesetze, sondern lediglich die konsequente Anwendung der bestehenden. Meine persönliche Meinung hierzu ist, dass es durchaus Menschen gibt, die lebenslang hinter Schloss und Riegel gehören, zum Schutze der Allgemeinheit. Die Todesstrafe aber halte ich hingegen für unmenschlich und barbarisch.

Wenden wir uns aber nun dem Begriff *Selbstverantwortung* zu. Eine wunderbar einfache Definition davon ist: *„Das Leben in die eigenen Hände nehmen."* Hier drängt sich wieder die Metapher von den Karten in unserem Pokerspiel geradezu auf. Selbstverantwortung hat schon etwas fast „wild Romantisches", ist aber leider gleichzeitig völlig unbequem. Selbstverantwortung *verpflichtet* dazu, jede Karte zu spielen, die Dir der Kartengeber gibt, auch und gerade die vermeintlich schlechten Karten. Denn was nützen Dir Wut, Nörgeleien und alle Jammerei? Wenn Du Deinen Arbeitsplatz verlierst (und dies nicht aktiv, also durch Dein Verhalten verursacht hast), dann ist dies auch nicht Deine *Schuld*. Du bist aber dafür *verantwortlich*, wie Du mit diesem Ereignis umgehst.

Bleiben wir noch etwas länger bei dem Thema „Arbeitsplatzverlust", denn viele Menschen werden im Laufe ihres Lebens einmal damit konfrontiert. Jeder Mensch muss einen solchen Tiefschlag erst verdauen, schließlich bekommt man gerade den Teppich unter den Füßen weggezogen. Dies gilt natürlich umso mehr, wenn nicht nur Du selbst von dem Arbeitsplatzverlust betroffen bist, sondern auch Deine Familie. Ist diese Botschaft erst mal bei Dir angekommen und Du hattest etwas Zeit, sie sacken zu lassen, welchen Nutzen machen dann permanente Hasstiraden auf den Chef, die Gesellschaft oder den Kapitalismus?

Nach der Schockphase haben diese Verhaltensweisen einen entscheidenden Vorteil. Durch Schimpforgien und Gejammere kann man hervorragend Druck ablassen, ohne etwas zu *tun*. Zusätzlich bekommt die betreffende Person vielleicht auch etwas Aufmerksamkeit oder sogar Mitleid. Wenn *das* also Dein Ziel ist, dann ist dieser Weg auch für Dich geeignet. In diesem Fall empfehle ich Dir aber den sofortigen Lesestopp. Dieses Buch ist dann vielleicht nicht sonderlich gut für Dich geeignet, und Du solltest es vielleicht an jemanden aus Deinem Bekanntenkreis verschenken – idealerweise an jemanden, der an Lösungen interessiert ist.

Selbstverantwortung beschreibt auf puristische Weise einen ganzen Lebensentwurf: *„Sich selbst verantwortlich sein."* Ein solches Leben ist der krasse Gegenentwurf zur Vollkasko-Mentalität und zum Opferbewusstsein. Gleichzeitig neutralisiert Selbstverantwortung viele äußere Zwänge. Ein wirklich selbstverantwortlicher Mensch benötigt keine gesetzliche „Null-Promille"-Alkohol-Regelung. Da er für sich selbst verantwortlich ist, weiß er, dass Alkohol *immer* eine Auswirkung auf seine Reaktionszeit hat. Außerdem trägt Alkohol am Steuer nicht dazu bei, dass er sein Ziel optimaler erreicht. Selbstverantwortung setzt aber zwangsläufig ein „Selbst" voraus: eine eigene Meinung, eine Position, eine eigene Sichtweise. Das schließt eine Antwort auf die Frage „*Was will ich eigentlich vom Leben?*" mit ein. Hierbei kommt es auf eine maximal individuelle und nicht auf eine maximal originelle Antwort an!

Wenn Du auf die Frage „*Was will ich eigentlich vom Leben?*" (noch) keine Antwort hast, ist das nicht dramatisch. Die Antwort ist nicht irgendwo „da draußen", sondern schlummert irgendwo *in Dir* und wartet auf ihre Entdeckung. Allein die Suche nach einer Antwort kann ein unglaublich wichtiger Entwicklungsschritt sein. Warum nimmst Du Dir also nicht etwas Zeit, um dieser Fragestellung auf den Grund zu gehen? Vielleicht reservierst Du eines der nächsten Wochenenden für diesen Zweck.

Dein Alter spielt übrigens überhaupt keine Rolle in dieser Angelegenheit. Selbst wenn der „Worst Case", also der schlimmste Fall eintreten und heute Dein letzter Tag auf dieser Welt sein sollte, lohnt sich die Beschäftigung mit dieser Frage. Ein Tag sinnerfülltes Leben ist besser als keiner. Ich behaupte: Deshalb lebst Du überhaupt noch, aus exakt diesem Grund! Aber ich hoffe selbstverständlich für Dich, dass Dir noch viele sinnerfüllte Tage zur Verfügung stehen. Und trotzdem: Nimm Dir bitte die Zeit, und denke über Dein Leben nach. Irgendwann ist es dafür definitiv zu spät, warum also wertvolle Zeit verschenken?

Unsere Frage von vorhin kann auch umformuliert werden: „*Warum bin ich eigentlich hier?*" Vielleicht liegt Dir ja diese Variante der Frage mehr.

Ich bin ein großer Fan von *Zielen*, gleichzeitig kenne ich aber auch deren Problematik. Ein typischer Klassiker ist z.B.: *„In 5 Jahren werde ich mein Einkommen verdreifachen."* Dieses Ziel ist selbstverständlich völlig legitim. An diesem Punkt unserer Überlegung ist eine solche Zielformulierung aber viel zu *speziell*. Hier geht es mir eher um einen übergeordneten Grund. Ich meine damit etwas, dem man sein ganzes Leben widmen möchte. Ein solcher Grund wäre z.B.: *„Ich will das Leben voll und ganz genießen."*

Vielleicht kommt dann irgendwann in Deinem Leben der Moment, an dem Du dem Genuss überdrüssig wirst und Dich dann einfach für eine andere Richtung entscheidest. Genau das nennt man dann *Entwicklung*, und daran lässt sich überhaupt nichts aussetzen. Aber auch wenn der *Genuss* weiterhin Dein einziger Lebenszweck bleiben sollte, ist dies völlig legitim. Solange Dir Deine ganz persönliche Motivation Freude schenkt, ist die Entscheidung dazu gültig, und nichts ist daran auszusetzen. Dies ist das alleinige Kriterium, das Dein ganz persönlicher Lebenszweck erfüllen muss: Er soll Dir Freude bereiten!

Hier ist eine gute Stelle für eine Pause, denn vielen Menschen bereitet diese Ansicht immer wieder Probleme. Ist das nicht der Aufruf zum totalen Egoismus? Wenn Du das auch denkst, dann möchte ich Dir gratulieren, denn Du hast recht. Ein solches Leben würde vom Egoismus dominiert. In meinen Augen handelt es sich dabei aber um die positivste Form von Egoismus. Wenn Du Dein Leben einer Sache widmest, die Dir Freude bereitet, dann wirst Du auf lange Sicht zu einem glücklichen Menschen. Ein glücklicher Mensch ist Balsam für eine Gesellschaft voller unzufriedener Menschen, denn er leistet einen Beitrag zur Heilung derselben.

Einige Journalisten wollen herausgefunden haben, dass Mutter Theresa absolut kein glücklicher Mensch gewesen sein soll. Dies kann und will ich nicht bewerten, aber ich kann es mir durchaus vorstellen. Der Mensch wird als soziales Wesen geboren. Dennoch handelt es sich bei ihm aber generell um ein Einzelwesen und nicht um den Teil eines Kollektivs, wie es z.B. bei Bienen oder Ameisen der Fall ist.

Der programmierte Auftrag der Natur ist bei allen Wesen gleich. Er lautet: **Überleben!** „Aufopferung" ist für mich nicht mit der Mission der Natur zu vereinbaren, denn eigentlich handelt es sich dabei um Energieverschwendung. Den feinen Unterschied macht immer das „Warum", also die Motivation hinter unseren Handlungen.

Wenn Dir der Dienst am Nächsten wahrhaft Freude bereitet, dann widme Dein Leben exakt diesem Sinn. Die Freude an Deinem Handeln ist dann nicht mit Gold aufzuwiegen. Außerdem handelt es sich dann um eine „Win-Win-Situation", sogar gleich in doppelter Hinsicht. Auf der einen Seite wirst Du den Menschen wirklich helfen, denn Du hilfst der Hilfe wegen. Du tust etwas aus „Spaß an der Freude". Damit wirst Du zu einem Vorbild werden, denn Du wirst diese Begeisterung ausstrahlen. Zu guter Letzt wirst Du für diese Tätigkeit dann auch noch bezahlt. Ist das nicht phantastisch? Was hat das noch mit „Arbeit" im klassischen Sinne zu tun? Aber hat das noch etwas von „Altruismus"?

Und nun kommt der *harte* Teil, der Teil, bei dem etwas in Dir aufschreien wird. Was jetzt folgt, ist gegen unsere Konditionierungen: Lasse Dich bitte niemals durch angebliche Moral oder „ethische Gründe" zur Hilfe zwingen. Wenn Du Dich durch diese Tricks verpflichten lässt, trittst Du Dich selbst mit Füßen und handelst keinesfalls mehr verantwortlich. Lasse einen einzigen Grund als Motivation für Deine Handlungen zu: Freude. Auch harte und unangenehme Arbeit kann Freude bereiten, weil sie etwas dient, was Dir wichtig ist, weil es sich um Arbeit handelt, die getan werden muss – weil sie von Dir getan werden „muss".

Machst Du die Freude nicht zu Deinem Kompass, dann kommt es unweigerlich immer wieder zu Reibereien. Ein Klassiker ist der Ausspruch eines „Helfers": *„Aber er hätte sich ja nun mal wenigstens bedanken können!"* Sicherlich gehört ein „Danke!" absolut zum Grundrepertoire eines jeden Menschen. Wenn Du aber geholfen hast und plötzlich sensibel auf den „ausbleibenden Dank" reagierst, dann darfst Du bitte einmal nachforschen, warum Du überhaupt geholfen hast. Kann es vielleicht sein, dass Du nur widerwillig geholfen hast? Hast Du vielleicht nur geholfen, weil Du meintest, helfen zu „müssen"? Freude scheint jedenfalls nicht Deine Hauptmotivation gewesen zu sein, denn warum sonst brauchst Du die Anerkennung eines anderen Menschen? Warum genügt es Dir nicht, die Ergebnisse Deiner Hilfe zu sehen und Dich daran zu erfreuen?

Ich lehne mich nun sehr weit aus dem Fenster, denn ich behaupte, dass es gerade eben *diese* Erwartungshaltung ist, die dafür sorgt, dass es eben nicht zu einem völlig normalen „Danke!" kommt. Menschen haben sehr feine Antennen und Wahrnehmungsfähigkeiten. Wir alle nehmen sehr viel Datenmaterial auf und verrechnen es völlig unbewusst, werden aber von dem Endergebnis dieser Rechenoperationen in unserem Verhalten beeinflusst. Hilfe wirklich anzunehmen, ist oftmals mindestens genauso eine Willensanstrengung wie das Helfen selbst. Wenn ein Mensch nun also unterschwellig merkt, dass Du nicht aus „Freude am Helfen" tätig bist, ihm aber gleichzeitig das Wasser bis zum Hals steht und er Deine Hilfe eigentlich nicht ablehnen kann, wie wird sich dieser Mensch dann fühlen? Wird sich dieser Mensch dann authentisch und von ganzem Herzen bei Dir bedanken können? Ist diese Art der Hilfe wirklich Hilfe oder handelt es sich um Almosen? Möchtest Du dem anderen Menschen helfen, oder willst Du nur Dein eigenes Ego aufpolieren? Möchtest Du ein anderes Opfer vorfinden, um Dich selbst nicht immer als Opfer zu empfinden? Das ist insgesamt sehr harter Tobak, oder? Prüfe deshalb umso genauer, was Deine bisherige Lebenserfahrung zu dieser Thematik sagt. Was sagt Dein Herz dazu, oder besser: Was fühlt es?

Besinnen wir uns aber wieder auf das eigentliche Thema dieses Kapitels. Eine andere Definition von Selbstverantwortung wäre diese: *„Selbstverantwortung ist die Fähigkeit, mich stets so zu verhalten, dass ich mir selbst gerecht werde."* Schon wieder so ein Reizthema: *Selbstgerechtigkeit.* Selbstgerecht will ja eigentlich nun wirklich niemand sein. Auch das sehe ich etwas anders. Gegen den Spruch: *„Er lebte ein Leben, das ihm selbst gerecht war!"* auf meinem Grabstein hätte ich rein gar nichts einzuwenden.

Bisher habe ich eine solche Inschrift auf keinem Grabstein gelesen, denn vermutlich ist die Nähe zur negativ belasteten *Selbstgerechtigkeit* zu klein. Anders als man denken könnte, ist der Unterschied zwischen einem „selbstgerechten" Leben und einem *„Leben, das einem Selbst gerecht wird"*, doch etwas größer. Oftmals ist nur das selbstgerechte Messen mit zweierlei Maß bekannt: einem großzügigen Maß für mich und einem sehr kleinlichen für den Rest der Menschheit.

Wenn Du ein Leben führst, das Dir selbst gerecht wird, dann muss das nicht zwangsläufig ein knallhart egoistisches oder narzisstisches Leben sein. Ich glaube, dass dies bei weniger als 1% der Menschheit der Fall wäre – wenn es überhaupt so viele wirklich „böse" Menschen gibt!

Überlege aber bitte einmal selbst: Wem sonst (außer Dir) muss Dein Leben denn gerecht werden? Wem willst Du aus freien Stücken eine so große Macht über Dein Leben einräumen? Aus welchem Grund? Klassische Antworten wären: den Leuten, den Nachbarn, den Kollegen, meinen Kindern, der Frau usw.. Aber warum muss *Dein* Leben den Anforderungen anderer Menschen genügen? Sind Deine Ansprüche an Dein Leben nicht die exklusivsten der Welt?

Wie ich an anderer Stelle bereits erwähnt habe, befinden wir uns jedoch im „Reich des Relativen". Selbstverständlich ist der Mensch ein soziales Wesen und findet sich gerne freiwillig in Gruppen zusammen: Familie, Beziehung, Kegelverein. Wenn eine Gruppe sich zusammenfindet, treffen auch immer unterschiedliche Mentalitäten aufeinander. Ein Klassiker ist die „Urlaubsfrage". Der eine Partner möchte in die Berge, der andere lieber ans Meer. Und was jetzt? Es gibt einige Psychologen, Lebenslehrer und Coaches, die ihren Klienten eine maximale Selbstentfaltung empfehlen und dabei vor allem eines vergessen: den Stellenwert eines realistischen Kompromisses. Also fahren die Partner am Ende getrennt in den Urlaub. Ist das die Patentlösung? Wozu führt man dann eigentlich grundsätzlich eine Beziehung?

Ich halte die „Solourlaub-Lösung" für problematisch. Denken wir das einmal durch: Wenn jeder Partner das „Recht" auf einen Urlaub seiner Wahl hat, resultiert daraus auch automatisch die Durchsetzung der eigenen Vorstellungen? Handelt es sich bei einer solchen Beziehung eigentlich überhaupt noch um eine „Beziehung"?

Das andere Extrem ist selbstverständlich genauso wenig erstrebenswert: Der eine Partner setzt seine „Berge" immer gegen das „Meer" durch, und so findet der gemeinsame Urlaub seit 20 Jahren ausschließlich in den Bergen statt. Beide Partner sollten sich fragen, welche Art von Beziehung sie eigentlich führen möchten. Möchten die Partner eine Beziehung führen, in der einer der Beteiligten immer den Kürzeren zieht? Eine Beziehung, in der die Bedürfnisse des Partners völlig egal sind? Oder eine Beziehung, in der man sich vom Anderen dominieren lässt? Wie stehst Du dazu? Möchtest Du dominieren, oder möchtest Du Dich unterwerfen? Oder gibt es noch einen anderen Weg? Wäre unter vernünftigen (und sich liebenden) Menschen nicht ein Kompromiss das Mittel der Wahl? Gibt es vielleicht einen Ort, der beiden gefällt? Kann man vielleicht einen Turnus einführen, bei dem es im einen Jahr ans Meer und im anderen in die Berge geht?

Auch hier gibt es, wie so oft, nur einen wirklich gangbaren Weg, der auch ans Ziel (oder in den Urlaub) führt: den goldenen Mittelweg. Bei diesem Lösungsansatz gibt es keinen ständigen „Verlierer". Eine funktionierende Beziehung zeichnet sich für mich dadurch aus, dass sie freudvolles Geben und Nehmen beinhaltet. Wenn dieser Energieaustausch heute gestört ist, wird die Beziehung vielleicht schon morgen keinen Bestand mehr haben.

Aktivität (Geben) und Passivität (Nehmen) wollen gelebt und genossen werden! Nimm Dir doch einfach mal etwas Zeit und widme sie der Frage, was wichtiger für Dich ist: Das Ziel einer Reise, oder die Reise mit Deinem Partner zusammen zu erleben?

Die „schönsten Wochen" im Jahr sind natürlich nicht völlig unwichtig. Aber das Jahr hat noch viele andere Tage außer Deinen Urlaubstagen! Wenn Du also dreißig Urlaubstage hast, dann gibt es noch weitere 335 Tage – mehr als das Zehnfache Deines Urlaubs. Hast Du mal darüber nachgedacht, wie Du diese Tage verbringen möchtest? Oder ist die

Art und Weise, wie Du das bisher getan hast, voll und ganz in Ordnung?

Nun ist das ein sehr profanes Beispiel, denn Du trägst mehr Verantwortung als nur für Deinen Urlaub. Stell Dir vor, Du hast mit Biegen und Brechen Dein Wunschziel durchgesetzt, und am Ende wird der Urlaub mies, weil es trotz angeblicher „Sonnengarantie" regnet, Ungeziefer im Hotel unterwegs ist oder Du Dir ein Bein brichst. Dann war der ganze Kampf umsonst. Du trägst die Verantwortung für Dein ganzes Leben. Bist Du Dir über die Tragweite dieser Aussage im Klaren?

Jeder Moment, den Du nicht so lebst, wie Du es willst, ist verloren. Kein Moment kommt jemals wieder. Dies wird oftmals erst dann klar, wenn ein Mensch aus Deinem Umfeld stirbt. Du wirst niemals mehr mit ihm ins Kino gehen, in den Urlaub fahren oder sonst wie Zeit verbringen können – zumindest nicht in diesem Leben. Für viele Menschen bricht dann die Welt zusammen, denn in unserer Gesellschaft ist der Tod ein absolutes Tabuthema. Auch deshalb ist der Jugendwahn so erfolgreich – wir altern langsamer, also sterben wir angeblich auch später oder gar nicht. Leider ist das ein Trugschluss.

Das Wissen darüber beeinflusst auch das Thema Selbstverantwortung. Dies wird oftmals leider völlig unter den Tisch gekehrt oder verdrängt. Wenn es Dein Ziel ist, möglichst viel Geld zu verdienen, ist es auf den ersten Blick relativ naheliegend, möglichst viel zu arbeiten. Arbeit macht Einkommen möglich. Einkommenssteigerung bedeutet mehr Geld. Mehr Geld bedeutet Wohlstand. An und für sich eine logische Folge. Nur – was wirst Du tun, wenn Du eines schönen Tages wirklich „reich" bist, aber niemand mehr da ist, mit dem Du diesen Reichtum genießen kannst? Alle wichtigen Menschen sind nach Jahrzehnten Schufterei entweder verstorben oder haben sich von Dir abgewandt – denn Du hast Deine Energie ausschließlich in die Erwerbstätigkeit gesteckt. Einige Menschen suchen dann ihr Heil darin, z.B. einen Lebenspartner in Thailand zu suchen. Auf diese Weise sind sie dann wenigstens nicht allein.

Verstehe mich bitte nicht falsch – ich habe damit überhaupt kein Problem, und ich verurteile dies nicht. Wenn Du das getan hast oder es planst, dann ist das Deine Entscheidung. Du bietest einem Menschen damit eine Perspektive in einem Land mit gehobenem Lebensstandard. Mir geht es aber um Dich! War es der Verzicht auf soziale Nestwärme wert? Einige meiner Leser mögen jetzt auf die Scheidungsraten etc. verweisen. Natürlich gibt es für nichts eine Garantie, das habe ich bereits erwähnt. Aber ebenso gibt es auch keine Garantie für wirtschaftlichen und beruflichen Erfolg.

Eben dies hat ein Klient erfahren dürfen. Er startete seine berufliche Laufbahn als konservativer Beamter, fand eine Frau und heiratete. Langsam aber stetig setzte sich seine Karriere fort, und es kam ein Kind. Dieses Kind war irgendwie ein Auslöser für eine verfrühte Midlife-Crisis. Mein Klient verließ seine Lebenssituation von heute auf morgen. Zuerst zog er aus der gemeinsamen Wohnung aus, dann quittierte er seinen Dienst. Sein Leben hatte Manfred nur noch gelangweilt. Er gründete ein Unternehmen, das sich auf die Durchführung von IT-Seminaren spezialisierte. Die Firma wuchs und gedieh, hatte am Höhepunkt etwas mehr als 1,5 Millionen Euro Umsatz im Jahr. Doch dann kam der Einbruch. Die Firma profitierte massiv von der staatlichen Förderung der veranstalteten Seminare. Plötzlich wurde diese Subventionierung massiv gekürzt.

Manfred glaubte nicht an ein fundamentales Problem und ging in die Offensive: Werbung, Werbung, Werbung. Ich will es kurz machen: Manfred lebt heute in einer Wohnung, die ihm durch Wohngeld finanziert wird. Sein Unternehmen existiert nicht mehr, und sein Sohn hat sich völlig von ihm abgewandt. Um über die Runden zu kommen, verdient sich Manfred stundenweise etwas als Bürohilfe in einem Handwerksunternehmen. So kann es laufen...

Du bist also ganz alleine für Dein Leben verantwortlich, niemand sonst. Nimm Dir also bitte ausreichend Zeit und überlege, was Dir jetzt gerade in Deinem Leben fehlt. Wenn es Dir jetzt bewusst

ist, kannst Du es integrieren. Wenn Du das Mangelgefühl nur lange genug verdrängst, ist es vielleicht irgendwann nicht mehr möglich. Gibt es vielleicht Menschen, mit denen Du gerne mehr Zeit verbringen möchtest? Wann fängst Du damit an? Nimmst Du Dein Leben wirklich an? Welcher Sache möchtest Du Dein Leben widmen? Was erfüllt Dein Herz mit Freude, und warum verbringst Du nicht mehr Zeit damit?

Kapitel 4: Hier schafft es keiner lebend raus!

Alles, was lebt, wird eines Tages sterben. Die Geburt ist sozusagen der erste Schritt Richtung Grab. Diese Tatsache hat ein großes Frustrations-Potenzial. Die Begrenzung unserer Lebensdauer (und damit auch unserer Zeit) schenkt uns aber auch etwas, denn jeder Tag kann nur einmal gelebt werden – dann ist er unweigerlich verloren. Aus dieser Perspektive betrachtet, kann es auch eigentlich keinen Alltag geben. „Alltag" ist nur eine Bezeichnung für eine zeitweilige Situation. Aus diesem Grund solltest Du gerade ganz alltäglichen Dingen viel mehr Achtsamkeit schenken. Oftmals bemerkt man nämlich erst, was man hatte, wenn man es verloren hat.

An dieser Stelle schließt sich auch der Kreis zum vorherigen Kapitel. Wenn Deine Zeit begrenzt ist, kannst Du es Dir dann überhaupt *leisten*, so weiterzumachen wie bisher? Führst Du das Leben, dass Du immer führen wolltest?

Wie schon erwähnt, beträgt die durchschnittliche Lebenserwartung in Deutschland momentan 82 Jahre. Diese Zeit will *genutzt* werden! Je nach Religionszugehörigkeit haben wir ein oder aber auch mehrere Leben. Für den Moment einigen wir uns einfach auf *ein* Leben, sonst würde das unsere Überlegungen nur unnötig verkomplizieren. (An einer anderen Stelle werden wir dieses Thema dann aber erneut aufgreifen.) Da stehen wir also mit unserem begrenzten Leben. Da wir einem gewissen Alterungsprozess unterworfen sind, ist es für manche Aktivitäten in späteren Lebensabschnitten einfach zu spät, der Zug ist abgefahren. Dennoch kenne ich Klienten, die sogar mit einer künstlichen Hüfte noch einen Fallschirmsprung gewagt haben. Generell gebe ich aber Michael Gorbatschow recht, wenn er sagt: *„Wer zu spät kommt, den bestraft das Leben."*

Wir leben also nicht ewig und haben deshalb nicht ewig Zeit, um unsere Pläne zu verwirklichen. Selbstverständlich geht es mir jetzt nicht primär um Extremsportarten oder Fallschirmsprünge. Ich denke besonders an Projekte, die einen gewissen zeitlichen Rahmen erfordern, wie z.B. die Beherrschung einer Kunst, eines Instruments oder die Gründung eines Unternehmens.

Ich lade Dich an dieser Stelle zu einem kleinen Gedankenspiel ein: Stelle Dir bitte vor, dass der Tod tatsächlich eine reale Person wäre, eben „Gevatter Tod". Wie sähe der Gevatter in Deiner Vorstellung aus? Hollywood hat mit dem Film „Joe Black" gewisse Traditionen ausgehebelt, aber ob Dein Tod nun wie Brad Pitt oder wie der klassische Kuttenträger mit Sense aussieht, spielt auch nicht wirklich eine Rolle. Wichtig ist nur, dass Du eine plastische Vorstellung vor Augen hast. Nun bekommst Du eines schönen Tages Besuch – von gerade eben Deinem ganz persönlichen Sensenmann. Es klopft an der Tür, Du öffnest, und der Tod steht vor Deiner Tür. Leider kommt der Gevatter nicht auf eine gepflegte Tasse Kaffee bei Dir vorbei, sondern möchte Dich auf eine Reise ohne Wiederkehr mitnehmen. Du stehst also einen Schritt vor dem Ende Deines Lebens. Kannst Du Dir das vorstellen? Lasse Dich bitte einen Moment auf dieses Gedankenspiel ein, und versuche zu fühlen, was dabei in Dir hochsteigt.

Aber ich habe noch eine zusätzliche Überraschung für Dich: Es klopft genau JETZT an Deiner Tür. Vor der Tür steht der Gevatter, und Deine Zeit läuft ab, denn der Sensenmann hat nicht besonders viel Geduld. Kein schöner Gedanke, oder? Die Frage, die nun folgt, hat das Potenzial, Dein ganzes Leben *„upzugraden"*:

„Was fehlt noch in Deinem Leben, damit Du freudestrahlend die letzte Reise antreten kannst?"

Diese Frage können die meisten Menschen nicht spontan beantworten, denke deshalb bitte ruhig etwas länger über diese Frage nach, auch wenn sie sich im ersten Moment sehr makaber anhört.

In unserer Kultur wird der Tod tabuisiert, und wir verhalten uns so, als ob wir ewig leben würden. Die Unsterblichkeit jedoch können wir in diesem Leben nicht erreichen. Der größtmögliche Erfolg im Leben eines Menschen ist es, den Zustand zu erreichen, in dem er mit einem Lächeln auf den Lippen sterben kann. Das ist immer genau dann der Fall, wenn Du über die Gewissheit verfügst, Deinem ganz persönlichen Lebensplan gefolgt zu sein.

Selbstverständlich stoßen wir an diesem Punkt an die Grenzen unseres freien Willens. Es gibt Ziele, die Du in diesem Leben einfach nicht mehr erreichen kannst, egal wie „hungrig" Du danach bist und wie sehr Du Dich auch anstrengst. Vielleicht spürst Du Dich unglaublich von Klavieren angezogen, hast aber noch niemals auf einem solchen Instrument gespielt. Unter diesen Voraussetzungen ist es sehr unwahrscheinlich, dass Du es auf diesem Gebiet zur Meisterschaft bringst. Das bedeutet aber nicht, dass Du Deinem Lebensplan nicht folgen kannst. Vielleicht ist es eher Deine Mission, Klaviere zu bauen oder diese zu verkaufen? Das findest Du aber niemals heraus, wenn Du Deine Reise nicht beginnst.

Wenn Du zu einer Antwort auf unsere Frage gekommen bist, dann möchte ich Dich mit einer weiteren Frage konfrontieren: *„Wann setzt Du endlich alle Hebel in Bewegung, um dieses Ziel zu erreichen?"* Wann beginnst Du mit Deinem Weg? Wann, wenn nicht jetzt? Du hast es jetzt jedenfalls in der Hand. Eine spätere Reklamation im Sinne von *„Aber davon habe ich doch nichts gewusst!"*, ist nun vollkommen ausgeschlossen, denn jetzt – in diesem Moment! – weißt Du es besser. Du hast nicht unendlich viel Zeit zur Verfügung, um Dein Leben zu einem Kunstwerk zu machen – zu *Deinem* Kunstwerk. Egal, wie lang Dein ganz persönlicher Weg sein sollte: mach den ersten Schritt, noch heute, am besten JETZT!

Es gibt zum Thema „Entscheidungen" übrigens eine sehr interessante Statistik. Wenn ein Entschluss einmal getroffen wurde, aber 72 Stunden nichts zur Umsetzung geschieht, dann werden auch höchstwahrscheinlich keine Schritte mehr in die richtige Richtung gemacht. Der Geist ist willig, das Fleisch ist schwach. Das Ziel ist verloren.

Wenn es also das nächste mal klingelt oder klopft: Es könnte der Gevatter sein, der Dich abholen möchte. Wie weit bist Du mit der Realisierung Deines Ziels?

In der Menschheitsgeschichte gab und gibt es viele unterschiedliche Sichtweisen zu unserer Vergänglichkeit. Unsere Zivilisation tabuisiert und verbannt den Tod, und es grassiert unaufhaltsam der Jugendwahn. Nicht wenige Menschen ordnen sich diesem Diktat unter, das auch nicht zuletzt von den Massenmedien verteidigt wird. Dies war aber keinesfalls immer der Fall. Einen krassen Gegenentwurf dazu gab es z.B. im Römischen Reich. Der Philosoph Seneca brachte es auf den Punkt: *„Nur wer zu sterben gelernt hat, weiß zu leben."* Im alten Rom war diese Ansicht sehr weit verbreitet, wurde aber besonders von den Gladiatoren geteilt. Rein formal handelte es sich bei diesen Menschen scheinbar um eine Menschengruppe mit dem Stellenwert der Sklaven. Genau wie die Sklaven wurden die Gladiatoren an einen Besitzer verkauft. Dieser Besitzer konnte seine Gladiatoren dann gegen andere Gladiatoren kämpfen lassen, um damit Geld zu verdienen. Jeder Kampf in der Arena konnte für einen Gladiatoren der letzte sein. Zwischen den Kämpfen aber lebten die Gladiatoren ein Leben in Saus und Braus. Einige der Gladiatoren waren so etwas wie die „Rockstars" der Antike. Besonders erfolgreichen Kämpfern wurde die Freiheit geschenkt, und einige davon machten im Anschluss als freie Bürger eine steile Karriere in der Politik.

Das Leben eines *Sklaven* verlief grundsätzlich anders. Wie der Gladiator gehörte er zum Besitz seines Herrn. Der Alltag eines Sklaven war relativ sicher, fernab von den Gedanken an einen frühzeitigen Tod. Oftmals blieben die Sklaven aber ein Leben lang unfrei und starben dann auch als Sklaven.

Vergleiche diese beiden Entwürfe doch einmal mit Deinem Leben. Wo stehst Du? Bist Du frei? Ein anderes Zitat sagt ja nicht ohne Grund, dass „zufriedene Sklaven die erbittertsten Feinde der Freiheit" sind. Dies kann ich durch meine Erfahrung als Coach und Trainer eindeutig bestätigen. Viele Menschen sind sehr gerne Sklaven. Die Gründe dafür sind meist vermeintliche Sicherheitsaspekte wie der angebliche „sichere" Arbeitsplatz. Vielleicht kennst Du ja ehemalige Beschäftigte von *Quelle, Schlecker* oder *Nokia Deutschland*? Diese Menschen können Dir sicher etwas über das Thema „sicherer Arbeitsplatz" erzählen...

Ich möchte mich hier jetzt aber nicht sarkastisch verstanden wissen, die ehemaligen Beschäftigten dieser (oder anderer) Unternehmen haben mein volles Mitgefühl. Lange Jahre war eine „Lebensanstellung" auch in Deutschland an der Tagesordnung. Dies traf noch in den Anfängen der Globalisierung zu, aber bereits in den 1980er-Jahren wurden vermeintlich sichere Arbeitsplätze einfach vernichtet. Als gutes Beispiel dafür dienen z.B. die ehemaligen Textilarbeiterinnen. Sicherlich wurden die Arbeitsplätze nicht vernichtet, sondern „nur" in ein weit entferntes Land verlegt – was aber einen Totalverlust für die ehemaligen Mitarbeiter bedeutete.

Zu Anfang sprachen wir bereits schon einmal über das Thema „Sicherheit". Dieses Thema ist für einige Menschen so wichtig, dass sie diesem alles unterordnen. Damit gleichen Sie einem Pferd mit Scheuklappen, das von seinem Reiter eine Karotte vorgehalten bekommt. Sicherheit ist die imaginäre Karotte, der viele Menschen blind folgen.
Kennst Du den gigantischen Vorteil von „imaginären" Dingen? Sie existieren nicht und kosten deshalb auch (meist) keinen einzigen Cent! Allerdings bezieht sich das nur auf den Anbieter der imaginären Sicherheit. Wer auf der Suche nach Sicherheit ist, für den kann das teuer werden. Kein Mensch kann Dir Sicherheit bieten – kein Politiker, kein Polizist und auch kein Arbeitgeber – denn das Leben ist grundsätzlich dynamisch. Im Leben steckt Bewegung, alles ist im Fluss. Sicherheit, wie sie von Politikern angeboten wird, ist sogar eine der kostspieligsten Varianten. Die Gesamtheit aller Sicherheitsmaßnahmen wie Kontrollen, Polizeistreifen, Kameras, Rasterfahndung usw. können keine vollständige Sicherheit garantieren. Diese Maßnahmen bringen aber irgendwann die totale Kontrolle aller Bürger.

Dennoch gibt es tatsächlich so etwas wie Sicherheit. Diese Sicherheit liegt jedoch nicht im „Außen", z.B. bei anderen Menschen und auch nicht in diesem Buch versteckt. Dieses mysteriöse Ding findet sich tief in Dir und nennt sich *Selbstbewusstsein*. Selbstbewusstsein führt zu dem Bewusstsein, jeder Situation „gewachsen" zu sein – ganz egal, was passiert. Damit Du mich aber richtig verstehst, ich meine damit keine maßlose Selbstüberschätzung, die Allmachtsphantasien mit sich bringt. Du wirst Niederlagen erleben, vielleicht viel mehr als Du es Dir überhaupt vorstellen kannst. Selbstbewusstsein aber ist die Gewissheit, dass Dich keine dieser Niederlagen dauerhaft besiegen kann.

Solange Du noch leiden kannst, ist es nicht vorbei! Erst wenn Du überhaupt keinen Schmerz mehr empfinden kannst, ist es vorbei – dann bist Du tot und musst Dir über Dein angebliches „Versagen" keine Gedanken machen. Bis zu diesem Zeitpunkt aber geht es immer irgendwie weiter!

Vielleicht wirst Du auch niemals Dein Ziel erreichen, aber wenn Du niemals das Unmögliche versuchst, wirst Du auch nie das maximal Erreichbare erreichen. Das hört sich gerade irgendwie nicht so kuschelig wie bei anderen Autoren oder Seminarleitern an, nicht wahr? Ich will hier auch gar keinen Kuschelkurs fahren, sondern ehrlich mit Dir umgehen. Die Stärke liegt in Dir. Du bist kein Superheld, aber Du hast das Potenzial, in Deinem Leben richtig viel zu bewegen. Der Schlüssel dazu liegt im Vertrauen auf Dich und Deine Fähigkeiten, eben im *Selbst*-Vertrauen. Selbstvertrauen ist die Gewissheit, dass Dich nichts dauerhaft umhauen kann und Du jeder Herausforderung und jedem Problem gewachsen bist.

Wenn Du Dein Leben auf diese Weise lebst und dann (in hoffentlich ferner Zukunft) tatsächlich Besuch vom Tod bekommst, bin ich absolut davon überzeugt, dass Du zum Mitgehen bereit sein wirst, wenn Du vielleicht auch nicht jubelnd mitkommst...

Aber wohin geht diese Reise eigentlich, auf die zwangsläufig irgendwann alle Menschen gehen müssen? Hierbei handelt es sich um eines der wahrhaft größten Mysterien des Lebens.

Ich wuchs im erzkatholischen Rheinland auf und bekam dort die Perspektive des Katholizismus vermittelt. Die Seele ist fester Bestandteil der christlichen Lehre. Nicht umsonst gibt es in der deutschen Sprache Begriffe wie „Seelenfänger" oder auch „Seelenheil". Während dem Religionsunterricht fühlte ich, dass sich der Seelenbegriff für mich authentisch anfühlte. Deshalb stellte ich mir auch nie die Frage, warum Menschen überhaupt eine Seele haben, denn dieses Konzept fühlte sich für mich richtig an. Damit hat sich meine Schnittmenge mit dem Christentum dann aber auch fast erschöpft.

Beim besten Willen kann ich mir keinen strafenden Gott vorstellen, wie ihn z.B. das Alte Testament beschreibt. Ebenso konnte und kann ich mich nicht mit der Idee der „Erbsünde" anfreunden. Ich möchte aber ganz ausdrücklich betonen, dass ich dem Christentum keinesfalls ablehnend gegenüber stehe. Ich respektiere das Christentum genauso wie den Islam, den Buddhismus, das Judentum oder den Hinduismus. Ebenso respektiere ich auch das „Bodenpersonal" dieser Religionen, das sein Leben ganz der Erfüllung der jeweiligen Glaubensrichtung verschrieben hat. Diese Menschen und die genannten Religionen geben vielen Millionen Menschen Halt und Kraft, auch wenn sie in unserer komplexen Welt viel an Kraft eingebüßt haben.

Reinkarnation ist meiner Meinung nach aber ein Stützpfeiler, um das Geschehen auf unserer Welt aus dem richtigen Blickwinkel zu betrachten. Von dieser Perspektive aus gesehen, verwandelt sich das vermeintliche Chaos in einen perfekten Kosmos (griech.; Ordnung) aus Ursache und Wirkung. Heute gibt es zahlreiche Belege für die Wiedergeburt. Einige davon habe ich bereits erwähnt, aber ich möchte auch noch eine andere Quelle zu Wort kommen lassen. Bei dieser Quelle handelt es sich um *Waltraud*, ein hellsichtiges Medium. Als ich Waltraud kennenlernte, hatte sie keinerlei Informationen über mich. Da ich von ihrer Gabe wusste, wollte ich sie auf die Probe stellen und befragte sie über Details aus meinem Leben, die sie unmöglich über gängige *Coldreading-Techniken* (ein manipulatives Verfahren, das auch medial völlig unbegabte Menschen nutzen können, um Informationen über Unbekannte zu bekommen) erfahren konnte. Waltraud konnte mir jede dieser Fragen bis ins Detail in einer nüchternen und klaren Sprache beantworten. Damals lief mir ein Schauer über den Rücken, den ich bis heute nicht vergessen habe, denn eigentlich konnte Waltraud nicht über diese Informationen verfügen. In den Gesprächen mit Waltraud behandelten wir auch die Themen Reinkarnation und die Existenz eines Lebensplans. Als ich diese Fragen gestellt hatte, lächelte Waltraud verschmitzt und antworte: *„Warum stellst Du eigentlich immer wieder Fragen, deren Antworten Du schon kennst? Du warst doch selbst schon so oft hier... Jede Seele sucht sich im Einklang mit Gott einen Lebensplan aus. Wenn sie sich dann ein passendes Elternpaar ausgesucht hat, gibt sie soviel Wissen wie nötig auf, um während ihrem Besuch auf der Erde authentisch sein zu können. Manche Seelen kehren auch zur Erde zurück, ohne einen Lebensplan zu besitzen. Das sind die sogenannten Entwicklungshelfer, die anderen Seelen zur Seite stehen."*

Außerdem sprach ich sie auf die Existenz von Engeln, Geistführern und Dämonen an: *„Wir sind eigentlich ständig von anderen Wesen und Energien umgeben, allerdings könnten viel mehr Menschen diese auch wahrnehmen, wenn sie es nur wirklich wollen würden. Gott gewährt uns vor den dunklen Seelen auch seinen Schutz, wenn wir ihn darum bitten. Nur schwache Seelen, die sich vom Licht abgewendet haben, sind gefährdet."*

Damals hatte ich mir bereits vor den Gesprächen mit Waltraud meine Gedanken zum Thema Wiedergeburt gemacht. Deshalb hatte ich schon eine Ahnung von der Perfektion hinter dieser Lehre, aber ebenso hatte ich auch noch meine Zweifel. Mir bereitete besonders die Frage nach der Verantwortlichkeit bei Gewaltverbrechen mittleres bis schweres Kopfzerbrechen. Waltraud lächelte und antwortete dann: *„Seelen inkarnieren meistens in ganzen Gruppen. Auf diese Weise können sie sich in den unterschiedlichsten Rollen von Inkarnation zu Inkarnation erfahren. Wenn es zu einem Verbrechen kommt, dann ist meistens Liebe die Basis, auch wenn sich das sehr seltsam anhört. Eine Seele gestattet einer anderen Seele, ihr Dasein in unserer Ebene zu beenden. Beim nächsten Durchgang ist es dann vielleicht andersherum. Hinter allem steckt der*

Lebensplan jeder einzelnen Seele, der sie nach und nach zur Vollkommenheit führt."

Je nach Perspektive ist das Leben also wahlweise *nicht* fair – oder aber *gnadenlos* fair. Wie sonst sollte man es beschreiben, wenn in den „reichen" Ländern die Menschen an den Folgen von Übergewicht sterben, wohingegen die Menschen in den Entwicklungsländern durch den Hunger ums Leben kommen? Zyniker könnten darin sogar so etwas wie ausgleichende Gerechtigkeit erkennen.

Jeder von uns kennt wohl auch ein paar Fälle extremster Ungerechtigkeit: die Familie, die nahezu vollständig vom Krebs dahingerafft wurde; der mehrfache Lottogewinner; das chronisch erfolglose „Talent"; Vetternwirtschaft, die Einzelne massiv begünstigt usw.. Wenn man die Reinkarnationslehre berücksichtigt, ist man auch sehr schnell beim Thema *Karma* angelangt. Der Begriff Karma stammt aus dem *Sanskrit* und bedeutet übersetzt „Wirken" oder „Tat". Jede unserer Handlungen erzeugt dabei eine gleichartige Wirkung. Gute Taten erzeugen gute Erfahrungen, schlechte Taten schlechte Erfahrungen. Dafür ist aber kein richtender Gott verantwortlich, sondern es handelt sich dabei um eine neutrale Gesetzmäßigkeit. Die Folgen unserer Handlungen können wir entweder in diesem Leben oder aber in einem folgenden Leben erfahren. Letzteres ist vor allem bei schweren Konsequenzen der Fall. Das Karma-Konzept kann man sich auch wie ein Bankkonto vorstellen. Gefüllt wird das Karma-Konto durch unsere Handlungen – ganz unabhängig, ob diese positiv oder negativ geartet sind. Solange dieses Konto gefüllt ist, dreht sich das Rad der Wiedergeburt weiter, und wir müssen bzw. dürfen diesem Planeten erneut einen Besuch abstatten.

Wenn dies so ist, muss es natürlich auch eine Möglichkeit geben, *kein* Karma mehr anzuhäufen. Der Knackpunkt ist hier (mal wieder) unser Ego. Diese Instanz unseres Verstandes ist letztendlich für unser Karma verantwortlich, denn sie führt uns in die Trennung und damit weg von anderen Menschen, weg von Gott und damit auch weg vom

Licht. Gute Taten können dann Karma produzieren, wenn diese guten Taten letztlich hauptsächlich unser Ego, also unsere eigene Wichtigkeit fördern. Ein gutes Beispiel dafür ist der Umgang mancher Menschen mit Obdachlosen. Einige Menschen glauben, durch Spenden gezielt ihr Karma aufbessern zu können. Wenn eine Spende mit dieser Motivation erfolgt und nicht aus der Freude am Geben, was wird wohl die Konsequenz davon sein? Eine meiner Klientinnen hat diese Situation treffend als „Karma-Tankstelle" bezeichnet. Wer nicht reinen Herzens geben kann, sollte es besser ganz sein lassen. Ansonsten darf er vielleicht bald selbst erfahren, wie unangenehm solche unechten Geschenke sind. Was steht also hinter einer guten Tat? Möchte ein Mensch einem anderen Menschen helfen, oder eigentlich nur sich selbst? Genau dieser Unterschied ist es, der egolose Handlungen definiert.

Ein anderes Prinzip steht dem Prinzip des *Karmas* sehr nahe, darf aber nicht damit verwechselt werden: das *Gesetz der Resonanz.* Dieses Gesetz gehört zu der Gruppe der *kosmischen Gesetze,* die ich in Kapitel 11 ausführlich bespreche. Dennoch möchte ich an dieser Stelle auf dieses einzelne Gesetz etwas genauer eingehen, da es sich um ein außerordentlich wichtiges Gesetz handelt. Der Begriff *Resonanz* stammt aus der lateinischen Sprache und bedeutet *widerhallen.* Ganz praktisch kannst Du Dir dieses Gesetz zum Beispiel beim Fahren mit einem älteren Auto vorstellen. Wenn der Motor eine gewisse Drehzahl erreicht, beginnt plötzlich ein Teil des Armaturenbretts zu vibrieren. Ändert sich die Drehzahl, gibt das Armaturenbrett plötzlich wieder Ruhe. Ebenso verhält es sich bei einem Radio. Wenn dieses Radio auf einen speziellen Frequenzbereich eingestellt ist, dann empfängt es auch nur den Sender, der dort zu finden ist. Dieses Gesetz gilt aber auch für uns Menschen und sogar ebenso für die feinstofflicheren Ebenen.

Für unsere Überlegung solltest Du Dir vorstellen, dass alles eine spezifische Schwingung hat: Gedanken, Handlungen, Menschen. Der Mensch übernimmt hier eine Sonderrolle, da er sowohl aktiv Schwingungen ausstrahlen als auch passiv empfangen kann. Wenn ein Mensch nun gedanklich eine spezifische Schwingung ausstrahlt, dann wird er damit andere Menschen, Ereignisse und Situationen, die mit dieser Schwingung in Resonanz stehen, anziehen. Dieses Prinzip ist relativ einfach zu verstehen, in der Praxis jedoch manchmal sehr schwierig umzusetzen. Wer eine *Pechsträhne* (ein sehr gutes Beispiel für das *Gesetz der Resonanz* in Aktion) erlebt, wird für gewöhnlich nicht gerade Gedanken der Fülle und der Freude ausstrahlen. Das Geheimnis aber ist, dass genau diese gedankliche „Umstimmung" der Weg direkt aus der Pechsträhne heraus wäre. Wenn Du also Deine Lebenssituation verändern willst, solltest Du Dir darüber im Klaren sein, womit Du eigentlich tagtäglich in Resonanz stehst. Ist es das, was Du eigentlich erreichen willst? Falls nicht, dann darfst Du das gerne ändern. Es liegt nur bei Dir!

Zu einem späteren Zeitpunkt in diesem Buch werde ich erläutern, dass dieses Gesetz auch mit dem Aufstieg einer der größten Dynastien der Menschheit zu tun haben könnte. Einer meiner Klienten ist jedenfalls ein gutes Beispiel dafür, was durch die Anwendung des Resonanzgesetzes möglich ist. *Michael* ist durch und durch genau das, was man als „gemachten Mann" bezeichnet. Mein Klient strahlt körperliche Stärke und auch eine deutlich spürbare Autorität aus. Wenn man seine Kleidung und seinen stattlichen Geländewagen hinzuaddiert, ergibt sich wirklich ein beeindruckendes Gesamtbild. Zusätzlich verkehrt Michael in den besten Kreisen, bewohnt eine mehr als großzügige Eigentumswohnung und hat eine attraktive und liebevolle Frau. Michael gehört also zu denen, die *„es geschafft"* haben. Doch das war nicht immer so. Es gab einmal eine Zeit, da stand er am Rande der Gesellschaft. Es gab weder eine Partnerin noch eine Eigentumswohnung oder Kontakte in die bessere Gesellschaft. Dafür war neben einem Hilfsarbeiterjob Alkohol ein großes Thema. Damals war er seinen Angaben nach am Tiefstpunkt seines Lebens. Der sprichwörtliche Schüler war also bereit, und es konnte der Meister kommen. Mein Klient lernte das Gesetz der Resonanz kennen und ging mit den Dingen in Resonanz, die er auch tatsächlich erfahren wollte. Das Ergebnis ist wirklich spektakulär. Dieser Mann machte durch mentale Stärke und Disziplin einen kometenhaften Aufstieg, sozusagen vom „Taugenichts" zum gefeierten Vorbild in einem großen Unternehmen. Wann immer ich mit diesem Mann zusammenarbeite, kann ich seinen hohen Energiepegel sogar körperlich spüren. Das Geheimnis dieses Mannes? Das konsequente Festhalten an einem einzigen Prinzip, nämlich dem Gesetz der Resonanz.

Genauso wie ich dieses positive Beispiel kenne, gibt es natürlich auch einige Fälle, wo es sich genau entgegengesetzt verhalten hat – diese Menschen haben sich einfach mit den falschen Dingen in Resonanz gebracht. Das Bewundernswerte an diesen Fällen? Diese Menschen waren genauso konsequent, wie der erfolgreichere Kollege. Deshalb stimmt es eigentlich auch nicht, dass diese negativen Menschen weniger erfolgreich waren. Das Geheimnis lautet: Wir alle sind wahnsinnig erfolgreich: Wir sind reich an den Folgen, die wir selber verursacht haben. Es gibt eben nur zwei Sorten von Menschen: Die eine Gruppe beschäftigt sich mit dem, was sie *möchte* und bekommt es auch. Die andere Gruppe beschäftigt sich mit dem, was sie *nicht möchte* und bekommt es ebenfalls. Zu welcher Gruppe möchtest Du gehören? Triff Deine Entscheidung. Jetzt!

Welche anderen Erklärungsmodelle außer Karma/Reinkarnation könnte es geben?

a) Zufall: Zufällig am falschen Ort, als der Wahnsinnige mit der Axt vorbeikam. Zufällig in der „richtigen" Familie geboren. Zufällig Krebs… Befriedigt Dich ernsthaft der Zufall als Ursache für Deine Lebensumstände?

b) Göttliches Wirken: Gott greift ins Weltgeschehen ein, verhindert aber weder Unfälle noch Kriege und auch keine Krankheiten. Auch keine wirklich schöne Lösung.

c) Gesetz der Resonanz: Ist *ohne* Reinkarnation für mich nicht wirklich schlüssig, denn warum haben dann nicht alle Säuglinge die gleichen Startbedingungen, wenn sie auf die Welt kommen? Auch irgendwie unschlüssig, oder?

Es geht also nicht ohne die Reinkarnation!

Ich sehe das Leben als gigantische Schule. Diese Schule hat aber nicht den Zweck, Wissen zu vermitteln. Anstelle guter Zensuren sind Erkenntnis und Erleuchtung das anvisierte Ziel. Dieses Ziel kann nur durch Erfahrungen erreicht werden, die auf eigenen Entscheidungen basieren. Meine feste Überzeugung ist, dass wir alle so lange *wiederkommen* (also wiedergeboren werden), bis wir verstanden haben, dass wir einen Teil Gottes in uns enthalten, eben die Seele. Doch Verständnis allein genügt nicht, wir sollten auch ein dementsprechendes Leben leben, indem wir nämlich dieses Wissen in unseren Alltag integrieren.

Die Seele ist die große Gemeinsamkeit des Menschen mit allen anderen Geschöpfen. Alles, was lebt, muss zwangsläufig auch eine Seele haben. Wenn die Seele ihren Körper verlässt (aus dem Fleisch geht), stirbt der Körper, denn er wurde seiner Lebenskraft beraubt. Das mediale Kind *Kiriako Nedelkos* berichtet in *„Die Kinder des neuen Jahrtausends"*, was von uns wirklich Bestand hat: *„Was nach dem Tod übrigbleibt, ist die Seele oder der Geist, und dann kommt es nur darauf an, wie sehr man sich innerlich entwickeln konnte."*

Und nun betrachten wir mit diesem Blickwinkel erneut das Thema „Jugendwahn". Alle Welt kümmert sich um den Körper, saugt Fett ab und spritzt es an andere Stellen, benutzt Botox, treibt Sport wie ein Wahnsinniger, geht ins Solarium... Zu welchem Zweck? Wenn die Seele sich dafür entscheidet, den Körper zu verlassen, dann wird sie dies tun. Völlig egal, ob Du einen straffen und schönen Körper (oder eben nicht) hast. Die Seele kümmert sich nicht um solche materiellen Belange.

Und nein, dies stellt auch keinen Freibrief für Faulheit dar. Selbstverständlich sollst Du Dich um Deinen Körper kümmern, denn er ist ein großartiges Werkzeug, mit dem Du viel Freude haben kannst! Pflege dieses Werkzeug, gehe sorgsam damit um, erfreue Dich an ihm – mache es aber nicht zum Herrn über Dein Leben!

Eine schöne Illustration für diesen Sachverhalt ist das Beispiel eines Mannes, der sein Auto abgöttisch liebt. Jede freie Minute widmet der Mann seinem Auto, putzt es, wienert es und entfernt mikroskopische

Krümelchen im Polster mit einer Zahnbürste. Allerdings duscht dieser Mann aber nie und putzt sich auch nicht die Zähne.

Alle Welt sorgt sich um den Körper, aber wer sorgt sich um die Seele? Hier drängt sich ja geradezu förmlich der altmodische Begriff des „Seelsorgers" auf, dabei wäre es heute im Idealfall so, dass jeder Mensch sein eigener Seelsorger ist. Meiner Auffassung nach sind wir geistige Wesen, die sich eines materiellen Körpers bedienen. Daraus resultiert eine Verantwortung für *beide* Komponenten: Körper *und* Seele! Es geht nun absolut nicht darum, als ätherisches Wesen in weiten Gewändern und mit Räucherstäbchen in den Haaren durch die Gegend zu geistern – es sei denn, genau *das* bereitet Dir die größte Freude. Ist das der Fall, bitte ich Dich inständig, exakt DAS umzusetzen! Wir tun gut daran, uns um die Bedürfnisse von Körper, Geist und Seele zu kümmern. Unser Körper braucht Bewegung, etwas Training, gute Nahrung und Ruhepausen. Der Geist (als Funktion des Körpers) möchte intellektuelle Nahrung und Aufgaben zur Verfügung gestellt bekommen. Die Seele hingegen möchte sich als maßgeblichen Teil des Ganzen, der *Einheit*, erfahren.

Hast Du aufgepasst? Ich habe Dir gerade stillschweigend die Dreiteilung des Menschen untergejubelt. Nicht umsonst gibt es ja auch den „Psychiater" (übersetzt bedeutet „Psyche" nichts anderes als „Seele"). Oftmals werden bei diesem Thema die Begrifflichkeiten ziemlich durcheinandergeworfen. Wenn jemand den „Verstand" verliert, ist er ein Fall für den Psychiater – ein Widerspruch für sich. Die Seele ist nicht mit dem Verstand gleichzusetzen!

Zu Beginn unserer Überlegungen sprachen wir ja bereits über den Tod. Wie es danach weitergeht, weiß kein Mensch mit absoluter Gewissheit. Auf diese Frage kann auch ich Dir dann selbstverständlich ebenfalls keine Antwort geben. Eine Vielzahl von Menschen beschreibt faszinierende „Nahtoderlebnisse". Diese Menschen waren entweder sehr dicht an der Schwelle zum klinischen Tod oder waren tatsächlich für kurze Zeit tot und konnten reanimiert und somit „zurückgeholt" werden. Einige meiner Klienten schilderten mir intensive Eindrücke von ihrem „Weg ins Licht" oder von außerkörperlichen Erfahrungen, bei denen sie die Welt von einem Punkt außerhalb ihres Körpers wahrnehmen konnten – wie auch die Erfahrung von Jan van Helsing. Diese Berichte stammen von absolut vertrauenswürdigen Menschen mit seriösen Berufen und stimmen mit den Beschreibungen in der einschlägigen Literatur überein.

Ich kann selbstverständlich nur über die Menschen sprechen, die mir ihre Erlebnisse persönlich in meiner Praxis geschildert haben. Die Menschen, mit denen ich persönlichen Kontakt hatte, *glaubten* wirklich selbst an ihre Schilderungen. Was meine Klienten *tatsächlich* erlebt haben, bleibt fraglich. Vielleicht startete der sterbende Körper ein biologisches Notfallprogramm und flutete den Blutkreislauf mit körpereigenen Rauschsubstanzen. Vielleicht traf aber auch genau das zu, was die Menschen berichteten. Wie man es dreht und wendet, man wird keine abschließende Antwort auf diese Frage bekommen.

Wie ich bereits erwähnt habe, glaube ich daran, dass die Seele irgendwann den Körper verlässt und sich dann auf den „Heimweg" macht. Dies würde sich dann sogar mit dem „Weg ins Licht" decken, der oftmals im Zusammenhang mit Nahtoderlebnissen geschildert wird. Dies ist aber eben leider kein „Beweis" für diese Theorie!

Wenn eine Seele noch nicht alle Erfahrungen gemacht hat, die sie sich vor ihrer Inkarnation auswählte, oder noch den „Abwasch" (also unerledigtes Karma) stehengelassen hat, dann geht sie erneut zurück und wird wiedergeboren. Dies geschieht so lange, bis das „Abitur" erreicht wurde bzw. so lange es die Seele für nötig hält. Ist eine Seele dann vollständig entwickelt, gibt es keinen Grund mehr für eine weitere Inkarnation, und die Seele bleibt in der „Einheit". Dennoch zieht es einige dieser hochentwickelten Seelen erneut zurück auf unseren Planeten. Diese Seelen fungieren dann als „Entwicklungshelfer" für andere Seelen.

„Nichts Genaues weiß man nicht." – dies ist die Wahrheit, die ich in diesem Zusammenhang immer wieder betonen möchte. Unumstößliche Wahrheit ist aber, dass ein Mensch nur eine begrenzte Anzahl von

Jahren auf diesem Planeten wandeln darf. Irgendwann stirbt jeder Mensch. Wie es danach weitergeht, können wir nicht mit absoluter Gewissheit sagen. Im Grunde gibt es aber nur zwei Möglichkeiten: Entweder endet unsere Existenz mit einem Schlag in der Dunkelheit oder eben nicht. Wenn wir nun versuchen, ein möglichst sinnvolles Leben (also im Einklang mit dem, was für uns wichtig ist) zu führen, dann holen wir ein Maximum aus der uns zur Verfügung stehenden Lebenszeit heraus und kümmern uns gleichzeitig um unsere Lebensaufgaben. Wenn danach dann endgültig „Schicht im Schacht" ist, dann ist das eben so. In diesem Fall kannst Du Dir dann gewiss sein, Deine Zeit weise genutzt zu haben.

Wenn Dir das alles viel zu kompliziert ist, versuche einfach, jeden einzelnen Moment ganz bewusst auszufüllen. Dazu wird kein komplexes theoretisches Fundament benötigt. Sei einfach an dem Platz, an dem Du Dich eben befindest, und gib Dein Bestes. Daran kann definitiv nichts falsch sein. Für die kleinen und größeren Ärgernisse des Lebens kann das Wissen über die begrenzte Lebensdauer aber ein echter Impfstoff sein.

Welche Wichtigkeit hat dann die Schramme, die Du gerade in Dein nigelnagelneues Auto gefahren hast? In X Jahren wirst Du im Sarg liegen – warum versaust Du Dir also einen (oder mehrere) Tag(e) mit schlechter Laune? Eine Schramme ist ärgerlich, aber noch ärgerlicher ist es, sich dafür den Tag zu versauen. Damit machst Du die Schramme nicht ungeschehen. Aber auch die schweren Schicksalsschläge werden durch diese Erkenntnisse erträglicher. Wenn Du einen geliebten Menschen verlierst, kannst Du immer noch die Zeit dankbar in Erinnerung halten, die Du mit ihm zusammen verbringen durftest. Jede menschliche Beziehung wird irgendwann getrennt.

Wie ich erwähnt habe, glaube ich an ein Leben nach dem Tod. Dies beinhaltet für mich auch definitiv ein Wiedersehen mit den geliebten Menschen. Aus dieser Perspektive betrachtet, ist der Mensch nur „vorgegangen", hat seine Aufgabe in dieser Daseinsebene erledigt. Trauer hat selbstverständlich eine wichtige psychologische Funktion. Doch allzu oft trauern Menschen nicht um den Verstorbenen, sondern um sich selbst. Auch dies ist völlig legitim, aber Du solltest Dir dessen bewusst sein. Ansonsten besteht die Gefahr, dass auch hier der Grundstein für eine neue „Leidkultur" gelegt wird.

Es gibt Menschen, die einen regelrechten „Totenkult" zelebrieren. Ich bin der Meinung, dass in diesen Fällen nichts anderes als das eigene Ego betrauert wird. Verstehe dies bitte nicht als Respektlosigkeit. Meiner Meinung nach ist ein permanenter Trauerzustand auch nicht im Sinne des Willens eines Verstorbenen. Wenn Dich ein Mensch Zeit seines Lebens geliebt hat, wird er dies auch nach seinem Tod weiterhin tun. Ein solcher Mensch möchte Dich nicht leiden sehen.

Das Andenken an einen Verstorbenen zu wahren, ist nicht mit „Totenkult" gleichzusetzen. Ich selbst gehe gelegentlich an das Grab meiner Großeltern, die ich sehr geliebt habe. Es gibt mir etwas Tröstliches, wenn ich diese auf dem Friedhof „besuchen" kann. Dabei ist dies natürlich nur ein rein menschliches Denksystem. Der Mensch ist mehr als nur sein Körper, er ist sein vollständiges Sein. Dieses Sein geht niemals verloren, sondern bleibt ständig existent. Nur weil wir etwas nicht wahrnehmen können, bedeutet das nicht, dass es nicht vorhanden ist. Ansonsten würden manche Gase oder z.B. auch Strahlung und Radioaktivität schlicht und einfach nicht existieren.

Mehmet, ein Klient von mir, hatte ein großes Problem. Dieses Problem hieß „Angst". Zeit seines Lebens plagten ihn Ängste, und er befand sich immer auf dem schmalen Grad zur klassischen Angststörung. Es gab einen Streit mit einem Arbeitskollegen, und Mehmet fürchtete nun, dass dieser Kollege die anderen Angestellten zum Mobbing gegen ihn anstiften könnte. Im Rahmen des Coachings besuchte ich auf den Wunsch meines Klienten die Firma und sprach mit allen Leuten in der Abteilung. Der betreffende Kollege, mit dem Mehmet Streit gehabt hatte, gab dies auch ganz offen zu, machte aber nicht den Eindruck, diesen Anlass übermäßig zu gewichten. Er äußerte die Ansicht, dass die beiden Männer wahrscheinlich wohl keine Freunde mehr werden würden, was aber einem professionellen Umgang unter Kollegen nicht wirklich entgegenstehen würde. Die anderen Kollegen mit denen ich sprach, hegten teils sogar offen Sympathien für Mehmets Position, der andere Kollege galt in der Firma als Querulant und generell als eher schwierig.

Natürlich kann ich Menschen nicht in den Kopf hineinsehen, aber durch den täglichen Umgang mit Menschen im therapeutischen Umfeld habe ich über die Jahre eine relativ gute Menschenkenntnis erworben. Deshalb habe ich den Kollegen von Mehmet geglaubt. Das bedeutet nun aber nicht, dass mich mein Klient angelogen hat. Für Mehmet war diese Situation so, wie er sie mir geschildert hatte. Er glaubte an seine Einschätzung und kündigte deshalb sogar seinen Arbeitsplatz.

Einige Zeit später wurden die Probleme meines Klienten stärker, und ich empfahl ihm, zu einem Psychiater zu gehen. Der Arzt diagnostizierte eine Depression und leitete eine ganze Palette von Maßnahmen, bestehend aus einer medikamentösen Therapie und auch einer Gesprächstherapie, ein. Nach einer Weile begannen die Maßnahmen zu greifen, und Mehmet traute sich wieder eine Arbeit zu.

An diesem Punkt hätte die Geschichte nun beendet sein können, aber leider geht sie weiter. Mehmet fand relativ schnell eine neue Arbeitsstelle und konnte sich in das neue Unternehmen eingliedern. Seine neuen Arbeitskollegen akzeptierten ihn voll und ganz. Eines schönen Morgens fuhr Mehmet mit dem Motorrad zum Dienst. Ein unachtsamer Autofahrer übersah das Motorrad, es kam zum Unfall, und Mehmet landete mit einem gebrochenen Bein im Krankenhaus. Dieser Unfall war dann der Startschuss für eine Entwicklung, die bis zur temporären Frührente von Mehmet führte. Kurz vor der Bewilligung der endgültigen Rente wollte Mehmet erneut in die nahegelegene Landesklinik. Mehmet nahm zu diesem Zeitpunkt hochdosierte Psychopharmaka, die seiner Meinung nach aber immer noch zu schwach dosiert waren.

Da das Thema Medikamente absolut nicht zu meinem Fachgebiet gehört, verwies ich Mehmet an den behandelnden Psychiater, der bisher sehr gute Arbeit geleistet hatte. Doch Mehmet hatte Angst – Angst davor, dass die Medikamente nicht ausreichten und er unter Umständen auch psychotisch werden und irgendwann nicht mehr „Herr seiner Sinne" sein könnte. Mehmet wollte auf gar keinen Fall von der Hilfe Anderer abhängig sein. Da der Psychiater seine Position bereits eindeutig dargelegt hatte, ging Mehmet also auf eigene Faust in die Klinik. Die Ärzte stimmten einer Veränderung der Medikation zu. Im Zuge dieser Anpassung kam es zu einer plötzlichen Verschlechterung von Mehmets körperlichen Zustand. Mehmet verlor das Bewusstsein, und es kam zu einem Herzstillstand. Die umgehend eingeleiteten Reanimationsmaßnahmen retteten Mehmets Leben. Zum jetzigen Zeitpunkt befindet sich Mehmet im Wachkoma und wird in einem örtlichen Pflegeheim versorgt. Ob Mehmet jemals wieder aus dem Koma aufwacht, kann niemand vorhersagen.

Mein Klient ist selbstverständlich nicht „schuld" an diesen Entwicklungen. Auf der einen Seite lag eine psychiatrische Grunderkrankung vor, auf der anderen Seite kam es zu dem Zwischenfall im Krankenhaus, der wahrscheinlich durch eine Überempfindlichkeit gegen einen Medikamenten-Wirkstoff ausgelöst wurde. Das Endergebnis ist aber nun, dass mein Klient jetzt genau in der Situation ist, die er so sehr gefürchtet hat: Er ist nicht mehr „Herr seiner Sinne". Mehmet hatte geglaubt, dass Ärzte und Medikamente ihm die Sicherheit geben konnten, dass genau dies nicht eintreffen würde.

Ein anderer Fall dokumentiert auf eindrucksvolle Weise das Thema „Angst vor Krankheit". Eine ältere Dame kam regelmäßig einige Male im Jahr zu einem Beratungsgespräch. Sie hatte vom „Coaching" durch ihren Sohn erfahren und wollte das auch einmal für sich ausprobieren. Obwohl die Frau die 70 Jahre bereits vollendet hatte, hatte sie durchaus noch Ziele, die sie erreichen wollte, und ich war ihr dabei natürlich sehr gerne behilflich. Lisa, so hieß die Dame, hatte die Konstitution eines Rennpferdes und bereiste leidenschaftlich das Ausland. Ihr verstorbener Mann war hoher Beamter gewesen und hatte ihr neben materieller Sicherheit auch eine sehr gute Krankenversicherung hinterlassen.

Diese Krankenversicherung wurde von Lisa auch gerne genutzt, um sich regelmäßig durchchecken zu lassen. Irgendwann schlug ein Arzt ihr dann mal eine Bauchspiegelung vor. Diese Untersuchung lehnte Lisa anfänglich ab, aber als sie in einer Illustrierten über einen prominenten Krebsfall las, dachte sie doch darüber nach. Obwohl sie keinerlei Beschwerden hatte, ging Lisa ins Krankenhaus und ließ die Bauchspiegelung durchführen. Bei der Untersuchung wurde unbemerkt der Darm verletzt, und nach der Operation ergoss sich der Darminhalt in den Bauchraum. Es kam zu einer Sepsis, also zu einer starken Vergiftung, und es musste eine Notoperation durchgeführt werden. Im Zuge dieser Operation verlor Lisa sehr viel Blut, und es mussten mehrere Blutkonserven verabreicht werden. Das Endergebnis dieser Operation war ein künstlicher Darmausgang, den Lisa bis zum Ende ihres Lebens behalten sollte und der ihre Lebensqualität deutlich reduzierte. Als Lisa wieder zuhause war, ging es ihr aus unerfindlichen Gründen immer schlechter. Deshalb wurde eine Blutuntersuchung vorgenommen. Dabei stellte sich heraus, dass sich Lisa über eine der verabreichten Blutkonserven mit Hepatitis C infiziert hatte.

Mit Lisa ging es nun kontinuierlich bergab. Ihr Allgemeinzustand verschlechterte sich fortwährend, und bald häuften sich auch Stürze in der eigenen Wohnung. Die Angehörigen konnten und wollten das Risiko für den Verbleib von Lisa in ihrer eigenen Wohnung nicht mehr tragen und überredeten sie zu einem Umzug in eine wirklich gute Pflegeeinrichtung. Wie so viele verkraftete auch diese alte Dame diesen Umzug nicht und verstarb innerhalb nur weniger Monate.

Durch eine unnötige Untersuchung verschenkte Lisa also ihre Gesundheit. Meine Klientin wollte natürlich genau das Gegenteil erreichen – sie glaubte, durch die Untersuchung „Sicherheit" gegen Krebs zu bekommen.

Bitte verstehe dieses Beispiel nicht als Statement gegen Vorbeugung und Prophylaxe. Diese Maßnahmen sind sinnvoll und haben durchaus ihren Stellenwert – es sind aber keine Garantien für etwas. Von George Bernard Shaw stammt dieses Zitat: *„Die meisten Menschen kommen mit* *ärztlicher Unterstützung auf die Welt und verlassen sie auf dieselbe Weise."*

Ich will hier auch nicht gegen Ärzte wettern. Ärzte leisten jeden Tag wertvolle Arbeit. Aber Ärzte sind auch nur Menschen. Auch der beste Arzt ist keine Garantie für ein langes Leben. Der einzige Garant für ein langes Leben ist gute Gesundheit. Gesundheit hängt von vielen Faktoren ab. Ein ganz entscheidender Faktor ist, wie Du selbst mit Dir umgehst. Wenn Du gut mit Dir umgehst und ein Leben führst, das Dir selbst gerecht wird, dann beeinflusst Du Deine Gesundheit sicherlich positiv. Aber: Auch gute Gesundheit macht Dich nicht unsterblich! Du musst aber nicht unsterblich sein, um den wichtigsten Moment Deines Lebens genießen zu können. Dieser Moment ist genau JETZT!

Ist die Art und Weise, wie Du Dein Leben führst, realistisch, oder tust Du so, als ob Du ewig leben würdest? Verschiebst Du ein leidenschaftliches Ziel immer wieder in die Zukunft? Wie lange wirst Du das wohl noch tun können? Ärgerst Du Dich immer nur über alltägliche Probleme, oder gehst Du achtsam mit Dir um? Was fehlt noch, damit Du gelassen dem Gevatter Tod entgegentreten kannst? Wann machst Du den ersten Schritt in diese Richtung? Jetzt?

Kapitel 5: Meditation und Seelenpflege

Bisher haben wir uns also mit dem Status quo, dem Thema Selbstverantwortung und unserer eigenen Endlichkeit beschäftigt. Außerdem habe ich begonnen, Dir meine Ansichten zum Thema *Seele* darzulegen. In diesem Kapitel möchte in nun weiter über die Seele sprechen. Der Mensch verfügt also sowohl über einen Körper als auch eine Seele. Damit leben wir in zwei Welten: Mit unserem Körper leben wir in der materiellen Welt, unsere Seele lebt in der geistigen Welt. Dabei handelt es sich um ein Paradoxon, denn wir als Menschen sind somit Mischwesen.

Alle Welt pflegt den Körper, doch Gleiches sollte auch für die Seele gelten. Dieses Wissen über die „Seelenpflege" ist zwar bekannt, hat sich aber bisher leider nicht besonders weit verbreitet. Die steigende Anzahl psychischer Erkrankungen liegt für mich auch in der Abspaltung von Körper und Seele begründet. Ebenso sehe ich dies auch als erheblichen Faktor bei der Entstehung von somatischen, also von körperlichen Erkrankungen. Anstelle von Abspaltung sollte aber Integration und Synthese stehen, also die Zusammenführung von Körper, Geist und Seele. Dies fällt in einer zunehmend technokratischen Gesellschaft immer schwerer, besonders wenn es kaum noch anerkannte spirituelle Autoritäten gibt. Früher war dies die Domäne der Kirchen. Diese Institutionen werden aber von vielen Menschen als nicht mehr „zuständig" betrachtet. Skandale, strenge Hierarchien und verkrustete Strukturen tun ihr Übriges. Das Seelenheil wird zunehmend privatisiert. Diese Entwicklung ist grundsätzlich weder gut noch schlecht, stellt aber Anforderungen an jeden Einzelnen. Denn: Wenn Du Dich nicht selbst um Deine Seele kümmerst, dann kümmert sich entweder der Falsche oder auch niemand darum.

Meiner Meinung nach sind alle fundamentalen Wahrheiten einfach, auch das Geheimnis der richtigen Seelenpflege. Seelenpflege beschreibt also das Gegenstück zur Körperpflege. Auch die Seele möchte Aufmerksamkeit, Reinigung und Pflege. Im Gegensatz zur Körperpflege benötigst Du dazu aber weder Seife, Cremes und auch kein Heißwachs.

Das einzige nötige Hilfsmittel ist Dein Geist. Genauer gesagt: die Abwesenheit Deines Geistes. Ich spreche hier natürlich von Meditation.

Meditation ist seit den 1960er-Jahren in aller Munde, wird teilweise aber verkompliziert und mystifiziert. Dabei wird ein entscheidendes Detail vergessen: Meditation soll von Menschen ganz mühelos erlernt und genutzt werden können. Oftmals wird Meditation als etwas so Fantastisches dargestellt, dass nur bereits weit fortgeschrittene Meister diese Techniken erlernen und nutzen könnten. Dies hat natürlich den Vorteil, dass man dies als Marketingstrategie für besonders teure Seminare nutzen kann. Die Realität sieht aber völlig anders aus. Das physiologische Ziel der Meditation ist die **Synchronisation beider Gehirnhälften**. Dieser „synchronisierte" Zustand stellt aber grundsätzlich den Normalzustand dar. Das asynchronisierte Gehirn ist somit der *Unnormalfall*, aber in unserer Gesellschaft leider an der Tagesordnung.

Übertrage diesen Sachverhalt doch einfach auf ein anderes Organ. Welchen Sinn würde es beispielsweise machen, wenn wir unsere Augen ebenfalls nur abwechselnd und getrennt voneinander gebrauchen könnten? Damit würden wir die Fähigkeit zum räumlichen Sehen verlieren. Ähnlich verhält es sich auch bei unserem Gehirn – wir verlieren die Fähigkeiten zum ganzheitlichen Denken. Was aber ist der Grund für die beschriebene Störung unserer Gehirne? Du ahnst es vielleicht schon. Es ist der übliche Verdächtige: **Stress**.

Meditation ist also nicht der Weg in ätherische Sphären, sondern der Weg zurück in die Normalität!

Aber vielleicht fragst Du Dich, wie Meditation denn nun konkret funktioniert? Zur Durchführung benötigst Du nur sehr wenig Ausrüstung:

a.) einen Raum, in dem Du ungestört bist,
b.) maximal zirka 30 Minuten Zeit und
c.) einen Wecker.

Trage dafür Sorge, dass Dich wirklich niemand stören kann. Schalte Dein Handy aus, schließe die Zimmertür, und hänge notfalls ein „Bitte-nicht-stören"-Schild an die Klinke. In dem Raum sollte ein Stuhl, ein Sofa oder eine Matte sein, auf der Du es Dir bequem machen kannst. Wenn Du Dich am liebsten hinlegst, ist das absolut in Ordnung. Das gilt für jede Position, es ist nur wichtig, dass Du Dich entspannen kannst. Zu Beginn schlafen die meisten Übenden unabhängig von der Position ein. Sollte Dir das ebenfalls passieren, mache Dir keine Gedanken darüber. Dein Körper benötigt eben dringend seine Erholung. Solltest Du bei diesen Übungen *regelmäßig* einschlafen, bist Du natürlich herzlich eingeladen zu einem Überdenken Deiner Schlafgewohnheiten. Vielleicht wäre es dann sinnvoll, etwas mehr zu schlafen? Es gibt aber Menschen, die trotz ausreichender Schlafdauer während der Meditation ungewollt einschlafen. In diesem Fall bietet sich eine Meditation mit geöffneten Augen an. Suche Dir einfach einen Punkt in Deiner Nähe, auf den Du Deine volle Aufmerksamkeit richtest.

Entledige Dich aller einengenden Kleidungsstücke, setze die Brille ab, lege die Uhr ab, und lockere den Gürtel. Stelle nun den Wecker. Zu Beginn solltest Du die Zeitspanne sehr kurz wählen, denn ansonsten ist die Gefahr der Überforderung gegeben. Ein guter Richtwert für den Anfang wären z.B. 10 Minuten.

Begib Dich nun in Deine bevorzugte Position, und schließe die Augen. Nach einer gewissen Zeit wirst Du auf eine Art Kaleidoskop unterschiedlichster Gedanken, Sinneswahrnehmungen und Emotionen stoßen. Ich verrate Dir ein Geheimnis: Dieses Wirrwarr ist ständig in Deinem Kopf. Und genau dies ist der Parasit, der Dich krank und Dir das Leben zur Hölle machen kann. Das Erschreckende daran: Du bist der Schöpfer dieses Monstrums. Die gute Nachricht: Wenn Du dieses Monster entfesseln konntest, kannst Du es auch wieder zügeln.

Der Spruch „*Gefahr erkannt, Gefahr gebannt.*" passt in diesem Zusammenhang wie die sprichwörtliche Faust aufs Auge. Das Bewusstsein über das Vorhandensein dieses „Gedankenmülls" hat Dich bereits verändert. Bisher wurdest Du unbewusst von diesem gedanklichen Kaleidoskop beeinflusst. Du bist zum Beobachter Deines eigenen Verstandes geworden. Es gab dazu überhaupt nichts zu tun für Dich, außer die bewusste Wahrnehmung Deines „Innenlebens". Dieser Schritt ist zwar geradezu lächerlich leicht, Du wärst aber überrascht zu erfahren, wie wenig Menschen diese Erfahrung jemals tatsächlich gemacht haben.

Wenn Du Dir den größten Gefallen Deines Lebens tun möchtest, dann gönne Dir bitte etwas Ruhe und die wenigen Minuten, um diese Erfahrung aus erster Hand machen zu können. Diese Erfahrung musst Du selbst machen, kein anderer Mensch kann das für Dich erledigen.

Du beobachtest Deinen eigenen Verstand – ist das nicht unglaublich seltsam? Denke dieses Gedankenspiel bitte bis zu seinem Ende. **Wenn Du Deinen Verstand beobachten kannst, dann kannst Du keinesfalls gleichzeitig dieser Verstand** *sein.* Herr Meyer kann auch nicht sich selbst beobachten, es sei denn, er bedient sich eines Spiegels.

Und dies ist eine der großen Wahrheiten, die durch die Meditation erfahren werden können: **Du bist nicht Dein Verstand und auch nicht Deine Gedanken.** Die meisten Menschen identifizieren sich aber mit ihrem Verstand, und das erzeugt Stress. Der Verstand ist ein effektives Werkzeug, jedoch ein miserabler Herrscher. Du bist wesentlich mehr als Dein Verstand. Wenn Du Dich voll und ganz mit diesem Werkzeug identifizierst, reduzierst Du Dich auf radikale Art und Weise. Wenn dies geschieht, dann ist das so, als wenn Du Deinen ganzen Werkzeugkasten wegschmeißt und nur Deinen Kreuzschlitzschraubendreher behältst, weil Du glaubst, dass Du damit jede Schraube lösen kannst.

Wir sprachen bereits über die Dreiteilung des Menschen in Körper, Geist und Seele. Diese Einteilung hat aber einen Haken, denn die einzelnen Teile sind keinesfalls gleichberechtigt. Irgendjemand muss der Chef sein. In diesem Fall ist dies die Seele. Die Seele nutzt Deinen Körper und Deinen Geist, um das Leben zu erfahren (das sie sich vor der Inkarnation ausgesucht hat). Menschen, die sich ausschließlich mit dem Verstand identifizieren, entscheiden sich also für einen Trecker, obwohl sie einen Sportwagen in der Garage stehen haben.

Ich halte das Wissen über die Seele für unglaublich wichtig. Eine so komplexe Energie kann ein Mensch aber wahrscheinlich nur annähernd mit Worten definieren. Je nach kulturellem Hintergrund kann man die Seele als „göttlichen Funken" oder auch als „Energie" bezeichnen, was uns aber immer noch nicht so viel weiterbringt. Um etwas aus dem Reich der Abstraktionen zu entfliehen, versuche ich es mit dieser Definition: *„Die Seele ist für mich in erster Linie Bewusstsein, also das, was bewusst alles, was ist, wahrnimmt."* Seele/Bewusstsein ist also nicht der Schmerz, wenn Du Dir gerade den Kopf gestoßen hast. Schmerz ist ein Gefühl. Bewusstsein hingegen ist die Instanz, die den Schmerz vollkommen neutral registriert und wahrnimmt.

Vor einigen Jahren hatte ich einmal das zweifelhafte Vergnügen und durfte eine kleine Operation nahezu ohne Anästhesie erleben. Irgendwann gelang es mir „umzuschalten". Ich nahm die starken Schmerzen immer noch wahr, war aber bewusst eine Ebene tiefer gesunken und erlebte nun das, was ich als *Bewusstsein* beschrieben habe. Die Schmerzen wurden keinesfalls schwächer, verloren aber völlig an Relevanz.

Wenn Du mit der Meditation beginnst, wirst Du Dich oft mit irgendwelchen vorbeihuschenden Gedankenfetzen verstricken. Wenn dies geschieht, bist Du den Versuchungen Deines Verstandes erlegen und beginnst wieder zu denken. Auch das ist vollkommen normal und sollte Dich nicht zu sehr beschäftigen. Mit der Zeit wird Dir die „Beobachterrolle" immer besser gelingen. Versuche nun, Deine Aufmerksamkeit auf Deine Atmung zu lenken. Meist wirst Du dann plötzlich willentlich zu atmen beginnen, obwohl Du bis zu diesem Zeitpunkt automatisch von Deinem vegetativen Nervensystem beatmet wurdest. Dies kann auch wieder als Strategie des eigentlichen Werkzeugs „Verstand" interpretiert werden. Das automatische Atmen wird aktiv vom Verstand manipuliert, deshalb bietet er Dir diese Vorgehensweise an – der Verstand hat panische Angst davor, nicht mehr benötigt zu werden. Versuche also, wieder ein Stück weit vom aktiven Atmen *loszulassen*, und lenke Deine Aufmerksamkeit auf die Beobachtung des Atemvorgangs. Hast Du Dich jemals gefragt, wer Dich da eigentlich „atmet"?

Lasse Deine Aufmerksamkeit bei Deinem Atem, bis der Wecker klingelt. Du wirst überrascht sein, wie unterschiedlich lang Dir die gleiche Zeitspanne bei der täglichen Praxis vorkommen wird. Bereits diese einfache Übung kann durchaus als Meditation bezeichnet werden. Diese Atemmeditation erfordert keinen Guru, kein jahrelanges Studium in einem Kloster und auch keinerlei finanziellen Aufwand. Wenn Du diese Übung täglich durchführst, wirst Du innerhalb weniger Tage deutliche Veränderungen spüren.

Die Wirkungen der Meditationen sind sehr interessant. Wie bereits angesprochen, hat Meditation eine nicht zu unterschätzende Wirkung auf das menschliche Gehirn. Forscher berichten von einer besseren Verknüpfung von Gehirnbereichen, was im Alltag zu einer besseren Konzentrationsfähigkeit führen kann. Eine Studie belegt, dass regelmäßige Meditation zu einem Massezuwachs im „Hippocampus" führt. In diesem Teil des Gehirns finden vor allem Prozesse statt, die eine Rolle beim Erinnern und Lernen spielen. Außerdem diskutiert man heute, ob Meditation ein Mittel gegen Demenz sein könnte.
So berichtet eine weitere Studie über eine Gruppe von Nonnen, die niemals Symptome einer Alzheimer-Erkrankung zeigten. Nach ihrem Tod fanden Forscher in den Gehirnen der Nonnen aber Hinweise auf Alzheimer im Endstadium. Dies könnte bedeuten, dass die Gehirne durch die regelmäßige Meditationspraxis der degenerativen Erkrankung entgegenwirken konnten. Eine mögliche Theorie besteht darin, dass die Leistungsfähigkeit des Gehirns insgesamt gesteigert werden konnte. Somit konnten gesunde Hirnareale die Funktion der geschädigten Hirnbereiche übernehmen.

Neben den angesprochenen Wirkungen auf das Gehirn hat die Meditation aber auch globale Wirkungen auf den ganzen Körper. Zu diesen Wirkungen zählen auch die Senkung des Cholesterols (dem Stresshormon schlechthin), die Senkung des Cholesterinspiegels, die Verringerung von Muskelverspannungen und die Senkung von Bluthochdruck. Meditation scheint also in vielerlei Hinsicht ein hochwirksames „Medikament" zu sein. Dieses *Medikament* hat vieles mit einem anderen hochwirksamen Medikament gemeinsam, nämlich mit *Bewegung*.

Ich halte beide Elemente, also Meditation und Bewegung, für die Schlüssel zu Wohlbefinden und Gesundheit. Das Problem bei der Sache: *Eigentlich* kosten die beiden Medikamente nichts. Im Gegensatz zu lustigen Tabletten, Säften und Cremes kann man nur sehr schwer große industrielle Gewinnmargen kreieren. Das kann der Industrie einfach nicht gefallen... Bleibt abschließend eigentlich nur noch eine Frage: Kannst Du es Dir leisten, *nicht* zu meditieren? Meditation bietet also sehr viel, kostet aber nichts. Wo sonst gibt es ein derartiges Preis-Leistungs-Verhältnis?

Die beschriebene Atemmeditation ist natürlich nur eine von vielen Meditationsformen, dennoch ist es eine wirksame und ausreichende Übung. Wenn Du dennoch etwas Abwechslung haben möchtest, dann konzentriere Dich doch einfach mal auf eine Kerzenflamme. Du benötigst dazu lediglich eine standsichere Kerze und eine bequeme Sitzmöglichkeit. Selbstverständlich solltest Du auch bei dieser Methode alle Störquellen (Handy, Telefon, Fernseher) eliminieren. Sobald die Kerze brennt, lenkst Du Deine Aufmerksamkeit auf die Flamme. Setze Deinen Wecker auf 15 Minuten und fokussiere die Kerzenflamme. Sollte Dich die Zeitspanne überfordern, reduziere sie auf anfänglich 10 Minuten. Die genaue Zeit ist völlig irrelevant. Wichtig ist das Treffen der „Lücken" zwischen Deinen Gedanken.

Mittlerweile gibt es viele Anbieter von „Entspannungstechniken". Einige Volkshochschulen bieten *Autogenes Training* oder *Progressive Muskelentspannung* an. Beide Verfahren sind sehr „westlich" geprägt und kommen ohne komplexen theoretischen oder religiösen Unterbau aus. Weiterhin gibt es in einigen buddhistischen Zentren die Möglichkeit zur Teilnahme an Meditationen. Zahlreiche evangelische und katholische Gemeinden bieten als Gegenstück dazu *Kontemplationstreffen* an. Probiere am besten verschiedene Meditationsformen aus, und entscheide dann, welche am besten zu Dir passt. Grundsätzlich genügen aber die in diesem Buch geschilderten Übungen, um in den Genuss der positiven Wirkungen der Meditation zu gelangen.

Der Weg der Meditation ist keine Lernerfahrung, sondern eine ganz praktische Angelegenheit. Viele Menschen versteigen sich bei der Suche nach immer komplexeren Meditationsformen und vergessen darüber ihre tägliche Praxis. Damit gewinnt dieses Spiel wieder der Verstand...

Hypnose

Ähnliche Wirkungen wie mit der Meditation kann man auch mit der Hypnotherapie erzielen. Entgegen den publikumswirksamen Auftritten von Showhypnotiseuren führt eine Hypnose nicht dazu, dass Erwachsene zu Schweinen „programmiert" werden können und sich dann willenlos im imaginären Dreck auf der Bühne wälzen.

Die Wahrheit ist viel simpler als die spektakulären Ergebnisse einer Hypnose: Jeder einzelne Teilnehmer entscheidet sich völlig bewusst dazu, den Anweisungen des Hypnotiseurs während der Show zu folgen. Der Einzelne macht sich also vielmehr selbst zum Schwein, weil der Gruppenzwang und die Erwartungshaltung des Publikums ihn dazu antreiben. Ein Hypnotiseur kann keinen einzigen Menschen gegen dessen Willen hypnotisieren. Die Hypnose gleicht viel mehr der Fahrt eines großen Schiffes in einen Hafen. Der Hypnotiseur übernimmt dabei die Rolle des Lotsen, dem vom Kapitän zeitweise die Kontrolle über das Schiff gegeben wurde. Der Kapitän steuert aber weiterhin selbstständig sein Schiff, während er auf die Kommandos des Lotsen hört.

Durch die Hypnotherapie kann der Klient sehr schnell in den Zustand der Tiefenentspannung geführt werden, ohne dass dazu regelmäßige, eigene Meditationspraxis nötig ist. Diese Tiefenentspannung ist dann der mystische Zustand, der auch als „Trance" bekannt ist. Die Hypnose kann man als so etwas wie die Abkürzung zur Entspannung bezeichnen, und sie wird deshalb von vielen meiner Klienten sehr geschätzt.

Floating

Eine ebenfalls sehr wirksame Methode, um sehr schnell in einen tiefen meditativen Zustand zu gelangen, ist *Floating*. Floating wurde in den 1960er-Jahren entwickelt und wird seitdem mit Erfolg genutzt. Du begibst Dich zum „Floaten" in einen Tank mit stark salzhaltigem Wasser. Dieses Wasser hat ähnliche Eigenschaften wie das Wasser des Toten Meeres – aufgrund des hohen Salzgehalts trägt es Dein Körpergewicht, und Du darfst einfach loslassen.

„Floating-Sessions" werden in Deutschland meist in Wellness-Einrichtungen, in Massagepraxen oder bei Physiotherapeuten angeboten. Oftmals werden diese Sitzungen mit Musik- und Farbunterstützung angeboten. Der puristische Floater lehnt dies jedoch entschieden ab und wählt anstelle dessen Dunkelheit und Ruhe. Dies liegt darin begründet, dass es mittels eines Floatingtanks sehr einfach möglich ist, den Zustand der „sensorischen Deprivation" einzuleiten. In diesem Zustand können Erfahrungen gemacht werden, die sonst nur mittels Drogeneinsatz möglich sind. Ein Schlagwort in diesem Zusammenhang ist die vielbeschworene „Bewusstseinserweiterung". Diese extreme Erfahrung ist deshalb möglich, weil das Gehirn im Floating-Tank von allen äußeren Reizen abgeschirmt wird. Mit der Zeit verschwindet aufgrund des körperwarmen Wassers auch die Körpergrenze, und es kommt zur sensorischen Deprivation. In diesem Zustand kann es geschehen, dass Du unverhofft von der Muse geküsst wirst oder Dir spontane Geistesblitze kommen. Definitiv wirst Du in diesem Zustand aber auch hervorragend nachdenken können.

Selbstverständlich ist dieser Zustand nicht für jeden das bewährte Mittel. Menschen mit einer psychiatrischen Diagnose sollten vor einer Floating-Session definitiv mit ihrem Arzt darüber sprechen. Da dieser Zustand so gravierende Wirkungen haben kann, ist es kaum verwunderlich, dass Missbrauch stattfindet. In Lagern wie zum Beispiel Guantanamo Bay werden die Gefangenen gewaltsam in diesen Zustand versetzt, um das seelische Gleichgewicht und jede Form von Widerstand zu brechen. Der Unterschied zu Techniken wie der Meditation oder dem Floaten ist aber sehr offensichtlich: Man legt sich genauso freiwillig in einen Floating-Tank, wie man auch freiwillig meditiert. Diese Techniken können jederzeit unter- oder abgebrochen werden.

Es gibt also eine ganze Reihe von Möglichkeiten, wie Du Dich um Dein eigenes Seelenheil kümmern kannst. Egal was Du machst, überlasse diese Aufgabe nicht Institutionen, die sich in erster Linie um ihre eigenen Interessen kümmern! Grundsätzlich ist Meditation eigentlich eher nichts, was man „macht". Man geht zum Beispiel Schlittschuhlaufen, aber man geht nicht „meditieren". Wahrscheinlich ist es eher so, dass man Meditation geschehen lässt.

An dieser Stelle möchte ich aber auch erwähnen, dass Meditation nicht für jeden Menschen geeignet ist. Es gibt eine Menschengruppe, die nicht meditieren sollte – ernsthaft psychisch kranke Menschen, die Gruppe der „Psychotiker". Der Hintergrund dafür ist die Theorie, dass in tiefer Entspannung durchaus die „stabilisierenden" Kräfte einer kranken Psyche zusätzlich geschwächt werden können und ein Psychotiker wieder in eine Psychose abdriftet. Diese Gefahr besteht tatsächlich, aber eben nur für die Menschen, die bereits unter einer Psychose gelitten haben. Hierfür kommen z.B. Menschen in Frage, die unter einer Schizophrenie oder einer sehr starken Depression leiden. Für diese Menschen gilt aber generell die Empfehlung, keine expliziten Entspannungstechniken zu benutzen. So sind auch Fälle bekannt, in denen es während einer Massage zu einem Rückfall in eine Psychose kam.
Von dieser Menschengruppe abgesehen, gibt es keine „Gegenanzeigen" für Meditation. Genauer gesagt gibt es auch keine ungünstigen Nebenwirkungen. Also kann man sagen, dass Meditation für fast jeden Menschen eine Lösung darstellen kann. Was aber generell als Voraussetzung nötig ist, ist der Wille dazu bzw. der Wille, sich tatsächlich entspannen zu wollen.

In einem früheren Kapitel sprachen wir bereits über meinen Klienten Mike, der sich durch die katastrophalen Rahmenbedingungen einer Lichttherapie sogar zusätzlichem Stress aussetzte. Dies ist eine Variante, wie sich etwas im Grunde sehr Gutes in einen schädlichen Faktor verwandeln kann. In diesem Fall wurde der Bock zum Gärtner gemacht...

Lena, eine junge Apothekerin, suchte mich auf, weil sie chronisch gestresst war. Dabei *machte* sie so viel gegen ihren Stress: Sport, Wellness, Aktivitäten mit Freunden. Lena litt unter den Folgen eines Denkfehlers. Ihre ganze Erziehung hatte daraus bestanden, ihr zu vermitteln, dass *„von Nichts nichts kommt"*. Deshalb ging Lena auch ganz selbstverständlich davon aus, dass dies auch auf das Thema Entspannung zutrifft. Sie tat möglichst viel, um möglichst entspannt zu sein. Entspannung ist aber nichts, was man „macht". Lena hatte einmal einen Kurs für Autogenes Training besucht. Sie hatte den Kurs nach der zweiten Stunde abgebrochen. Sie erzählte mir, dass dieser Kurs die Hölle gewesen sei. Dieses permanente „Rumliegen" sei ihr wie eine Folter vorgekommen. Außerdem gab sie an, dass sie Ruhe und Stille sowieso nur ganz schlecht ertragen konnte.

Lena ist aber kein Einzelfall. In meiner bisherigen Laufbahn hatte ich mehrfach mit Menschen zu tun, die exakt genauso gedacht haben. Vielleicht ist es vermessen, aber ich behaupte, unsere ganze Kultur basiert auf dieser Voraussetzung: *„Von nichts kommt nichts."* Dieses Prinzip wird von einigen Autoren als „Druck-Prinzip" bezeichnet: Mit möglichst viel Anstrengung werden Ziele verfolgt. Das alte Sprichwort: *„Im Schweiße Deines Angesichts sollst Du Dein Brot essen."*, skizziert dieses Prinzip sehr treffend. Sehr viele Erfindungen unserer Gesellschaft funktionieren nach dem gleichen Prinzip: Bei der Dampfmaschine treibt der Dampfdruck einen Kolben an. Dieses Prinzip funktioniert auch, aber es ist ein rein menschliches Prinzip, das auf Kraftanstrengung basiert. Grundsätzlich handelt es sich um ein männliches Prinzip: Es wird eine Kraft aufgewandt, um etwas zu erreichen.

Die Natur funktioniert aber anders. Dort herrscht eher das weibliche Prinzip vor, das Prinzip des Zulassens oder Empfangens. Ich kenne keinen Apfelbaum, der sich für seine Produktion anstrengt – er produziert einfach Äpfel. Keine Katze „strengt" sich auf der Mäusejagd an, die Jahreszeiten halten sich nicht an einen stressigen Terminplan, und die Wellen der Meere werden nicht durch Motoren erzeugt. Meiner Meinung nach ist das „Druck-Prinzip" ein nicht gerade ganzheitliches System. Es muss unglaublich viel Energie aufgewandt werden, um ein Ziel zu erreichen und zu stabilisieren. Bleibt die Energie aus, kippt der erreichte Zustand wieder um.

Da wir nun schon vom *Druck-Prinzip* gesprochen haben, sollten wir auch einen Blick auf das entgegengesetzte Prinzip werfen. Bei diesem anderen Prinzip handelt es sich um das *Sog-Prinzip*. Im Grunde basiert dieses Prinzip auf dem *Gesetz der Resonanz*, dem *Gesetz des Ausgleichs* und dem *Gesetz des Geschlechts*. Was ich unter dem *Druck-Prinzip* verstehe, habe ich oben dargelegt. Bei dem *Sog-Prinzip* handelt es sich nicht nur um das gegenteilige Prinzip, sondern auch um eines der Grundprinzipien der Natur. Es ist vollkommen ausreichend, wenn man sich zum Verständnis einige unwiderlegbare Fakten aus der Welt der Naturwissenschaften ansieht. Wie bewegt sich der Planet Erde im Weltall? Gibt es irgendwo einen gigantischen Verbrennungsmotor oder ein ebenso monströses Strahltriebwerk? Ich habe jedenfalls bis jetzt nichts in dieser Richtung entdecken können. Das liegt natürlich daran, dass es etwas Derartiges auch nicht gibt. Anstelle dessen bewegt sich der Globus mittels einer rein *passiven* Technik: Die Erde nutzt zur Fortbewegung Gravitationsfelder aus, wird von diesen beschleunigt und setzt dann ihre Reise fort. Dazu ist weder Benzin noch Gas und schon gar kein Atomstrom notwendig. Ein anderes Beispiel für das *Sog-Prinzip* ist der aus der Biologie bekannte Stofftransport namens *Osmose*. Stellen wir uns zwei Behälter vor, die durch eine halb durchlässige Membran getrennt sind. In den einen Behälter wird Salzwasser gefüllt, während in den anderen Behälter klares Wasser gefüllt wird. Die Materialeigenschaften der Membran sind so gewählt, dass die Salzmoleküle nicht durchdringen können, da diese zu groß sind. Die Natur ist aber immer um ein Gleichgewicht bemüht und möchte die unterschiedlichen Salz-Konzentrationen ausgleichen. Aus diesem Grund dringen nun Wassermoleküle durch die Membran zum Salzwasser und „verdünnen" es. Dies geschieht solange, bis es zu einem Konzentrationsausgleich gekommen ist. Für diesen Transportmechanismus ist keine Pumpe nötig, die mit Energie versorgt werden müsste. Osmose findet täglich überall in der Natur und deshalb auch in unserem Körper statt. Ein anschaulicheres Beispiel kannst Du nach einem Schwimmbadbesuch oder einem ausgiebigen Vollbad feststellen. Wenn Du aus dem Wasser steigst, ist Deine Haut ganz schrumpelig. Dies geschieht deshalb, weil die Konzentration von Salzmolekülen in Deinen Hautzellen größer ist, als im Badewasser. Wasser dringt in Deine Haut ein, um einen Konzentrationsausgleich vorzunehmen, und deshalb quillt auch Deine Haut auf.

Das Sog-Prinzip ist also ein unglaublich ökonomisches und nachhaltiges System. Ebenso ist das Sog-Prinzip die Erklärung für einen echten Klassiker der naturwissenschaftlichen Mysterien. Lange Zeit hörte man den Satz *„Da die Hummel ja nicht weiß, dass sie nicht fliegen kann, tut sie es einfach trotzdem!"* als geflügeltes Wort in so manchen Motivationsseminaren. Irgendwo ist das ja auch spannend und motivierend, denn wieso kann die Hummel ihren relativ großen Körper mit ihren sehr kleinen Flügeln abheben lassen? Das Geheimnis beschäftigte die Naturwissenschaft etwa 60 Jahre, bis man herausfand, dass Hummeln mit ihrem Flügelschlag Luftwirbel erzeugen können, die sie selbst gegen die Gravitation in die Höhe heben. Genauer gesagt lassen sich Hummeln in die Luft saugen – mittels Verwirbelungen, die sie selbst erzeugen. Stelle Dir das bitte bildlich vor: Die Flügel einer Hummel können das Insekt aufgrund ihrer Größe nicht in die Höhe bringen, aber sie können Verwirbelungen erzeugen, die dazu in der Lage sind. Für mich ist allein dieses Beispiel ein fundamentaler Beleg dafür, dass etwas mit unserer Welt ganz und gar nicht in Ordnung ist. Kann es sein, dass die technische Entwicklung in eine vollkommen falsche Richtung strebt? Wieso nutzt man dieses Prinzip denn nicht in der Luftfahrt? Wieso müssen dort Düsentriebwerke weiterhin das volle Gewicht eines Flugzeugs in die Luft bringen, wenn es auch ungleich einfacher und ökonomischer mit dem Sog-Prinzip funktionieren würde? Kann denn etwa die Tatsache damit zu tun haben, dass man auf diese Weise extrem viel weniger Kerosin benötigen würde?

Der geistige Vater des Sog-Prinzips ist der österreichische N
scher *Viktor Schauberger*, der sich bereits sehr früh mit den Gesetzmäßigkeiten von Wasserwirbeln beschäftigte. Neben vielen anderen Erfindungen war Schauberger für eine Holzschwemmanlage verantwortlich, die die Holzbringung zu einem absoluten Bruchteil der bisherigen Kosten ermöglichte. Diese Anlage hat zu seiner Zeit, genau wie der Hummelflug, allen wissenschaftlichen Gesetzen widersprochen. Dies hat die Funktionalität aber genauso wenig vermindert, wie es die Flugfähigkeit der Hummel beeinträchtigt hat.

Nun scheint es sich bei dem Sog-Prinzip aber ausschließlich um ein technisches Prinzip zu handeln. Dies ist aber ein folgenschwerer Irrtum, denn gerade auch die Themen *Zielerreichung* und *Realitätsgestaltung* können davon entscheidend profitieren. Das einfachste Beispiel ist das Thema „Angst". Ich habe einen Klienten, der sage und schreibe fünf Mal innerhalb von drei Jahren ungebetenen Besuch von Einbrechern hatte. Erwähnenswert ist die Tatsache, dass er über ein vollkommen normales Haus und über eher durchschnittliche Einkommensverhältnisse verfügt. Es gibt keinerlei äußere Besonderheiten, die dieses Haus in irgendeiner Weise für Einbrecher besonders attraktiv machen würden. Im selben Zeitraum wurde in seiner unmittelbaren Nachbarschaft lediglich ein *Einbruchsversuch* unternommen. Seit dem ersten Einbruch ist dieses Thema für ihn auch *das* Thema überhaupt. Ständig hat er Angst, wieder Opfer eines Einbruchs zu werden.

Auf der anderen Seite kennen wir alle Menschen, deren Wünsche sich niemals erfüllen — sei es der Wunsch nach Wohlstand, ein Kinderwunsch oder was auch immer. Ängste scheinen sich also mit ungleich größerer Wahrscheinlichkeit zu erfüllen, als konstruktive Wünsche.

Moment... Könnte es hier eine Parallele zum Thema Druck-Prinzip und Sog-Prinzip geben? In der Tat gibt es hier sogar zwei Entsprechungen. Das „Wünschen" entspricht dem Druck-Prinzip: Der Wunsch *muss* erreicht werden, dafür unternimmt man sehr *viel* und wendet viel *Kraft* auf. Genauso gut könnte die Hummel vergeblich versuchen, sich aus eigener Kraft in die Luft zu wuchten. Die Angst hingegen entspricht dem Sog-Prinzip: Es wird nichts unternommen, um etwas direkt *gegen* die Angst zu tun. Meist wirkt die Angst im Hintergrund, zum Beispiel, wenn man aus Angst vor Lungenkrebs mit dem Rauchen aufhört. Nichtsdestotrotz wirkt die Angst als „Vakuumerzeuger" im Hintergrund und zieht die Person konsequent zu sich. Hier entspricht die Angst den Hummelflügeln, die eine Luftverwirbelung mit viel stärkerer Kraft verursachen und die dann unbarmherzig wirkt.

Bevor ich weiter auf das Sog-Prinzip in unserem Kontext eingehe, muss ich *Jan van Helsing* meinen Respekt zollen, der dieses Prinzip zum ersten Mal in klaren Worten dargelegt und in den Büchern „*Hände weg von diesem Buch!*" und „*Die Kinder des neuen Jahrtausends*" veröffentlicht hat. Gerade das Sog-Prinzip ist ein ganz wesentliches Element, wenn man sich mit dem Thema „Realitätsgestaltung" beschäftigen möchte. Einige Autoren besprechen zwar die oben genannten Ursprünge des Sog-Prinzips, nennen das Kind aber selten beim Namen und betonen damit eher das klassische Druck-Prinzip in ihren Büchern. Ich halte die einseitige Verwendung des Druck-Prinzips aber für einen zentralen Grund für das Scheitern vieler Menschen. Unter meinen Klienten sind viele echte Arbeitstiere, die aber nicht einmal einen einzigen benutzten Teller für wenige Minuten auf der Spüle stehen lassen können, ohne dabei nervös zu werden. Oftmals haben diese Menschen dann auch entsprechende Symptome des „Drucks": Magen- und Darmprobleme, Bluthoch*druck*, Kopfschmerzen usw..

Schauen wir uns aber nun das Sog-Prinzip etwas genauer an. Wo klassische Zielerreichungstechniken eher Druck aufbauen, wie das Triebwerk eines Flugzeugs, setzt das Sog-Prinzip auf die gezielte Erschaffung eines Vakuums, was dann wesentlich mehr Kraft erzeugen kann, als wir selbst es jemals könnten (denke in diesem Zusammenhang an die Flugtechnik der Hummel). Die Technik hinter dem Sog-Prinzip ist also unglaublich ökonomisch. *Viktor Schauberger* benannte diese Technik auch als „Implosions-Prinzip".

Auf unsere Belange übertragen bedeutet das, dass wir dem gewünschten Objekt (das natürlich auch absolut immateriell sein kann) nicht mehr hinterherlaufen. Stattdessen lassen wir uns davon finden. Ein absolut alltägliches Beispiel kennt fast jeder aus seiner eigenen Lebenserfahrung. Erinnere Dich doch einmal zurück an Deine Jugend und die ersten Kontakte mit Vertretern des anderen Geschlechts. Wie groß war Dein Erfolg, während Du eifrig darum bemüht warst, die Zuneigung einer „Zielperson" zu gewinnen? Wenn es Dir wie mir und wahrscheinlich den meisten anderen Menschen ging, bist Du auf diese Weise nicht so erfolgreich gewesen, oder? Dann irgendwann schaltet etwas in den Köpfen der meisten Menschen um. Entweder hat man verstanden, dass diese Strategie nicht so effektiv ist, oder man ist einfach frustriert. Der Grund für die Verhaltensänderung ist egal, solange die Änderung selbst authentisch und nicht vorgetäuscht ist. Plötzlich geschieht das Unglaubliche, und die Aufmerksamkeit, um die man bisher vergeblich hart gekämpft hat, schlägt uns gratis und umsonst entgegen. Plötzlich kommt uns die Welt entgegen, und wir sind nicht mehr auf der *Jagd*, sondern selbst der *Gejagte.* Das ist doch eine wesentlich komfortablere Situation als vorher...

Wenn Du generell Deine Erfolgsquote exponentiell steigern möchtest (egal in welchem Bereich), solltest und darfst Du Dich mit dem Sog-Prinzip auseinandersetzen. Das gilt gerade dann, wenn Du generell ein fleißiger und konsequenter Arbeiter bist. Um genau solch eine Person handelt es sich bei *Sebastian*. Sebastian ist 13 Jahre alt und der Sohn eines befreundeten Ehepaars. Der Jugendliche ist wirklich intelligent und sehr motiviert. Trotzdem lassen seine Noten manchmal doch zu wünschen übrig. Dies hat selbstverständlich auch mit dem Schulsystem zu tun, das nicht wirklich dazu dient, Originale zu erziehen. Aber das wäre Stoff für ein weiteres Buch... Nun gibt es aber auch innerhalb des Schulsystems gute und moderne Lehrer. Eine dieser Lehrerinnen führte mit Sebastians Eltern während einem Elterntag ein ausgesprochen offenes Gespräch. Die Lehrerin sagte den Eltern, dass Sebastian ein wirklich aufgeweckter und begabter Junge sei. Seine Probleme resultierten lediglich aus einer Tatsache: Er stand sich mit seinem Willen selbst im Wege. Sebastian *„wollte einfach zu hart".* Diese Aussage aus dem Mund einer Lehrerin zu hören, ist natürlich schon ein echtes Novum. Ab diesem Punkt versuchten Sebastians Eltern etwas „Druck" abzulassen, aber es funktionierte nicht so recht. Aus diesem Grund begann ich dann, mit Sebastian zu arbeiten. Bei Kindern und Jugendlichen gibt es eine absolute Grundregel, die Eltern manchmal vergessen: Auch „kleinere" Leute möchten respektiert und „für voll" genommen werden. Dazu gehört eben auch, dass man ihnen und ihren Gedanken Gehör schenkt, und diese nicht einfach als *kindisch* abtut. In der Realität ist es nämlich viel eher so, dass die Ideen und Meinungen von Kindern oftmals viel authentischer und weniger domestiziert sind als die der Erwachsenen. Sebastian war ein guter Klient, und manchmal beschlich mich die Frage, wer gerade eigentlich wen „coachte". Nach nur wenigen Sitzungen hatte Sebastian die Wirkung des Sog-Prinzips verstanden, und seine Noten sind seitdem kein Problem mehr. Zusätzlich ist auch das Verhältnis zu den Gleichaltrigen deutlich besser geworden, denn er ist einfach viel entspannter.

Wo aber ist nun die Grenze zwischen *Apathie* und dem *Sog-Prinzip*? Leider kann ich Dir keinen Persilschein für Faulheit und Apathie geben. Jeder Mensch hat eine *Bringschuld*. Diese Bringschuld ist aber völlig anders, als die meisten Arbeitstiere das glauben. Es geht lediglich darum, seine Hausaufgaben zu machen. Unter Hausaufgaben verstehe ich das unbedingt Notwendige, was zur Aufrechterhaltung des Status quo gebraucht wird. Alles andere ist definitiv dem Druck-Prinzip zugehörig. Um eine Faustregel im Alltag zu besitzen, empfehle ich gerne das Beispiel mit der Hummel. Eine Hummel kann nicht abheben, wenn sich ihre Flügel nicht bewegen. In der Tat ist es sogar so, dass sich die Flügel ununterbrochen sehr hochfrequent mit bis zu 200 Schlägen pro Minute bewegen. Die Hummel erhebt sich in die Lüfte, weil sie mit ihren Flügeln eine indirekte Ursache setzt. Diese indirekte Ursache *muss* aber erst erarbeitet werden.

Du musst also exakt so viel tun, dass Du *im Spiel* bleibst. Gemäß dem erwähnten Beispiel vom Beginn unserer Erfahrungen mit Vertretern des anderen Geschlechts bedeutet das: *rausgehen*. Wer nur zuhause vor der Spielkonsole sitzt, wird auch trotz des Sog-Prinzips keinen

Partner finden. Mehr zu tun, ist aber nicht nötig, ja sogar eh
unkonstruktiv. Auf diese Weise läufst Du Gefahr, erneut Druck
bauen. Wenn Du nun also etwas willst, dann gilt es, zwei Fälle zu unterscheiden: Wenn sich das Objekt innerhalb Deiner Reichweite befindet,
musst Du aktiv werden: Stehe auf, und hole es Dir! Wenn das Objekt
aber nicht in Deiner Reichweite liegt, lebe diesen Wunsch aktiv aus.
Gestehe Dir vor allem im Herzen ein, dass Du diesen Wunsch hast.
Wenn Du das getan hast, lasse diesen Wunsch los. Zeige dem Wunsch
Deine kalte Schulter, und laufe so schnell vor ihm weg, wie Du nur
kannst. Sag einfach: Das bekomme ich sowieso, da kann ich sogar davor
weglaufen!

Selbstverständlich ist hier eine Analyse wichtig: Eine erreichbare
Frucht nicht zu pflücken und deshalb zu verhungern, ist genauso falsch,
wie permanent in die Luft zu springen, um eine unerreichbare Frucht
zu bekommen. Diese Art zu denken ist jedoch wirklich nicht einfach,
und auch ich musste mein Lehrgeld zahlen. Am Ende steht aber ein
Zustand, der sehr sinnvoll ist: Heitere Gelassenheit, die von einer au-
thentischen Entspannung getragen wird. Entspannung kann aber nicht
erarbeitet oder erkämpft werden. Die Frage lautet natürlich, ob überhaupt irgendetwas tatsächlich über das Druck-Prinzip errungen werden
kann, was nicht auf anderem Wege, nämlich durch das Sog-Prinzip,
deutlich ökonomischer hätte erreicht werden können.

Entspannung kann man ausschließlich geschehen lassen. Geschehen-
lassen bedeutet auch immer loslassen. Loslassen bedeutet, sich eben
nicht weiter zwanghaft mit irgendetwas zu beschäftigen. Viele Menschen beschäftigen sich ausschließlich aus einem Grund permanent mit
etwas – weil sie es nicht aushalten, allein mit ihren Gedanken und Gefühlen zu sein. Die Beschäftigung stellt dann nichts anderes als Ablenkung dar.

Mit der Ablenkung verhält es sich aber wie mit dem Ball, den man
unter Wasser hält. Irgendwann wird der Ball nach oben schießen und
zwar mit genau der gleichen Kraft, wie er unten gehalten wurde. Deine
Gefühle und Gedanken wollen registriert werden, egal worum es geht.

Versuche einmal ganz gezielt, bei Deinem „Innenleben" zu bleiben. Vielleicht erfährst Du dann auch, warum Du eigentlich nicht wirklich mit Deinem Leben zufrieden bist. Diese Erkenntnis ist sehr wertvoll, denn mit diesem Wissen kannst Du Dein Leben anpacken und ein Leben führen, das Dir Freude bereitet!

Ist der Stress in Deinem Leben eigentlich wirklich real oder ist er in Wirklichkeit imaginär? Wann hast Du das letzte Mal Dein Auto gewaschen? Wann hast Du das letzte Mal geduscht? Wann hast Du aber das letzte Mal etwas Gutes für Deine Seele getan? Wer kümmert sich anstelle von Dir selbst um Deine Seele? Warum nimmst Du das nicht selbst in die Hand? Ist Dein Verstand Dein Diener, oder ist er Dein Meister? Bist Du sicher?

Kapitel 6: Egozentrismus – die gefährlichste Erkrankung der Welt

Bevor ich diesen Begriff in meinem Sinne definieren möchte, werde ich diesen zuerst gegenüber anderen Begriffen abgrenzen. Wir alle sind Einzelwesen und kommen allein auf die Welt. Ebenso müssen wir auch die letzte Reise allein antreten. Aus diesem Grund ist egoistisches Verhalten sogar notwendig und dient dem eigenen Überleben. Sogar unsere Organe sind egoistisch. Das Gehirn giert nach Nährstoffen, enthält diese anderen Organen vor und löst notfalls auch gefährliche Heißhungerattacken aus. Ich halte Egoismus für ein grundsätzlich natürliches Verhaltensmuster. In der westlichen Welt wird der Einzelne durch den vorherrschenden Lebensstil und die herrschende Wirtschaftsordnung sogar zum Egoismus, also zum „an sich selbst denken" genötigt, denn sonst hätte er niemals Geld und könnte nicht am Konsumspiel teilnehmen. Der Egoismus ist also kein ausschließlich negatives Muster, sondern dient vor allem dem Überleben des Einzelnen. Aus diesem Grund sollte sich niemand für ein eigennütziges Verhalten schuldig fühlen, denn jeder Einzelne ist eine von Grund auf egoistische Kreatur.

So weit so gut, aber was ist dieses „Ego" in diesem „Ismus" nun eigentlich? Das Ego ist eine Funktion des Verstandes. Das Konstrukt „Ego" ist unsere *Rolle,* unsere Identität. Einige Religionen und Glaubensrichtungen propagieren die Auslöschung des Egos als oberstes Ziel. Diese Zielsetzung halte ich für gefährlich und völlig unnatürlich, dazu aber später mehr.

Ich sehe das *Ego* als Funktion des Verstandes. Wenn dies zutrifft, kann das Ego nicht gleichzeitig die Seele sein. Diese Tatsache betone ich hier ganz ausdrücklich: Der Verstand ist kein Teil der Seele. Ich verstehe den Verstand als Funktion des Körpers, im Speziellen des Gehirns. Das Ich/Ego ist also eine eigenständige Institution, die dem Körper zugeordnet werden kann. Ich finde diese Differenzierung deshalb so wichtig, weil viele Menschen mit den Begrifflichkeiten Probleme haben und am Ende dadurch ernsthafte Verständnisprobleme entstehen können.

Ich habe bereits erklärt, dass Egoismus vor allem dem Überleben dient. Also ist dieses „Überleben" auch ein Auftrag des Egos. Ich vertrete den Standpunkt, dass der Mensch nicht nur ein Ego *hat*, sondern ebenso auch ein Ego *benötigt*. Ansonsten gerät die Mission „Überleben" in Gefahr. Außerdem erschließt sich mir nicht der Sinn, warum jeder Mensch ein Ego besitzt, aber dieses auch auflösen soll. Das ist in meinen Augen vollkommen unökonomisch. Das Leben ist aber vor allem immer ökonomisch und bringt nur die nötigsten Anstrengungen auf, um das Überleben einer Spezies zu sichern. Das Ego kann also keine unnötige Zusatzausstattung sein. Ich gehe sogar noch einen Schritt weiter und behaupte, dass sich die Seele vor der Inkarnation für ein „passendes" Ego entscheidet. Ohne Ego kann meiner Meinung nach auch kein persönlicher Lebensplan erfüllt werden.

Für den nächsten Schritt müssen wir eine etwas größere Perspektive einnehmen, um den gesamten Komplex überblicken zu können. Das Ego spiegelt unsere ganz persönliche Rolle wider, wohingegen die Seele alle Lebewesen miteinander verbindet und in die Einheit führt. Ego bedeutet individuelle Einzelperson. Egoismus beschreibt nun ein Verhalten, das ausschließlich der eigenen Person dienlich ist. Ich betone hier erneut, dass ich dieses Verhalten für ökonomisch und völlig normal halte.

Widmen wir uns nun dem *Egozentrismus.* Egozentrismus hat mit Egoismus nicht viel gemeinsam, eigentlich nur den Bestandteil „Ego". Dennoch werden die Begriffe oftmals synonym eingesetzt bzw. sogar miteinander verwechselt. Im Gegensatz zum *Egoismus* halte ich *Egozentrismus* für das unnatürlichste Verhalten, zu dem ein Mensch fähig ist. Gleichzeitig halte ich den Egozentrismus für die größte Gefahr, der die Menschheit jemals ausgesetzt war.

Ein Egoist sorgt für sich selbst, auch wenn das notfalls bedeuten kann, dass er etwas besitzt, was einem anderen Menschen fehlt. Der Egoist kennt diesen Zusammenhang und leidet unter Umständen auch unter der moralischen Komponente. Dieser Leidensdruck sorgt gelegentlich dafür, dass sich manch ein Egoist zum Philanthropen entwickelt. Egal wie knallhart sich manche Egoisten verhalten, sie wissen, dass „da draußen" noch andere Menschen existieren, Menschen, mit denen sie sich aufgrund gegenseitiger Interessen in einer Konkurrenzsituation befinden.

Ein Egozentriker hingegen wandelt durch die Welt und begegnet ausschließlich Wesen, die meilenweit unter seiner Position rangieren, mit denen er machen kann, was er will, und die lediglich seiner Bedürfnisbefriedigung dienen. Egozentrismus ist in meinen Augen eine interessante Analogie für eine bestimmte körperliche Erkrankung: Krebs! Im Umkehrschluss bedeutet das aber keinesfalls, dass es sich bei einem Krebspatienten immer um einen Egozentriker handeln muss.

Wie ich bereits festgestellt habe, ist die Seele das Element, das alle Lebewesen in die Einheit führt. Anders ausgedrückt könnte man vielleicht auch sagen, dass alle „göttlichen Funken" (Seelen) zusammen Gott sind. Greifbarer wird dieses System, wenn man sich vorstellt, dass auch ein Ozean aus einzelnen Tropfen besteht. Kein einzelner Tropfen ist ein Ozean, aber alle Tropfen zusammen bilden einen Ozean. Ähnlich verhält es sich mit den Zellen des menschlichen Körpers. Jeder Mensch besteht aus einer unglaublichen Vielzahl einzelner Zellen. Beim Krebs entartet nun eine einzige Zelle und beginnt, unkontrolliert zu wachsen, wird zu einem „selbstständigen" Organ, ja zu einem eigenen Körper im Körper, der unkontrolliert Nährstoffe an sich reißt und anderes Gewebe verdrängen kann.

Hier wird der Unterschied zwischen *Egoismus* und *Egozentrismus* sehr gut sichtbar. Jede Zelle hat eine spezifische Funktion, eine jeweilige Lebensdauer und einen eigenen Energiebedarf. Nur wenn jede einzelne Zelle versorgt wird, kann sie ihre spezifische Funktion ausüben und dem Körper damit dienen. Dies ist doch eine schöne Metapher für „gesunden" Egoismus. Jeder Mensch hat seinen eigenen Platz und seine spezifische Rolle in einer kosmischen Symphonie. Nur wenn die Bedürfnisse jedes Einzelnen gestillt sind, kann die wunderbare Melodie erklingen.

Eine *entartete* Zelle entwickelt ein egozentrisches Weltbild und versteht sich plötzlich selbst als „Gesamteinheit Körper". Der Tumor beginnt mit einem fast schon gespenstisch intelligenten Eigenleben und wendet sich gegen das Gefüge, dessen Teil er einmal war – den Körper. Egozentriker verhalten sich entsprechend. Sie sehen sich als Mittelpunkt der Welt. Dabei gleicht ein solcher Mensch jedoch einem Regentropfen, der sich für einen Ozean hält.

Beispiele für egozentrisches Verhalten gibt es im Alltag der meisten Menschen. Im Kern geht es dabei immer um das Messen mit ganz unterschiedlichen Maßstäben. Der Egozentriker versteht sich selbst als Dreh- und Angelpunkt der Welt und handelt dem eigenen Empfinden nach völlig integer. Das Verhalten von anderen Menschen ist aber stets mangelhaft.

Der Straßenverkehr ist eine dankbare Fundgrube für egozentrisches Verhalten. Wir begeben uns gedanklich einfach auf eine Autobahn. Du setzt den Blinker und ziehst auf die Überholspur, um eine Kolonne langsamerer Autos zu überholen. Etwa in der Mitte der Kolonne schert dann einer der Wagen ruckartig aus – direkt vor Deinen Wagen. Da Du heute einen ausgesprochen guten Tag hast, bleibst Du völlig gelassen, bremst und vergrößerst den Abstand zu dem Wagen vor Dir. Nach einigen Sekunden geschieht unserem Vordermann genau das Gleiche. Ein Wagen zieht ruckartig auf die linke Spur, direkt vor ihm. Daraufhin rastet der Fahrer völlig aus, gibt wilde Zeichen mit der Lichthupe und fährt dicht auf. Unser Vordermann zeigt in diesem Beispiel egozentrisches Verhalten in Reinkultur. Der Egozentriker kann ja schließlich nicht ewig warten, bis *ihn* das einzige Fahrzeug auf der linken Spur überholen wird, denn *er* hat es ja eilig. Zum krönenden Abschluss fährt *ihm* dann auch noch so ein Rüpel direkt vor *sein* Auto. Hat der andere Fahrer denn noch nie etwas von der Straßenverkehrsordnung gehört?

Bei dieser kleinen Geschichte handelt es sich natürlich um ein erdachtes Beispiel. Wenn Du regelmäßig auf der Autobahn unterwegs bist, wirst Du aber sicherlich ähnliche Beispiele aufzählen können. Jeder Mensch hat gelegentlich einen schlechten Tag, fährt mal etwas rüpelhafter als gewöhnlich oder macht einmal einen Fehler. Egozentrisch wird ein Verhalten erst dann, wenn ein gewisses System darin erkennbar wird. Dieses Grundmuster ist erschreckend einfach: Der Egozentriker sieht sich immer im Recht und kann sein Verhalten jederzeit rechtfertigen. Andere Menschen sind dabei stets im Unrecht und verhalten sich falsch.

Ganz überzeichnet gleicht der Egozentriker einem Menschen, der sich als Autofahrer über die Radfahrer, als Radfahrer über die Autofahrer und als Fußgänger über die Radfahrer beschwert. Empathie und Verständnis für andere Menschen sind nicht vorhanden. Im Extremfall kann ein solches Weltbild sogar zur Rechtfertigung von körperlicher Gewalt, bis hin zum Mord führen. Wenn andere Menschen böswillig geschädigt werden, spricht die Wissenschaft dann von „Soziopathen". Egozentriker sind also die „Ozeane" unter den Regentropfen und sehen sich in einer fast göttlichen Position über allen anderen Menschen schweben. Das Ego eines solchen Menschen dehnt sich so massiv aus, dass es sogar auch andere Menschen erfassen und als Bestandteil seiner Rolle interpretieren kann.

Bei Egozentrikern handelt es sich um Menschen, die man schlichtweg als „Nehmer" bezeichnen kann. Diese Zeitgenossen glauben, dass sich jeder Mensch ihnen gegenüber in einer Bringschuld befindet. Im Gegenzug leistet der Egozentriker aber niemals etwas für einen anderen Menschen. Dieses Verhalten kann der Egozentriker aber mit teilweise hanebüchenen Argumenten erklären: Ich bin zu alt, zu jung, zu krank, ich zahle schon genug, davon verstehe ich nichts, ich würde ja gerne – kann aber nicht...

Ich habe geschrieben, dass ich Egozentrismus für eine Krankheit halte. Unter dem Begriff „Krankheit" verstehe ich nichts anderes als ein Ungleichgewicht im Menschen. Grundsätzlich möchte jedes Ungleichgewicht ausgeglichen werden und strebt zum Gleichgewicht. Das Erreichen des Gleichgewichts ist dann gleichbedeutend mit Heilung.

Extremer Egozentrismus ist nichts anderes als eine totale Kriegserklärung an die Menschheit. Eigentlich wird sogar die bloße Existenz anderer Egos/Menschen negiert bzw. vollkommen ignoriert. Das Leben mit einem extremen Egozentriker ist schlicht und einfach unmöglich. Eine Gesellschaft, die aber mehrheitlich aus Egozentrikern besteht, stellt für mich einen Entwurf für die perfekte Umsetzung einer „Hölle auf Erden" dar und ist zutiefst asozial. Egozentrismus kennt nur ein Prinzip: Wie ein Tumor schafft er sich Lebensraum und verdrängt alles andere. Am Ende steht die Zerstörung der Gesellschaft – so wie auch der Krebs am Ende den ganzen Körper zerstört.

Dieses Kapitel wirkt vermutlich fast schon „religiös" auf Dich. Denke ruhig eine Weile darüber nach. Der Mensch ist ein soziales Wesen, das auf eine (wie auch immer geartete) Gesellschaft angewiesen ist. In der Politik hat fast überall auf der Welt eine Demokratisierung stattgefunden. Im Zuge der Einführung dieses politischen Systems hat sich auch der Gedanke von der Gleichheit aller Menschen verbreitet. In den Köpfen vieler Menschen aber herrscht noch tiefstes Mittelalter. Hier klaffen Anspruch und Wirklichkeit meilenweit auseinander. Eine sehr interessante Frage lautet: Ist Demokratie eigentlich mit Egozentrikern möglich?

Egozentrismus ist für mich der wahre Ausgangspunkt für alle Weltanschauungen, die auf der Ungleichheit der Menschen basieren. Dies hört sich hochtrabend an, aber jeder von uns kennt vollkommen alltägliche Beispiele dafür.

Mein Klient *Martin* ist Besitzer eines Mehrfamilienhauses, das er vermietet. Bei den Mietern handelt es sich fast ausschließlich um ältere Menschen, deshalb handelt es sich um ein eher „ruhiges" Haus. Eine Mieterin ist jedoch alles andere als ruhig. Sie glaubt, dass ihre Mietzahlungen sie von jeder Verantwortung für ihren eigenen Haushalt entbinden. Interessant ist, dass sie ihre Miete nicht aus eigener Tasche zahlt, sondern von amtlicher Seite finanziert bekommt. Eines Abends klingelte bei Martin wieder das Telefon. Es war die besagte Mieterin. *„Herr X., ich brauche eine neue Klobrille!"*, war die Begrüßung. Martin war etwas verwundert, blieb aber freundlich und sagte der Mieterin, dass es im nahegelegenen Baumarkt momentan Klobrillen im Sonderangebot gäbe und ihr Sohn doch eine besorgen könnte. Die Mieterin antwortete: *„Aber deshalb rufe ich doch bei Ihnen an! Bitte kaufen Sie mir eine neue Klobrille und montieren Sie diese auch. Ich zahle ja schließlich sehr viel Geld für die Wohnung."*

Diese Geisteshaltung ist zum einen unglaublich unverschämt, aber gleichzeitig auch ein perfektes Beispiel für egozentrisches Alltagsverhalten. Besonders zu berücksichtigen ist meiner Meinung nach die Tatsache, dass die Mieterin selbst überhaupt keine Miete zahlt und der Mietpreis im örtlichen Vergleich eher niedrig ist. Aber selbst wenn es sich um eine Penthouse-Wohnung in bester Lage handeln würde, sie würde ihren Vermieter vermutlich auch dort nicht dazu bewegen können, solche Dienstleistungen für sie zu übernehmen – zumindest nicht auf diesem aggressiven Weg.

Interessant ist aber die weitere Entwicklung dieses Falles. Zwischen der Mieterin und meinem Klienten Martin sowie den anderen Mietern des Hauses kam es in der weiteren Folge immer öfter zu Reibereien und auch Streitigkeiten. Auf meinen Rat hin gab Martin diesen überzogenen Vorstellungen nicht nach und verwies auf die entsprechenden Regelungen im Mietvertrag. Schritt für Schritt kam es zu einer Verschärfung des Konflikts, der schließlich darin gipfelte, dass die Mieterin wütend auszog. Der Weg der Mieterin führte aber nicht in eine andere Wohnung, sondern in ein Seniorenwohnheim. Doch es kam zu einer unerwarteten Wendung. Einige Monate später bekam Martin den Anruf von einem Bekannten, der auch die ehemalige Mieterin von ihm kannte. Am Ende des Telefonats berichtete der gemeinsame Bekannte, dass die Mieterin sich in ihrer neuen Wohnsituation überhaupt nicht wohlfühle und gerne wieder in eine Wohnung in Martins Haus ziehen würde. Martin berichtete mir dann im Brustton der Überzeugung, dass er von dieser Option eher keinen Gebrauch machen wollte...

Das Muster bleibt immer gleich: Egozentriker selbst haben keinerlei Verpflichtungen, fordern aber völlig überzogene Pflichten von ihrer

Umwelt ein, deshalb bezeichne ich sie als krasse Nehmer. Egozentrismus ist an kein Lebensalter gebunden, natürlich gibt es auch völlig egozentrische junge Menschen. Dies kann man gelegentlich in Familien beobachten, wo Kinder ihre Eltern geradezu instrumentalisieren. Egal, worum es geht, die Bedürfnisse des kleinen Prinzen müssen befriedigt werden. Der Kleine will eine neue Playstation? Natürlich bekommt er sie, völlig egal, wie tiefrot der Kontostand bereits ist. Der „Kleine" ist 18 und will um 4:30 Uhr aus der Disco abgeholt werden, natürlich fährt Papa ihn holen, auch wenn er eine dicke Grippe hat.

Umgekehrt wird selbstverständlich ebenfalls ein Schuh daraus. Ein Dauerbrenner ist das „Muttertier" (ich habe größten Respekt vor Müttern, möchte diesen Ausdruck also nicht auf alle Mütter übertragen wissen), das Zeit seines Lebens Dankbarkeit für die Geburt seiner Kinder bei eben diese einfordert. Nach dem Prinzip: *„Ohne mich wärest Du nicht auf dieser Welt, sei also dankbar."*

Egal, welche Mühen und Schmerzen dieser Vorgang erzeugt hat: Das Kind kann nichts dafür. Doch oftmals ist die Geburt nur der Anfang einer gigantischen Rechnung, die Posten wie „versäumte Karriere/Selbstentfaltung", Spaß, materiellen Verzicht, Freiheit, Lebensglück und Verzicht, Verzicht, Verzicht beinhaltet. Diese Rechnung soll dann von den mittlerweile erwachsenen Kindern beglichen werden, die unter Umständen vielleicht selbst Kinder haben. Aber die Wahrheit lautet: Wir haben uns für unsere Kinder entschieden, und deshalb sind unsere Kinder uns nichts, aber auch überhaupt nichts schuldig. Eltern bleiben aber immer die Eltern ihrer Kinder – egal ob ihnen das gefällt oder nicht.

Unter meinen Klienten und in meinem näheren Umfeld ist mir aber nicht ein einziger Fall bekannt, bei denen sich Kinder trotz eines guten Verhältnisses von ihren Eltern abwenden. Ein gutes Verhältnis kann dazu führen, dass Kinder sich sogar gerne um ihre Eltern kümmern – weil sie es gerne tun. Der Schlüssel dafür liegt in einer Weiterentwicklung. Kinder bleiben zwar immer Kinder, genauso wie Eltern immer

Eltern bleiben – eine Beziehung kann sich aber weiterentwickeln. Das passiert dann, wenn Eltern in ihren Kindern selbstverantwortliche Wesen sehen und diesen auch vertrauen. Selbstverständlich bedarf es in diesem Fall aber der Kinder, die tatsächlich ein selbstverantwortliches Leben führen. Wie man es auch dreht und wendet – Beziehungen sind niemals Einbahnstraßen!

Aus einer anderen Perspektive ist Egozentrismus eine unheilvolle Mischung aus Arroganz und Egoismus. Arroganz ist grundsätzlich gefährlich, wobei eigentlich jeder Mensch eine gesunde Portion Arroganz benötigt, um sich nicht vollkommen verbiegen zu lassen. Das ist der gemeinsame Nenner mit dem Egoismus. Kommen diese beiden Charaktereigenschaften aber zusammen in ungesund hoher Konzentration vor, kann man von Egozentrismus sprechen. Das ist zumindest ein paar Gedanken wert!

Plane Dir bitte 30 Minuten ein, in denen Du nicht gestört wirst. Stelle Dir bitte folgende Frage: Bist Du besser als ein anderer Mensch? Wer ist schlechter als Du? Stimmt das wirklich? Es geht hierbei nicht um die Beherrschung eines Handwerks, einer sportlichen Disziplin oder ob Du besser singen kannst als ein anderer Mensch. Es geht darum, ob Du wertvoller bist als irgendein anderer Mensch. Stelle Dir diese Frage nicht nur oberflächlich, sondern widme Dich ihr voll und ganz.
Ergänzend kannst Du Dir Deine bisherigen Erfolge vor Augen führen (z.B. mit der Liste aus dem anderen Kapitel). Machen Dich diese Erfolge zu einem besseren Menschen als den Obdachlosen um die Ecke?
Frage Dich weiter: Was macht eigentlich den Wert eines Menschen aus? Ist es sein Haus, sein Pferd, seine Pferdepflegerinnen? Oder hat das mit dem Wert eines Menschen vielleicht überhaupt nichts zu tun?

Was ist mit dem Wert eines wirklich erfolgreichen Menschen, wenn dieser plötzlich alles verliert? Sinkt dann auch der Wert dieses Menschen?

Gibt es Dinge, die Dir im Vergleich zu anderen Menschen zustehen? Warum glaubst Du, dass diese Dinge Dir zustehen? Warum sollten sie anderen Menschen nicht zustehen?

Wie sieht es mit Deinen Interessen aus? Setzt Du diese immer durch, oder berücksichtigst Du auch die Interessen Deines Partners? Hat Dein Partner überhaupt Interessen? Wie sehen seine Interessen überhaupt aus, kennst Du diese? Bist Du Dir sicher?

Kapitel 7: Willkommen in der Matrix

Das Gehirn ist ein wirklich interessantes Organ. Es ist so komplex, dass die Wissenschaft es zwar beschreiben kann, aber dennoch nicht wirklich versteht. Wie bereits erwähnt, ist der Verstand im Gehirn beheimatet. Deshalb rechne ich den Verstand als biologische Funktion zur Einheit *Körper* hinzu. Das Gehirn ist im Schädel untergebracht. Im Schädel ist es relativ gut geschützt, bekommt aber keine direkten Informationen von außerhalb. An und für sich kann man sogar sagen, dass das Gehirn ohne seine Sensorik (Nerven) blind und taub ist. Die Situation des Gehirns ist mit der Situation eines militärischen Befehlshabers vergleichbar, der in seinem Bunker tief unter der Erde sitzt. Der Befehlshaber befindet sich unter Tonnen von Erde und umgeben von Stahlbeton in relativer Sicherheit, kann aber gleichzeitig auch nicht selbständig an Informationen aus der Welt „oben" gelangen. Aus diesem Grund liefern Kameras bewegte Bilder, ein Radar überwacht den Luftraum, und Posten funken Statusberichte nach unten. Fällt nun aber eines dieser „Sinnesorgane" aus (oder schlimmer: es wird übernommen bzw. *gehackt*), dann hat der Befehlshaber ein echtes Problem.

Anders als der reale Mensch im Bunker, hat das Gehirn niemals selbst etwas aus der Welt um sich herum wahrgenommen. Alle visuellen Informationen werden von den Augen gesammelt und an das Gehirn weitergeleitet. Das Gehirn empfängt die Daten und verrechnet diese dann, tatsächlich *gesehen* hat das Gehirn aber nichts. Hierbei handelt es sich aber eigentlich um ein doppeltes Paradoxon, denn auch die Augen *sehen* nicht so, wie wir uns das gerne vorstellen. Der Sehnerv übermittelt lediglich Daten, die er vorher gesammelt hat. Die Zusammensetzung der Daten zu einem „Bild" findet dann im Gehirn statt.

Damit gleichen die Sinnesorgane und das Gehirn Blinden, die einen Sonnenuntergang nur vom Hörensagen kennen, aber eifrig darüber diskutieren. Das Gehirn nimmt die Wirklichkeit also keinesfalls direkt, sondern hochgradig indirekt wahr, indem es die Daten der Sinnesorgane *interpretiert*.

Es kommt noch erschwerend hinzu, dass unsere Wahrnehmungsorgane nur sehr begrenzt wahrnehmungsfähig sind. Der Mensch kann nur ein eingeschränktes Spektrum an visuellen Daten wahrnehmen. Einige Tiere können z.B. wesentlich besser „sehen" als der Mensch. Wahrnehmung ist also aufgrund unserer „Hardware" durchaus nicht so einfach, wie man sich das vorstellen könnte.

Doch neben unserer begrenzten Hardware gibt es noch andere Faktoren, die unsere Wahrnehmung dramatisch beeinflussen können. Dies illustriert eine Geschichte, die sich zu den Zeiten der großen Conquistadores, der spanischen Eroberer, ereignet haben soll. Kolumbus ließ seine Flotte vor der Küste Amerikas ankern und ging dann mit einem Beiboot an Land. Obwohl der Strand von vielen Ureinwohnern bevölkert wurde, nahmen diese die Eroberer erst wahr, als diese an Land gingen. Der Grund für die nicht erfolgte Wahrnehmung waren die Schiffe der spanischen Flotte. Die Ureinwohner kannten lediglich Kanus und ahnten nichts von der Existenz von Schiffen in dieser Größe, deshalb blendete eine Art Zensor in ihrem Verstand die visuellen Informationen einfach aus. Die Schiffe der Eroberer überstiegen schlicht und einfach das Vorstellungsvermögen der Indios.

An dieser Stelle drängt sich eine andere Frage geradezu auf: Wenn die Indios die Schiffe der Eroberer nicht wahrnehmen konnten, könnten wir dann überhaupt ein Ufo *erkennen*, wenn wir einmal Besuch bekommen sollten? Oder würde uns der Anblick eines solchen Raumschiffs ebenso überfordern? In diesem Zusammenhang erinnere ich mich sehr gut an die Aufnahmen der ersten amerikanischen Stealthbomber, zeitlich etwa kurz nach dem Ersten Golfkrieg. Als kleiner Junge war ich fasziniert von diesen fremdartigen Flugzeugen und musste mich erst an das Design der Jets gewöhnen, bis ich sie mir vor meinem geistigen Auge vorstellen konnte.

Plakativ ausgedrückt kann man sagen, dass das Gehirn einem sogenannten *Nerd* gleicht, also einem Computer-Freak, der niemals seine Wohnung im Keller verlässt. Ab und an liest er die *Twitter*-Meldungen seiner Freunde und verwurstet diese dann zu Einträgen auf seinem

Blog. Dieser Blog repräsentiert dann nichts anderes als das, was jeder von uns für die *eine*, unumstößliche *Wirklichkeit* hält.

Die meisten Menschen sind nun mit etwa vergleichbarer Hardware (Augen, Ohren, Nase, Gehirn) ausgestattet. Beim letzten Ausrüstungsgegenstand gibt es aber teilweise drastische Unterschiede, bedingt durch Prägung und Nutzung des Gehirns. Ganz klar ausgedrückt: Der Grundaufbau des Gehirns ist bei den meisten Menschen identisch. So findet sich z.B. das *Sehzentrum* bei allen Menschen etwa an der gleichen Stelle. Die Betonung liegt dabei aber auf „etwa". Ebenso können sich die Sehzentren der einzelnen Menschen ganz massiv voneinander unterscheiden, wenn man sich deren Aufbau ansieht. Der eine Mensch hat ein besonders komplex verschaltetes Sehzentrum, sein Nachbar hingegen hat unterdurchschnittlich wenig Vernetzungen von Nervenzellen in diesem Areal. Abgründe tun sich dann aber bei der Interpretation der visuellen Daten auf. Das Gehirn hat bei der Wahrnehmung eine Vorliebe für Muster und Assoziationen. Der Vorrat von erkennbaren Mustern und Metaphern hängt nun aber ganz wesentlich von seiner Prägung und seiner genetischen Disposition ab. Aus diesem Grund können zwei unterschiedliche Menschen das gleiche Bild sehen, es aber gleichzeitig völlig anders wahrnehmen.

Der Mensch ist grundsätzlich unfähig zur objektiven Wahrnehmung der Realität. Aus diesem Grund hat er keinerlei objektive Daten zur Verfügung. Platon hat dieses Dilemma vor mehreren tausend Jahren in seinem „Höhlengleichnis" beschrieben. Wir alle sehen nur die Schatten der Realität in einem flackernden Feuerschein an einer Höhlenwand und interpretieren diese dann als Wirklichkeit.

Eine modernere Variante dieses Sachverhalts ist das *Gehirn im Tank*. In diesem durchaus leicht geschmacklosen Gedankenexperiment geht es um einen skrupellosen Wissenschaftler. Dieser Wissenschaftler narkotisiert ein hilfloses Opfer und entnimmt das Gehirn des Menschen. Das Gehirn landet in einem Behälter, der mit einer Nährstofflösung gefüllt ist. Die Nährstofflösung versorgt das Gehirn mit allen lebensnotwendigen Stoffen und sichert damit sein Überleben. Was dem Gehirn nun aber völlig fehlt, sind Sinneswahrnehmungen. Aus diesem Grund schließt der verrückte Wissenschaftler nun einen Computer an das Gehirn an. Der Computer simuliert nun den Datenfluss der Sensorik (Nerven), und das Gehirn glaubt nun tatsächlich, mit eigenen „Ohren" zu hören und mit eigenen „Augen" zu sehen. Das Gehirn hat genau genommen sogar recht, nur dass die Daten, die es erhält, vollkommen virtuell sind. Die Daten des Computers beschreiben vielleicht einen wunderschönen Strand in der Karibik, und das Gehirn (und somit der Mensch) glaubt sich mit vollkommener Sicherheit dort.

Das Gehirn dümpelt nun also zufrieden im Nährstofftank vor sich hin und wird mit „gefakten", also unechten Daten versorgt. Wenn der Computer mit seinem Simulationsprogramm angemessene Reize generiert, wird das Gehirn niemals etwas von dem faulen Zauber bemerken. Das Gehirn hat sich dann völlig in der *Matrix,* also in der Illusion, verstrickt. Erkennst Du die Analogie zu einer völlig alltäglichen Sache? Genauso ergeht es uns in unseren Träumen: Wir können meist nicht zwischen Traum und Wachzustand unterscheiden. Der Grund dafür ist simpel: Traum und Wirklichkeit sind ebenso irreal wie sie gleichzeitig auch real sind. Hier bietet sich eine weitere Metapher an: Ein Mann schläft und träumt davon, wie ein Schmetterling herumzufliegen. Oder ist es genau anders herum, und der Schmetterling träumt, er sei ein schlafender Mensch?

Kannst Du mit absoluter Sicherheit sagen, dass Dein Gehirn gerade *nicht* in einem Tank schwimmt? Egal wie Deine Antwort ausfällt – jeder Mensch hat die gleiche Kenntnis über die *Wirklichkeit,* denn niemand von uns hat die *Realität* jemals wirklich *direkt* erfahren dürfen. Lediglich der Bioroboter, den wir steuern, hat unmittelbaren Kontakt mit der Wirklichkeit. Dieser Bioroboter ist unsere Hardware, also unser Körper. Hier schließt sich dann der Kreis, und wir stehen wieder, jeder für sich, vor der Frage: *Wer bin ich?*

Du bist Bewusstsein, das eine materielle Erfahrung macht. Materie, also alles Stoffliche, ist letztlich auch nur Energie. Genauer gesagt:

langsam schwingende Energie. Dein Bewusstsein ist die einzige Realität, die Du jemals erfahren wirst. Diese Aussage darf Dich gerne etwas länger beschäftigen, denn sie kann Dein Wertesystem radikal verändern. In Deinem Leben geht es um nichts anderes als Dein Bewusstsein.

Der Volksmund sagt ganz treffend: *„Das letzte Hemd hat keine Taschen.“* Oberflächlich betrachtet kann man diese Aussage als Statement gegen Geiz und Knauserigkeit verstehen. Wenn man aber länger darüber nachdenkt, offenbart dieser Satz echte Weisheit. Im Augenblick unseres Todes sind alle Menschen plötzlich gleich. Egal ob arm oder reich, wir müssen alles zurücklassen. Welchen Sinn macht dann das Streben nach mehr, mehr, mehr? Wenn wir auch nichts Materielles mit ins Jenseits nehmen können, so können wir sehr wohl etwas anderes mitnehmen: unsere Erfahrungen und die daraus resultierenden Entwicklungsschritte. Wie aber sieht der Lebensweg der meisten Menschen aus? Genießen die Menschen ihren Lebensweg, halten sie an besonders schönen Orten an und bestaunen das Wunder, dessen Zeuge sie werden durften? Das genaue Gegenteil ist der Fall! Die meisten Menschen führen ein völlig fremdbestimmtes Leben und machen sich Sorgen über eine ganze Legion von Problemen: Geldmangel, Arbeitslosigkeit, Krieg, Steuern, Mode, Alleinsein, Umweltverschmutzung, Waldsterben, Terrorismus...

Ich möchte Dich ganz konkret fragen: Wann haben sich Sorgen jemals „gelohnt“? Wenn Du Dich um etwas sorgst, was nicht eintritt, dann sind Sorgen Zeitverschwendung. Wenn nun tatsächlich etwas eintritt, worüber Du Dir Sorgen gemacht hast (ohne Taten folgen zu lassen) – dann hatten die Sorgen ebenfalls keinen Sinn. Ich möchte Dich aber noch etwas wachrütteln und stelle Dir eine sehr unanständige Frage. Die Frage hört sich nach der Ausgeburt eines maximal egoistischen Menschen an, denke aber bitte darüber nach:

Was haben die Probleme der Welt eigentlich mit Dir zu tun?

Du hast Deine eigenen Krisenherde in *Deinem* Leben – kümmere Dich darum! Verschwende keine Zeit mehr mit Gedanken und Sorgen über abstrakte Themen, die Du ohnehin nicht beeinflussen kannst. Rufe Dir immer wieder das „Oettinger-Gebet" in Erinnerung: *„Lieber Gott, gib mir den Mut, Dinge zu ändern, die ich ändern kann. Lieber Gott, gib mir die Kraft, Dinge zu ertragen, die ich nicht ändern kann. Lieber Gott, gib mir die Weisheit, zwischen beidem unterscheiden zu können."*

Gelegentlich empfinde ich die Schieflage bei einigen meiner Klienten schon als geradezu grotesk. Ein Klient bedauerte beispielsweise die Lage der Tibeter im heutigen China. Die Tibeter sind dort schweren Repressalien ausgesetzt, dürfen ihre eigene Sprache nicht mehr sprechen und werden unterjocht. Dies ist tatsächlich sehr bedauerlich. Ändert das Bedauern meines Klienten etwas an der Lage der Tibeter? Gleichzeitig befand sich die Beziehung meines Klienten in einer prekären Situation, denn durch sein wenig einfühlsames Wesen bevormundete er seine Frau, wo es nur ging. Um dieses Problem hätte sich mein Klient aktiv kümmern können, vielleicht hätte er es sogar lösen können. Heute kann sich der Mann aussuchen, was er lieber bedauern möchte: Tibet oder seine geschiedene Ehe.

Ich bin mir vollkommen darüber im Klaren, dass diese Denkweise nicht sonderlich populär ist. Mein Job ist und war es aber niemals, zu *gefallen*. Ich möchte Dich zum Nachdenken anregen und sonst nichts!

Das Dilemma der Menschheit ist einfach zu benennen: *Unwissenheit.* Zu viel Wissen soll der Einzelne auch gar nicht besitzen, denn sonst schert er aus der Herde aus und ist somit schwerer zu kontrollieren. Die Beschäftigung mit fremden Themen lenkt die Menschen von ihrem eigenen Leben ab, macht es aber vielleicht auch erträglicher. Auf genau diesem Kniff basiert die Methodik der Herrschaft, wie sie von Politik, Wirtschaft und Kirchen ausgeht.

Aber auch jeder Einzelne zieht seinen Vorteil aus dem Engagement für *abstrakte Probleme*. Sich für eine fremde Sache einzusetzen, „streichelt" das Ego. Gleichzeitig muss man sich dann auch weniger um sein eigenes Leben kümmern, während man sich vergeblich um den Weltfrieden bemüht.

Es soll hier auf gar keinen Fall der Eindruck entstehen, dass ich gegen Werte und Ideale wettere. Mir geht es um die Wirksamkeit der eigenen Handlungen. Der Weltfrieden ist immens wichtig. Wie aber kann der „kleine Mann" tatsächlich etwas dafür tun? Natürlich gibt es Demonstrationen und andere Möglichkeiten, um ein Zeichen zu setzen. Diese Bemühungen sind selbstverständlich sehr ehrenwert und löblich, aber sichern sie den Weltfrieden? Die Straßen eines ganzen Landes sind sauber, wenn jeder vor seiner eigenen Türe kehrt. Wie kann es in diesem Zusammenhang sein, dass gerade Menschen mit hohen Idealen sich sehr oft in Konflikten mit ihren Nächsten befinden? Wer sich wahrhaft für den Weltfrieden einsetzen möchte, sollte bei sich selbst beginnen. Ich wage die kühne Behauptung, dass die nächste Demonstration eine geringere Priorität als die **längst fällige Friedenspfeife mit dem Nachbarn hat.**

Nun habe ich mich bemüht darzustellen, dass der Mensch grundsätzlich überhaupt keine Ahnung von der Realität hat. Unsere Erfahrungen hängen von der Interpretation unseres Gehirns ab. Wenn diese Aussage zutrifft, warum entscheiden sich die meisten Menschen (bzw. deren Gehirne) dann für die negativsten Varianten davon, wie unsere Realität aussehen könnte? Nützt diese Vorgehensweise jemandem?
Wenn das Gehirn nun nichts von der Welt weiß, sondern sich anstelle dessen seine eigene Realität schafft – sind wir dann nicht im Grunde alle *geistesgestört*? Im Grunde würde ich diese Aussage unterschreiben, dass wir bis zu einem gewissen Grad tatsächlich etwas gestört sind. Das ist aber nicht unsere Schuld, sondern die Nebenwirkung unserer Kultur.

Anders als die wirklich krankhaften Fälle halten wir *gesunden* Menschen uns an „Spielregeln". Diese Regeln sind an und für sich völlig beliebig. Wichtig ist nur die breite Akzeptanz dieser Regeln. Je mehr Menschen sich auf gleichartige Regeln einigen, umso mehr *Mitspieler* gibt es. Andere Bezeichnungen für diese Spielregeln sind *Erziehung, Prägung, Konditionierung* oder auch *Glaubenssätze.* Vielleicht fallen Dir noch weitere Synonyme ein?

Ein Beispiel für eine Regel wäre z.B.: *„Es gibt keine größeren Schiffe als Kanus."* Die Spielregeln können jederzeit geändert werden, wenn das Kollektiv dies so entscheidet bzw. dazu bereit ist. Das einzige Kriterium für eine Regel ist der Glaube daran. Der Glaube speist eine Regel mit Energie, stattet sie also mit der nötigen Kraft aus. Dank dem Glauben kann aus einem einzigen Gedanken das Fundament einer Realität werden. Wir erschaffen also unsere Realität durch unsere Überzeugungen. Anders als viele Bücher das versprechen, genügt es nicht für eine „Revision", sich einfach ein paar schöne Gedanken zu machen. Wenn Du also die Realität um Dich herum verändern möchtest, musst Du vor allem Deine Vorstellung davon ändern. Dies ist eine größere Anstrengung, als sich das im ersten Moment anhört und vielleicht die härteste Arbeit der Welt.

Wahre Macht besteht meiner Ansicht nach darin, sogar die Vorstellung anderer Menschen den eigenen Überzeugungen nach auszurichten, indem man es diesen vorlebt. Menschen, die überredet werden, merken den Schwindel irgendwann und gehen früher oder später in Opposition zu den Betrügern. Gleiches gilt in noch stärkerem Maße für Betrug, Täuschungen und offenen Zwang. All das wird Menschen gegen die *Machthaber* aufbringen. Das Ergebnis sind Aufstände, Revolten und letztlich Entmachtung. Die Geschichte ist voll von Beispielen, in denen sich das Volk gegen die Machthaber aufgelehnt hat.

Zufriedene Sklaven sind aber die entschiedensten Gegner der Freiheit. Wer also die hohe Kunst der Manipulation beherrscht, kann wahre und unumschränkte Macht ausüben. Anders als andere Machthaber benötigt der Manipulator auch keine Ämter, keinen Polizeistaat und keine Panzer, sondern nur die Möglichkeit zur effektiven Beeinflussung seiner Zielpersonen. Die wirksamste Manipulation basiert auf der Beeinflussung der Glaubenssätze eines Menschen. Die wenigsten Menschen sind sich ihrer Glaubenssätze bewusst und unterziehen sie auch deshalb keiner genauen Betrachtung. Woher die einzelnen Glaubenssätze tatsächlich stammen, ist außerdem fast unmöglich zu klären. Das nenne ich meisterliche Manipulation.

Über diese Informationen darfst Du gerne auch etwas länger nachdenken, denn leicht verdaulich ist die Sache nicht. Wenn Du jetzt noch weiterliest, möchte ich Dich beglückwünschen, denn viele Menschen machen sich niemals in ihrem Leben solche Gedanken.

Wenn der Mensch also der Schöpfer seiner eigenen Realität ist und ebenfalls die Realität anderer Menschen beeinflussen kann – wer sind wir dann eigentlich wirklich? Diese Frage treibt selbstverständlich seit Beginn des menschlichen Denkens Religionsstifter, Philosophen und Autoren an.

Ich halte den Menschen für ein Wesen mit potentiell gewaltigen Kräften. Diese Kräfte wirken, egal ob sich der Mensch ihrer bewusst ist. Daraus folgt, dass diese Kraft nicht der Kontrolle des Egos unterworfen, sondern einer anderen Instanz untergeordnet ist. Wenn das Ego diese Kräfte kontrollieren könnte, würde einfach alles geschehen, was wir wollen bzw. das Ego *will*. Doch glücklicherweise hat in diesem Punkt eine andere Instanz das Oberkommando, nämlich die Seele. Durch unsere Seelen sind wir alle Teile des Ganzen. In uns allen glimmt ein Funken Göttlichkeit. Analog zum Slogan einer großen deutschen Zeitung zur Wahl eines deutschen Papstes kann man sagen:

„Wir sind Gott!"

Sollte bei diesen Worten etwas in Dir aufschreien, höre bitte genau auf Dein Gefühl. Nimm Dir viel Zeit, und denke lange über meine Aussage nach. Die Wahrheit ist manchmal sehr unbequem, besonders wenn daraus weitreichende Folgen resultieren. Jeder Einzelne von uns trägt Verantwortung für die Welt, in der wir leben. Andere für sich entscheiden zu lassen, ist eine absolut gültige Entscheidung. Das Problem hierbei ist jedoch: Niemand kann die Verantwortung für sein Leben auf eine andere Person übertragen. Wenn Du selbst also die Macht über Dein Leben auf andere Personen überträgst, und diese Person Dein Leben vor die Wand fährt, dann kannst Du nicht die Hände heben und so tun, als wäre es nicht Deine Verantwortung.

Ein Beispiel dafür ist auch der Glaube an gewisse „Wahrheiten", die von der Politik vermittelt werden. Ich denke da auch an das von *Norbert Blüm* gebetsmühlenartig wiederholte Motto: *„Die Rente ist sicher!"* Jeder wirklich interessierte Bürger kann zu dieser „Wahrheit" sehr qualifizierte Gegenmeinungen finden, die sogar jederzeit frei zugänglich sind. Dass die Rente eben nicht sicher ist, sollte aber jedem denkenden Menschen vollkommen klar sein, denn wieso sonst wird jetzt seit Jahren der Abschluss einer zusätzlichen Vorsorge empfohlen, um die sogenannte „Rentenlücke" zu schließen? Allein die Existenz einer Lücke in der Rentenversorgung bedeutet doch, dass die Rente zumindest für zukünftige Rentner keinesfalls sicher ist! Aber auch ohne diese Überlegung sollte jedem Menschen klar sein, dass immer weniger Rentenzahler nicht immer mehr Rentenempfänger finanzieren können – ganz unabhängig davon, ob der Einzelne bereits seine „Schäfchen" im Trockenen hat (und bereits Rentner ist) oder erst in Zukunft Rentner wird. Das System „Rente" ist also keinesfalls sicher. Dennoch *glauben* viele Menschen weiterhin an die Rente, weil sie daran *glauben möchten*. Damit versuchen die Menschen ihre Verantwortung abzugeben. Wenn es dann soweit kommt, dass die Wahrheit vor ihnen steht, kann man ja immer noch auf Mildtätigkeit der Gemeinschaft hoffen. Der Einzelne hat ja nichts falsch gemacht, er hat doch lediglich „geglaubt"...

Die Konsequenz daraus ist aber auch, dass wir damit unsere Macht freiwillig in den Dienst anderer stellen und dazu beitragen, das System zu stabilisieren. Die Menschen hinter dem System können dann mit unserer Macht tun und lassen, was sie möchten. Selbstverständlich kann diese Macht dann auch gegen uns und unsere Interessen eingesetzt werden. Aber das würden gute Hirten doch niemals ihren Schafen antun, oder?

Nun sind wir wieder an dem Punkt angekommen, an dem wir uns über die Schlussfolgerungen Gedanken machen dürfen. Wir haben grundsätzlich keine Ahnung, was wirklich real ist. Zusätzlich lassen wir uns dann noch von Menschen vor ihren Karren spannen, die über ebenso wenig Wissen über das Wesen der Realität verfügen. Im Hinduismus nennt man die äußere Welt *Maya*, was nichts anderes als *Täuschung* bedeutet. Könnte es eine bessere Bezeichnung dafür geben?

Wenn man all den unnötigen Ballast weglassen möchte, dann besteht *Erleuchtung* lediglich aus dem Wissen über den illusionären Charakter der angeblichen Realität. Kurz: Ich weiß, dass ich nichts weiß. Diese Perspektive kann Schwindelgefühle auslösen. In gewisser Weise stellt dies auch eine sehr große *Ent*-Täuschung dar: Der Schein der Illusion wird weggerissen und enthüllt ein vollkommen unbekanntes Terrain.

Diese Erkenntnis hat aber auch etwas ungemein Befreiendes. Denn warum soll man sich eigentlich noch für irgendwas vor den Karren spannen und somit „stressen" lassen? In früheren Jahrhunderten war der Determinismus das herrschende Weltbild. Auf jede Ursache folgte eine entsprechende Wirkung. Das Universum wurde als gigantisches Uhrwerk interpretiert, das vollkommen berechenbar war. Selbstverständlich war dies nur ein Modell, und ab einem bestimmten Grad von Komplexität stürzte das Kartenhaus zusammen. Dennoch ist unsere Gesellschaft auch heute noch von dieser Idee geprägt. Wir setzen uns Ziele und versuchen diese mit (mehr oder weniger) angemessenen Maßnahmen zu erreichen. Erreichen wir die Ziele, hatte das natürlich mit unseren Maßnahmen zu tun, erreichen wir sie nicht – dann haben wir etwas falsch gemacht. In einfachen Systemen ist diese Art zu denken absolut angebracht. Was aber ist mit dem Arbeitnehmer, der 20 Jahre lang fantastische Arbeit leistete, niemals auch nur einen Tag krank war und dann einer Rationalisierungsmaßnahme zum Opfer fällt?

Hier spricht man dann von **pP** – persönlichem Pech. Wenn man genau nachdenkt, stellt dieses Beispiel aber unser Weltbild auf den Kopf. Was ist hier mit Ursache und Wirkung zu erklären? Rein *mechanisch* betrachtet, hat der Arbeitnehmer doch funktioniert und hätte eine bessere Wirkung produzieren müssen.

Leider leben wir eben nicht in einem mechanischen Weltbild. Wir leben mittlerweile in sehr komplexen Systemen, deren Gesetze ein Einzelner kaum noch durchschauen kann. Unglaublich viele Faktoren entscheiden über Sieg oder Niederlage, Aufschwung oder Krise. Die brutale Wahrheit ist, dass die wenigsten dieser Parameter von den Betroffenen selbst überhaupt beeinflusst werden können. Ein schönes Beispiel dafür sind die sogenannten „Youtube-Stars". Das sind ganz normale Menschen, die regelmäßig Videos produzieren und damit Millionen von Internet-Zuschauern begeistern können. Dies ist aber nur ein verschwindend geringer Prozentsatz der Gesamtheit aller Youtube-Nutzer. Was aber ist mit der überwältigenden Mehrheit der Nutzer – mehreren Millionen? Was macht den einen zum „Star", und warum werden die Videos des anderen Nutzers nicht wahrgenommen?

Die Wahrheit lautet: Nichts Genaues weiß man nicht. Es entscheiden Gründe über Popularität, die nicht objektiv messbar sind. Es wird keinesfalls automatisch der Youtube-Nutzer mit den besten und intelligentesten Videos zum Star. Ebenso hat auch die Frequenz und die Anzahl der Videos nichts damit zu tun. Letztlich geht es ausschließlich darum, ob ein Youtube-Nutzer Menschen für sich mobilisieren kann, oder eben nicht. Wie er das macht, bleibt nebulös.

Egal, worum es geht – wer den Hintern nicht hochbekommt, hat von Anfang an verloren. Diese Tatsache kann ich gar nicht deutlich genug betonen. Wenn Du etwas erreichen möchtest, solltest Du Dich also von den Extremen fernhalten – Du darfst nicht der Schlechteste sein, musst aber ebenso wenig der Beste werden. Versuche immer, die goldene Mitte anzupeilen, und mache die Dinge auf Deine eigene, unverwechselbare Art und Weise. Kommt der Erfolg: prima, alles richtig gemacht. Bleibt der Erfolg aus oder Du wirst arbeitslos – hey, Du hattest wenigstens immer genug Energie für die schönen Dinge des bens.

Das mechanische Weltbild basiert selbstverständlich auf den harten Fakten der Taten. Gedanken und Bewusstsein werden darin nicht berücksichtigt. Vielleicht sind aber genau dies die Parameter, die den Unterschied ausmachen können. Nehmen wir unser Beispiel mit dem bedauernswerten Angestellten, der nach 20 Jahren Betriebszugehörigkeit seinen Job verliert. Könnte es sein, dass dieser Verlust doch in seiner Verantwortung liegt? Hat vielleicht seine vorherrschende Mentalität dazu geführt, dass man sich ausgerechnet von ihm trennen musste? Ich behaupte, dass genau das der Grund ist.

Während ich dies schreibe, spüre ich förmlich den aufkeimenden Protest: *„Was, der arme Mann ist selbst schuld?"* Nein, lieber Leser. Ich empfehle Dir herzlichst, die erneute Lektüre des Abschnitts zum Thema „Schuld und Verantwortung".

Unser wahres Potenzial liegt nicht in dem, was oder wie wir es tun. Es geht eigentlich immer nur darum, als wer oder was wir es tun. Handeln wir als Schöpfer oder handeln wir als Opfer?

Was glaubst Du, mit absoluter Sicherheit zu wissen? Ist das wirklich der Fall, kannst Du das mit absoluter Sicherheit sagen? Wenn Du eigentlich nichts über die Realität weißt, wieso bereiten Dir dann manche Informationen so unglaubliches Kopfzerbrechen? Wenn Dein Verstand also eigentlich keine Antworten für Dich bereithält, gibt es dann eine andere Instanz, die Dir beratend zur Seite stehen kann? Was ist mit Deinem Herz? Was ist mit Deiner Seele?

Kapitel 8: Du hast die Macht

Du bist ein wahrhaft mächtiges Wesen, auch wenn Du selbst Dich vielleicht sogar für sehr schwach halten magst. Diese eingebildete Schwäche ist das Ergebnis der andauernden Domestizierung, der wir alle permanent ausgesetzt sind. Uns allen treibt man von den frühesten Kindheitstagen an die Macht aus. Dabei ist es eigentlich immer genau die gleiche Masche:

- Die Religionen vermitteln uns unsere Sündhaftigkeit, deshalb müssen wir vieles tun, um kein Sünder mehr zu sein.
- Die Schulen vermitteln uns unsere Unwissenheit. Wir müssen viel tun, um nicht mehr so unwissend zu sein.
- Die Arbeitgeber vermitteln uns unsere Unproduktivität. Wir müssen viel tun, um nicht mehr so unproduktiv zu sein.

Diese Liste kann beliebig lang fortgesetzt werden. Das System dahinter ist verblüffend einfach: Vermittele einem Menschen das Gefühl der Mangelhaftigkeit, und biete ihm eine vermeintliche Chance, sich durch eine Handlung im Außen zu profilieren. Der Clou an der Sache ist sehr perfide. Das verursachte Problem befindet sich ausschließlich im Inneren einer Person, die angebotene Lösung befindet sich im Außen. Dem Mangel soll also mit einem völlig ungeeigneten Mittel entgegengetreten werden. Damit ähnelt das Prinzip dem Verhalten eines Schiffbrüchigen, der in einem Rettungsboot auf hoher See umhertreibt. Wenn der Durst (Mangelgefühl) zu groß wird, wird der Schiffbrüchige vom Salzwasser des Ozeans trinken (Lösung auf falscher Ebene). Das Salzwasser wird unweigerlich noch mehr Durst verursachen, deshalb trinkt der bedauernswürdige Schiffbrüchige mehr Salzwasser und mehr Salzwasser und mehr Salzwasser... bis zu seinem Tod.

Ist es in diesem Zusammenhang verwunderlich, dass die meisten Chefs gegenüber ihren Mitarbeitern niemals echte Anerkennung zeigen? Echtes Lob und echte Anerkennung würden den Mangel im Mitarbeiter verringern, damit aber gleichzeitig auch den Durst auf Salzwasser (Arbeit, Arbeit, Arbeit). Das wäre doch ungünstig, oder? Ein

Mensch im Mangelbewusstsein ist also deutlich einfacher zu führen als sein selbstbewusstes Gegenstück. Deshalb profitieren viele Instanzen von einer Gesellschaft mit „gebrochenem Rückgrat": Schulen, Arbeitgeber, Kirchen, Politiker...

An dieser Stelle schließen wir nahtlos an das vorangegangene Kapitel an. Es werden Realitäten propagiert, die dann von entsprechend fügsamen Untertanen etabliert werden – ausschließlich dadurch, dass sich der Einzelne für diese Realität entscheidet. Damit dieser Prozess funktionieren kann, muss ein wesentliches Kriterium erfüllt werden: Der Einzelne muss die Autoritäten im Außen höher einschätzen als seine eigene Autorität. Solange der „kleine Mann" also glaubt, dass es irgendwo gigantische Denkfabriken voll mit Experten gibt, die immer den absoluten Durchblick haben, ist für die Realitätenerzeuger alles in bester Ordnung. Die traurige Wahrheit lautet aber: Es gibt leider nur sehr wenige Genies, die tatsächlich über das nötige Knowhow verfügen, das es ihnen erlaubt, die Dinge wirklich zu durchdenken und auf dieser Basis dann Empfehlungen auszusprechen. Die breite Masse gibt ihre Macht nun aber an die vermeintlich qualifizierten Personen und Institutionen ab, und lässt sich dafür dann im Gegenzug die eigene Mangelhaftigkeit suggerieren.

Die intelligentesten Wissenschaftler haben im besten Fall eine nur vage Vorstellung von dem, was wir *Realität* nennen. Die Elite dieser Wissenschaftler ist sich dessen bewusst, dass ihre Vorstellung tatsächlich nur eine grobe Annäherung an die tatsächliche Struktur der Wirklichkeit darstellt. Diese Annäherung wird dann in den Nachrichten selbstverständlich als Wahrheit dargestellt. Auf diese Weise werden die Nachrichten zu einem erstklassigen Führungsinstrument, wo sich der Einzelne *nach-richten kann*.

Umso verwunderlicher ist da doch die Tatsache, dass der normale Mensch eine sehr fixe Vorstellung vom Wesen der Realität hat. Die Realität ist einfach das, was ist. Meist ist nur das wirklich real, was man mit eigenen Augen gesehen hat, oder besser noch, was man anfassen kann.

Der naive Realist sieht die Welt als eine Art gigantisches Uhrwerk, also als etwas völlig Berechenbares. Diese Vorstellung enthält nun nicht den wesentlichen Faktor, den wir vorhin als „Macht" bezeichnet haben, denn Zahnräder sind machtlos.

Wie bereits erwähnt, wohnt diese Macht jedem Menschen inne. Jeder Mensch ist in großem Umfang an der Konstruktion der Realität beteiligt, eben durch seine grundlegenden Überzeugungen. Es gibt keine „einfachen" oder „normalen" Menschen. Jeder Mensch ist hochgradig spirituell und verfügt über etwas, was man mit dem Begriff „Zauberkraft" beschreiben kann. Harry Potter, fliegende Besen oder weiße Kaninchen haben aber damit nichts zu tun. Die Filmreihe „Matrix" (vor allem der erste Teil) liefert hingegen für unsere Zwecke eine sehr zweckmäßige Grundlage.

Weiter oben habe ich bereits das *Gehirn-im-Tank*-Dilemma erläutert. Für unsere Überlegung spielt es auch keine Rolle, ob unser Gehirn tatsächlich in einem Tank schwimmt oder ob es sich in unserem Kopf befindet. Wichtig ist ausschließlich die Tatsache, dass unsere Gehirne die Welt immer auf der Basis *externer* Daten interpretieren und erschaffen. Die *Welt*, die *Wirklichkeit* oder wie wir das *Außen* nennen wollen, ist nicht so grobstofflich, wie manche Menschen das gerne hätten. Die Elektronen Deiner Sitzunterlage umkreisen ihre Atomkerne in geradezu grotesk großer Entfernung. Wenn wir uns einen Atomkern in der Größe eines Fußballs vorstellen, würde der äußerste Punkt der Umlaufbahn eines zugehörigen Elektrons zirka 25 Kilometer entfernt sein.

Mit den Erkenntnissen der Quantenphysik verabschiedet sich die Physik langsam aber sicher vom grobstofflichen und mechanischen Weltbild. Dennoch ist dieses Weltbild in den Köpfen der meisten „normalen" Menschen nach wie vor fest einzementiert. Die Welt um uns herum ist in letzter Instanz nichts anderes als vollkommen abstrakte Energie. Ich nenne diese Energie absichtlich *abstrakt*, da sie von Natur aus nichts entspricht, was wir uns vorstellen können. Erst unser Gehirn konstruiert aus dieser energetischen Ursubstanz die Welt, die wir kennen. Letztlich ist *alles* Energie, auch unsere Körper. Am Ende dieser

Betrachtung steht dann zwangsläufig die Beschäftigung mit den Themen *Sein, Seele* und *Bewusstsein* – den einzig wirklich *realen* Themen unseres Lebens.

Ich halte es nach all diesen Überlegungen für völlig aberwitzig zu glauben, dass unser Bewusstsein und unser Geist keinen Einfluss auf unser Leben haben. Ein sehr populäres Beispiel für diese These ist auch das *Doppelspalt-Experiment*. Dieses Experiment wurde schon vielfach bis zur Erschöpfung überstrapaziert, deshalb möchte ich mich auf das Ergebnis davon beschränken. Die Quintessenz lautet: Der *Untersucher* dieses Experiments ist *Teil* des *Experiments*. Genauer gesagt, ist seine *Erwartungshaltung* sogar maßgeblich für das Endergebnis des Experiments. Wenn der Untersucher erwartet, Wellen vorzufinden, findet er Wellen. Sucht der Forscher nach Partikeln, findet er Partikel. Wer suchet, der findet, was er finden will. Wenn man diese Erkenntnis auf andere Bereiche, z.B. auf Statistiken überträgt, dann kann einem schon leicht schwindelig werden.

Da ich kein Theoretiker bin, interessiert mich dabei das *Wie* deutlich mehr als das *Warum*. Wenn das Außen, also die Welt um uns herum, tatsächlich lediglich aus Illusionen besteht, die unser Gehirn erschafft – wie kann ein Mensch nun sozusagen die Matrix *hacken* und somit ändern?

Hier bieten sich zwei sehr interessante Prinzipien an, die nahezu jeder Mensch meist ebenso völlig unwissentlich nutzt, wie er auch seine Realität erschafft: der *Placebo-* und der *Nocebo-Effekt*. Viele Menschen können sich unter dem Begriff „Placebo" durchaus etwas vorstellen. Anstelle z.B. eines Schmerzmittels bekommt ein Patient unwissentlich eine Tablette, die keinen Wirkstoff enthält. Eigentlich dürfte diese Tablette also keine Wirkung haben. Dennoch spürt der Patient nach der Einnahme des *Placebos* eine deutliche Linderung seiner Beschwerden. Die Tablette *hatte* also eine Wirkung. Der enthaltene Wirkstoff ist das stärkste Medikament der Welt: der *Glaube*. Durch den Glauben des Patienten wurde die wirkungslose Zuckerpille zu einem hochwirksamen Schmerzmittel. Viele Menschen glauben, dass diese Wirkung aber nur etwa bei psychiatrischen Patienten auftritt. Dies ist aber ein Irrglaube – die Wirkung tritt ebenfalls bei geistig völlig gesunden Menschen auf. Die Wirkung ist lediglich vom Glauben des Patienten an das Medikament abhängig.

Beim *Nocebo* handelt es sich um das gleiche Prinzip, das aber ins Gegenteil verkehrt wird. Ein schönes Beispiel dafür ist die Packungsbeilage eines Medikaments, der sogenannte Waschzettel. Manche Menschen nehmen jahrelang ein Medikament. Aus irgendeinem Grund studieren sie dann irgendwann akribisch die Packungsbeilage, besonders den Teil über die Nebenwirkungen. Selbstverständlich stellen sich dann auch prompt einige der beschriebenen Nebenwirkungen ein. Das Problem hierbei ist identisch mit dem Vorteil des *Placebos*: Der Auslöser für die Wirkung ist geistiger Natur, die Wirkung ist jedoch absolut real und messbar. Die Placebo- und Noceboeffekte sind perfekte Hinweise auf das, was man landläufig auch als „Kraft der Gedanken" bezeichnet.

Wenn wir das zuvor beschriebene Weltbild (Materie existiert eigentlich nicht, alles ist Energie) als Basis benutzen, wieso sollte dann auch unsere Gedankenenergie wirkungs- und nutzlos im Nichts verpuffen? Für mich lautet die Frage hier also keinesfalls, *ob* ein Mensch über Schöpferkraft verfügt. Viel eher lautet die Frage: *Wie kann jeder Einzelne seine Schöpferkraft sinnvoll einsetzen?*

Gehen wir deshalb erneut zum Thema *Placebo* zurück. Hier spielt der Glaube eine ganz wesentliche Rolle. Der Patient glaubt sowohl an die Tablette (die ohne sein Wissen keinen Wirkstoff enthält) als auch an den Arzt, der ihm das vorgebliche Medikament verschreibt. Gleiches gilt für die Aussagekraft des Beipackzettels. Aus dem Glauben resultiert dann die Gewissheit, dass durch das Medikament eine Besserung eintreten wird. Aus genau diesem Glauben resultiert dann auch eine entsprechende Wirkung. Der Begriff *Glaube* ist uns vor allem im Zusammenhang mit Religion geläufig. Der Glaube an Gott ist für unsere Betrachtung ein gutes Beispiel, wie Glaube grundsätzlich funktioniert. Kein heutiger Mensch hat Gott jemals gesehen, berührt oder wie auch immer sonst wahrgenommen. Dennoch gibt es Milliarden Menschen auf diesem Planeten, die an einen Gott (egal wie die jeweilige Version davon aussehen mag) *glauben*. Dieser Glaube gibt den einen Menschen Kraft, um ihren Alltag zu meistern, andere finden darin Halt in Notsituationen, und wieder andere werden davon zu Spitzenleistungen motiviert.

Nahezu jede Religion besitzt ihren eigenen theoretischen Unterbau. Bekannte Variationen sind: Bibel, Thora, Koran, Veden usw.. Dieser theoretische Teil dient vor allem dazu, den Verstand der Menschen im Sinne der Religion zu „formatieren". Gleichnisse, Gebete und Gebote stellen somit den Werkzeugkasten der Gläubigen dar, damit diese auch konkrete Handlungsvorschriften zur Hand haben. Auf diese Weise ist dann auch die linke Gehirnhälfte mit genug Futter für rationale Denkspiele versorgt. Gleichzeitig bietet die Theorie des Glaubens ein Fundament für die Liturgie, den Gottesdienst und die übrigen Rituale. Diese praktische Religionsausübung bezieht nun alle Sinne mit ein, bietet viel symbolischen/bildhaften Inhalt und beschäftigt somit die rechte Gehirnhälfte.

Bevor aber der Prozess *Glaube* gestartet werden kann, bedarf es des Entschlusses, glauben zu *wollen*. Die Gründe für diesen Entschluss mögen rationaler oder irrationaler Natur sein, auf die Stärke des späteren Glaubens hat dies jedoch keinen Einfluss. Wird einmal der Entschluss getroffen zu glauben, können die beiden Gehirnhälften durch die bereits erwähnten wirkungsvollen Stimulanztechniken (Theorie und Praxis) miteinander synchronisiert werden.

Ähnlich verhält es sich im Kopf eines Kunden, der bereits den Wunsch zum Kauf verspürt. Das Produkt hat den Kunden auf einer Ebene bereits überzeugt. Unwissentlich ist bereits die Kaufentscheidung gefallen. Nun müssen nur noch befriedigende rationale Gründe nachgeliefert werden, damit der Kunde auch tatsächlich kauft. Aus genau diesem Grund verweise ich auch immer wieder auf die großen Fragen des Lebens, denn aus Deinen Antworten kannst Du Rückschlüsse auf Deine verborgensten Überzeugungen ziehen. Und gerade diese Überzeugungen sind es, die ein Höchstmaß an Schöpferkraft enthalten. Somit kannst Du Deine Überzeugungen auch als Fundamente Deiner Realität ansehen. Die Überzeugungen sind die machtvollen Generatoren Deiner Schöpferkraft, und deshalb lohnt es sich, gerade dort genau hinzusehen. Egal, was Du glaubst und wovon Du überzeugt bist – Du wirst damit recht behalten. Du kannst an Deine Rolle als Schöpfer glauben, und dies wird eine entsprechende Wirkung auf Dein Leben haben. Du darfst aber ebenfalls das genaue Gegenteil glauben und im Anschluss dann mit den Konsequenzen leben. Wie auch immer, es ist Deine Wahl!

Wie bereits erwähnt, halte ich den Menschen für ein potentiell sehr mächtiges Wesen. Jeder von uns ist mit einer Art Zauberkraft ausgestattet, dank derer er die *Matrix* „umprogrammieren" kann. Ich möchte meine Sichtweise aber zu anderen Perspektiven abgrenzen. Ich halte es nicht für möglich, dass sich jemand lediglich „reich denkt". Ebenso kann sich niemand „arm denken". Einige Autoren beschreiben diesen Sachverhalt exakt auf diese Weise. Meiner Meinung nach ist dieser Sachverhalt aber deutlich komplexer. Der Denkvorgang ist nur das erste Glied in einer Kette. Aus dem Denken entspringen Gefühle. Aus den Gedanken heraus entstehen Handlungen. Aus den Handlungen entstehen Ergebnisse.

Napoleon Hill schrieb Anfang des letzten Jahrhunderts: *„Denke nach und werde reich"*, und erschuf damit einen weltweiten Bestseller. Das Buch ist auch heute noch sehr erfolgreich, und auch in meinem Regal steht ein Exemplar davon. Ich mag dieses Buch sehr gerne, denn es besitzt eine wunderbar motivierende Kraft. Aber genau *das* ist auch gleichzeitig das Problem. Als das Buch vor vielen Jahren erschien, veranstaltete Napoleon Hill Lesungen. Eine dieser Lesungen fand in einer Buchhandlung statt. In dieser Buchhandlung tauchte plötzlich der Automobil-Tycoon Henry Ford auf und wurde sofort mit Napoleon Hill bekannt gemacht. Im Zuge dieses Treffens wollte Hill dann ein Exemplar seines Buches an Ford verschenken. Ford schaute sich den Titel an und fragte Hill dann unvermittelt, ob er mit dem Bus oder mit dem Auto gekommen sei. Napoleon Hill antwortete, er sei mit dem

Bus gekommen. Ford gab dem Autor das Buch zurück und sagte, er nähme es gerne an, wenn sich Hill ein Auto in seiner Garage *erdacht* hätte.

Der Industrielle Ford hatte den Titel des Buches „*Denke nach und werde reich*" wörtlich aufgefasst. Hill meldete sich nie mehr bei Ford, obwohl er sich mit den Tantiemen aus seinem Buch sicherlich eine ganze Wagenflotte hätte leisten können. Die Forderung mit dem erdachten Auto konnte Napoleon Hill jedoch niemals erbringen. Anders als der Autor suchte der Industrielle aber weiterhin den Kontakt und rief regelmäßig bei diesem an. Bei diesen Telefonaten erkundigte sich Ford immer wieder, wie es um die Produktion des erdachten Autos stand. Gleichzeitig erinnerte Ford den Autor an seine Bringschuld hinsichtlich der Leser des Buches. Wenn Hill keine Bestätigung des Buchtitels gelingen würde, sei das ja eigentlich nichts anderes als Betrug an den Armen.

Die Historiker sind sich einig darüber, dass Henry Ford im fortgeschrittenen Alter ein ziemlich schräger Vogel gewesen sein muss. Aber deshalb hatte er in diesem Fall nicht weniger recht...

Ich persönlich habe eine Vorliebe für Querköpfe und kritische Menschen, solange sie sich an die Regeln der Fairness halten. Selbstverständlich sollten sich diese Wesenszüge nicht zu stark ausprägen, denn sonst verlieren sich alle daraus resultierenden Vorteile und verkehren sich ins Gegenteil. Henry Ford war aber kein versnobter oder weltfremder Zeitgenosse. Ford stammte aus ärmlichen Verhältnissen und erschuf einen Automobilgiganten, der auch heute noch existiert. Der Autobauer musste den Titel von Napoleon Hills Buch geradezu als Provokation aufgefasst haben, nach all der realen Arbeit, die er hatte leisten müssen.

Ganz formal hat Henry Ford natürlich recht. Der Buchtitel suggeriert, dass nur „das richtige Denken" nötig ist, um reich zu werden. Hätte Ford das Buch ganz gelesen, wäre sein Urteil vielleicht positiver ausgefallen, denn Hill vermittelt durchaus auch die unbedingte Notwendigkeit von weiteren Konsequenzen als „nur" dem Denken.

Manchmal kann man über die Ironie des Lebens nur noch herzhaft lachen. Der nüchterne Henry Ford wird heute nämlich sehr gerne als Stichwortgeber für Bücher ausgewählt, die sich ganz explizit mit dem *Positiven Denken* beschäftigen. Wenn Henry Ford das mitbekommen würde, würde er sich vermutlich in seinem Grabe herumdrehen. Aber die Wirklichkeit ist selbstverständlich immer sehr viel komplexer, als dies den Anschein hat. Henry Ford ist für mich ein leuchtendes Vorbild für den praktischen Umgang mit der Thematik, mit der sich auch dieses Buch beschäftigt. Anders als rein „spirituelle" Denker vereinigte Ford spirituelle mit materiellen Ansätzen. Genau *das* macht Henry Ford für mich zum Vorbild in der Kunst des Denkens.

Wie ich bereits erwähnt habe, ist die stark motivierende Kraft des Bestsellers von Napoleon Hill sein großer Vorteil, gleichzeitig aber auch sein Nachteil. Wenn schon ein „Fuchs" wie Henry Ford den Buchtitel falsch interpretiert, dann kann es garantiert auch Menschen geben, die Fords Vorwurf tatsächlich als Glaubenssatz aufgreifen und ihr Leben danach ausrichten. Dem aufmerksamen Leser ist ein großer Motivationsschub bei der Lektüre sicher. Dies ist sozusagen die große Leistung von Napoleon Hill. Das Buch pusht, es motiviert – aber losgehen muss jeder Einzelne selbst. Ohne das Losgehen ist das Buch nur eine kuschelige Beschäftigung auf dem Sofa. Und genau hier liegt der „Hase im Pfeffer". Kein Buch, kein Seminar, kein Coach kann Deinen Weg für Dich gehen – das musst Du ganz alleine tun. Der Wert eines Buches oder eines Trainers besteht darin, Dich auf Deine eigene Verantwortung hinzuweisen und Dich dazu zu befähigen, dass Du sie Dir wieder zurückholst. Auf diese Weise ermächtigst Du Dich selbst wieder zu dem machtvollen Schöpfer, der Du sein *kannst* und als der Du geplant wurdest.

Die einfachste Formel, um Dein Leben radikal zu verändern kann so formuliert werden:

 Konditionierung + [Gedanken → Gefühle → Entscheidungen] + Aktivität = **RESULTATE**

Schon Goethe wusste, dass jede Theorie „grau" ist. Ich höre schon die ultra-spirituellen Leser dieses Buches aufschreien: *„Tun?! Es geht doch um das Sein!"* Nun, das ist richtig und falsch! Um es in der Weise unseres alten Bekannten Henry Ford zu sagen: *„Wer mir einen nigelnagelneuen Porsche nur durch das individuelle Sein manifestieren kann, möge hervortreten, und ich nehme alles zurück!"* Selbstverständlich geht es um das Sein, also den Bewusstseinszustand, der in uns vorherrscht und der unser Verhalten prägt. Wir sind spirituelle Wesen, die eine materielle Erfahrung machen. Warum aber sollten wir nicht unseren Körper als „Schwingungstransformator" zur Umwandlung unseres Bewusstseinszustandes in Materie (durch Arbeit) nutzen? Wäre das zu profan?

Menschen, die auf solche Art denken, frage ich sehr gerne, wann sie denn mit Sex aufgehört haben. Denn um was handelt es sich sonst bei (gutem) Sex? Inkarnation bedeutet nichts anderes als „ins Fleisch zu gehen". Warum also sollten wir unseren *Bioroboter* nicht nutzen?

Jedes Lieschen Müller und jeder Otto Normalverbraucher hat eine unglaublich große Macht. Die meisten „normalen" Menschen ahnen aber überhaupt nichts davon und geben ihre ganze Kraft an Dritte ab. Ein in Deutschland sehr gepflegtes Ritual sind die Fernsehnachrichten. Allabendlich schauen sich Millionen Deutsche die Nachrichtensendungen an. Dieses Ritual bekommen wir schon in den Schulen vermittelt – nur ein informierter Bürger ist ein guter Bürger. Wenn man schon nicht eine Tageszeitung liest, dann sollte man aber bitte definitiv seriöse Nachrichten sehen.

Ich möchte den Sachverhalt gerne an der Finanzkrise, die 2008/2009 begann, illustrieren. Im Grunde stammen alle Beiträge zu dieser Thematik von Ökonomen. Diese Menschen sind sicherlich hochintelligent und beschäftigen sich mit Fakten, von deren Existenz ich nicht einmal weiß. Fakt ist aber: Sämtliche Ökonomen haben die Entstehung der Finanzkrise nicht bemerkt. Sogar als die ersten Symptome auftraten, sprach lange Zeit niemand von einer Krise. Erst, als sich die Symptome verschlimmerten, kam das Schlagwort „Finanzkrise" auf. Das bedeutet nichts anderes, als dass diese Experten in ihrer Funktion völlig versagt haben. Sozusagen als Ausgleich waren sie dann an der Produktion ausschweifender Berichte und Artikel beteiligt, die die Konsequenzen der Finanzkrise in den düstersten Farben ausmalten. Mit diesen Berichten wurden die Gehirne der deutschen Fernsehzuschauer gefüttert und überall war nur noch von Krise die Rede. Diese Experten haben also zuerst nicht funktioniert und haben dann dazu beigetragen, dass sich der Einzelne als Opfer der globalen Finanzmärkte sah. Was für eine unheilige Allianz...

Ist Dir vielleicht aufgefallen, dass niemand je wirklich das „Ende" der Finanzkrise ausgerufen hat? Aber Moment – etwas ohne Anfang und ohne Ende –, existiert das überhaupt wirklich? Wie war das noch mal mit der Realitätserzeugung? Für mich ist die „Finanzkrise" nichts anderes als eine große Vogelscheuche. Monatelang hat das Thema die Medien und damit das Denken dominiert. Was für einen Effekt hatte das? Hat dieses mediale Trommelfeuer irgendetwas erreicht?

Ich möchte Dich ganz direkt ansprechen: Hast Du tatsächlich etwas von einer Krise gespürt? Sicherlich – einige meiner Klienten berichteten mir von einer veränderten Auftragslage und auch von Kurzarbeitszeiten. Aber ich bitte Dich – wann gab es jemals eine Wirtschaftslage ohne Zyklen der Konjunktur und Zyklen der Rezession? Dieses Marktverhalten ist völlig normal. So funktioniert Wirtschaft. Ähnlich verrückt wäre es, wenn die Medien plötzlich von einer „Klimakrise" sprechen, wenn im November draußen die Temperaturen „plötzlich" auf den Gefrierpunkt sinken.

Aber dies ist ja das nächste Schockthema: der Klimawandel. Jahrelang haute man den Menschen den verantwortungslosen Umgang mit Energiereserven als Ursache für die „Klimakatastrophe" um die Ohren. Langsam bröckelt diese These aber, und es zeichnet sich ab, dass auch hinter dem Klimawandel ein vollkommen natürlicher Zyklus stehen könnte. Dumm gelaufen...

Bei diesen und ähnlichen Beispielen handelt es sich meiner Meinung nach nur um die sprichwörtliche *„nächste Sau, die durchs Dorf getrieben wird"*. Information dient immer auch dem „in Formation" bringen. Du sollst in Deinem Verhalten beeinflusst werden. Wenn Du ein aufmerksamer Nachrichtenkonsument bist, möchte ich Dich ganz konkret fragen: Welchen konkreten Nutzen ziehst Du aus den Nachrichten? Ich selbst habe jahrelang sehr intensiv Nachrichten in jeglicher Form konsumiert. Ich hatte keinerlei Nutzen davon und sehe dies nur noch als wertlose Information an. Informationen, die mich etwas angehen, finde ich nicht in den Nachrichten, denn Informationen in den Nachrichten gehen mich meist nichts an. Kann es sein, dass uns diese Informationen nicht informieren sollen, sondern wir uns vielmehr *nach* ihnen *richten*, also ein Weltbild in diesem Sinne bilden sollen?

Dies ist aber auch zum Teil dem skizzierten „Expertenproblem" zuzuschreiben. Bei allem Respekt – ich habe den Glauben an diese Art Autoritäten vollkommen verloren. Meiner Meinung nach existieren diese Herrschaften nur noch aus einem Grund: um ihre Existenz zu rechtfertigen, aus purem Selbstzweck.

An anderer Stelle habe ich bereits über den zusätzlichen Aspekt der absichtlichen Beeinflussung der Menschen gesprochen. Wenn also keine Informationen enthalten sind, warum sollte man sich dann zudem auch noch vor den Karren anderer sperren lassen, um deren Interessen zu dienen? Wenn also die nächste „Sau" aus ihrem Stall gelassen wird, schalte einfach ab, blättere weg oder entspanne Dich einfach. Du bist die einzige Autorität in Deinem Leben, denn nur Du allein trägst die Konsequenzen für Dein Verhalten. Deshalb hole Dir die Macht zurück, und werde Dein eigener Experte für Dein Leben!

Hast Du Dir einmal wirklich Gedanken darüber gemacht, an was für eine Art Realität Du glaubst? Seit wann glaubst Du an diese Vorstellung? Ist diese Realität wirklich real? Bietet Dir diese Vorstellung ausschließlich Vorteile? Wenn es Nachteile für Dich gibt, wer profitiert dann davon? Wie sähe eine Realität aus, die Dir

mehr Vorteile bietet? Fühlst Du Dich als Macher oder als Opfer? Kannst Du Dir vorstellen, dass Du einen großen Anteil an der Kreation Deiner Lebensrealität trägst? Könntest Du ein wahrer Realitätenerzeuger sein? Wie würde sich das anfühlen?

Kapitel 9: Ein Leben als Illuminat?

Gerade im Jahr 2012 ging es wieder um große Themen: Polsprung, Weltuntergang, Bewusstseinstransformation, Eurocrash und ähnliche Theorien geisterten durch die Köpfe der Menschen. Kurz vor dem Jahrtausendwechsel war es ähnlich. Damals sorgte das „Jahr-2000-Problem" (Y2K) für Angst und Schrecken. Computer wurden in Windeseile modernisiert. Konnten *alte* Computer mit der Datumsumstellung klarkommen? Stand gar der totale Crash unserer Gesellschaft bevor?

Die Hysterie brachte vor allem Aufträge für die angeschlagene IT-Industrie, und mir ist kein einziger Fall bekannt, in dem es zu ernsthaften Problemen kam. Ein Grund für die kürzliche „2012"-Endzeitstimmung ist vor allem der Maya-Kalender. Experten stritten sich, ob der Kalender am 21.12.2012 enden oder ob der Kalender ab diesem Tag einfach wieder von vorne beginnen würde. Ebenso war von einer gigantischen, galaktischen Sternenkonstellation die Rede, die mysteriöse Kräfte entfachen sollte, die dann das ganze Sonnensystem betreffen würden. Zeitgleich meldete sich der bekannte Schweizer Bestseller-Autor *Erich von Däniken* zu Wort. Seiner Meinung nach sollten just am 21.12.2012 erneut Außerirdische die Erde besuchen.

Es gab aber auch bereits einen Plan B, falls einfach Nichts passierte. In diesem Fall lag dann einfach ein *„Kalenderproblem"* vor. Dann bietet sich jedes der nächsten 20 Jahre als neues Crashjahr an...

Mit dem „negativen" Jahr 2012 wurde also vorrangig Angst erzeugt – weniger von den Buchautoren zur Thematik als von Hollywood und den Boulevardblättern, die diese grundsätzlich interessante Thematik aus dem Zusammenhang rissen, um ihre Auflagen- bzw. ihre Kinobesucherzahlen zu steigern. Mit Angst kann man ganz exzellente Geschäfte machen, was nicht zuletzt die guten Verkaufszahlen von sogenannten „Feldmahlzeiten", Gasmasken und anderen Gütern aus Armeebeständen belegen. Während ich diese Zeilen schreibe, ist das Jahr 2013 bereits verstrichen, und viele Menschen meinen, es sei nichts passiert – also war das alles nur Kokolores? Aber ist wirklich nichts passiert? Die Realität hat die Sensationspresse erneut Lügen gestraft. Aber die seriösen Autoren und die Maya selbst, um die es schließlich hier gehen soll, haben niemals etwas Derartiges vorausgesagt. Diese ernstzunehmenden Quellen haben vom Ende einer Epoche und einem Paradigmenwechsel berichtet, der mit Umbrüchen einhergeht. Und genau das ist auch geschehen – im Inneren, wie im Außen. Die Welt gerät aus den Fugen, und vor allem spüren Millionen von Menschen, dass irgendetwas *anders* geworden ist. Diese Menschen sind plötzlich unzufrieden, wechseln den Beruf, den Partner, brechen aus ihrem bisherigen Leben und Umfeld aus, verspüren Unruhe und das Gefühl, dass ihr Leben so nicht weitergehen kann.

Es gab aber leider auch sogenannte „Weltuntergangsapokalyptiker" – vor allem in den USA –, die diese Thematik ebenfalls für ihre Zwecke verwendeten. Unter diesem Deckmantel brachten sie ihre missionarische Botschaft unter die Leute und warben für sich, so wie es die Zeugen Jehovas seit einem Jahrhundert tun... Deren Untergangsphantasien sind nicht eingetreten. Diese Leute verweisen nun auf ein ominöses Kalenderproblem – der Weltuntergang hat sich also nur etwas verschoben. Das sind die Rattenfänger, die weder von den Mayas, noch von wahrer Spiritualität eine Ahnung haben. Dieses Verhalten erinnert mich an einen Witz, den ich als Kind oft gehört habe. Ich wuchs im Rheinland auf, und dort soll es im Siebengebirge eine Wirtschaft gegeben haben, die ein Schild an der Außenwand angebracht hatte. Auf diesem Schild stand: „*Morgen Freibier!*" Der Leser dieses Schilds kam dann am folgenden Tag und freute sich auf das angekündigte Freibier. Jedoch nur so lange, bis der Wirt die Rechnung präsentierte. Bei Rückfragen deutete der Wirt nur auf das Schild „*Morgen* Freibier!" Dieses ominöse „morgen" trat nie ein. Auch der Volksmund hat eine Weisheit geprägt, die exakt auf demselben Prinzip basiert: „*Morgen, morgen – nur nicht heute, sagen alle faulen Leute.*" Unser Leben findet aber *jetzt* statt.

Es gibt tatsächlich Menschen mit übersinnlichen Fähigkeiten, davon habe ich mich bereits mehrfach selbst überzeugen können. Meine Meinung ist aber, dass wohl kaum jemand die eine, wirklich exakte Zukunft kennt. Vielleicht kann ein Mensch einen Blick auf eine mögliche Zukunft erhaschen – ob diese dann auch eintritt, hängt davon ab, ob wir unser Denken, Handeln sowie unsere Entscheidungen und somit auch unser Schicksal ändern.

Zwischen den einzelnen Horrorszenarien konnte man aber auch auf völlig andere Theorien stoßen. Bei vielen dieser Theorien gab es immer einen gemeinsamen Nenner: die *Illuminaten*. Der Mythos um die Illuminaten ist viel älter als Dan Browns Bestseller *Illuminati*. Bei den Illuminaten handelt es sich um einen Geheimbund, der zur Zeit der Aufklärung in Bayern gegründet wurde und die Weltherrschaft – die Neue Weltordnung – anstrebte. Dies ist ein Fakt und historisch absolut belegbar. (Es wurde ein Kurier der Illuminaten vom Blitz getroffen, der ein Dokument bei sich trug, das diesen Plan offenbarte.)

Es gibt jedoch Berichte, die belegen, dass die Illuminaten aber noch viel älter sind und bereits im alten Babylon als „Bruderschaft der Schlange" existiert haben sollen. Die babylonische Bruderschaft der Schlange soll eine Vereinigung gewesen sein, die mit den sumerischen „Göttern" in Verbindung stand, ähnlich wie die Israeliten unter Moses und Henoch, die laut A.T. mit Jahwe und den Nephilim Kontakt pflegten und von diesen angeblich unterrichtet wurden. Diese „Götter" kamen angeblich zur Erde, um hier Rohstoffe abzubauen, wozu sie den *Homo sapiens* züchteten – eine Mischung aus Neandertaler und den Göttern –, der für sie als Sklave Gold und andere Rohstoffe abbauen sollte. Die Götter verließen die Erde wieder, ließen aber eine Gruppe zurück, die hier „die Geschäfte" am laufen halten sollte, bis sie wieder zurückkehren würden, um die geförderten Rohstoffe abzuholen. Diese Gruppe waren die Illuminaten. Diese sollten die Welt kontrollieren, was auch zur damaligen Zeit kein Problem war. Doch mit wachsender Zahl an Menschen sowie dem absehbaren Entwicklungssprung der Menschheit war ein Plan erdacht worden, wie man die Menschen auch über Jahrhunderte hinweg kontrollieren kann – die „Neue Weltordnung"! Diese gestaltet sich über eine einzige Weltreligion, die Abschaffung aller Kulturen und Traditionen, die Zerstörung der alten Werte, einen bargeldlosen Zahlungsverkehr und eine total überwachte Welt – ermöglicht durch einen Mikrochip, der allen Menschen implantiert werden soll.

Ob und wie weit diese Pläne bisher bereits aufgegangen sind, überlasse ich dem gesunden Menschenverstand und dem Weitblick eines jeden Einzelnen. Wenn Du Dir auch zu dieser Thematik ein eigenes Bild machen möchtest, kann ich Dich nur dazu ermuntern, Dich aus möglichst unterschiedlichen Quellen zu informieren und niemals das selbständige Denken aufzugeben. Nicht zuletzt solltest Du vor allem auch selbst mit Menschen kommunizieren und Dich nicht ausschließlich auf das „geduldige Papier" verlassen. Ich für meinen Teil habe einen sehr „international" besetzten Freundeskreis mit Menschen aus Spanien, Kolumbien, Polen, Russland und von anderswo. All diese Menschen erfüllen keinerlei stereotype Klischees, berichten aber einhellig, dass auch in diesen Ländern der „Fisch vom Kopf her stinkt". Damit ist natürlich die „Elite" des jeweiligen Staates gemeint. Diese Situation finde ich so exakt auch in Deutschland wieder. Ob hinter dieser Entwicklung möglicherweise gar ein System stecken könnte? Folgt man dieser Idee nur ausgiebig genug, könnte man vielleicht auf die Spur einer weiteren mysteriösen Idee stoßen...

Mit diesem Thema befinden wir uns tief im Bereich der sogenannten *Verschwörungstheorien* bzw. im Bereich des *Enthüllungsjournalismus* (abhängig vom persönlichen Standpunkt des Betrachters). Wenn ich in meinem Leben eine Sache gelernt habe, dann ist es die Gewissheit, dass an jedem Tratsch, jeder Geschichte und jedem Gerücht doch immer auch ein Fünkchen Wahrheit haftet. Spätestens seit Dan Browns *Illuminati* sind die Illuminaten auch populär, deshalb lohnt sich sicherlich das genauere Hinsehen. Das Wort „Illuminat" bedeutet zuerst einmal etwas sehr Positives, es bedeutet schlicht und einfach „Erleuchteter". Aber wie passt das in diesem Zusammenhang zu diesem Geheimbund? Selbstverständlich bezieht sich die Erleuchtung auf ein spezielles Geheimnis dieses Bundes. Wann genau die Erleuchtung dieser elitären

Verbindung stattfand, kann ich nicht mit Sicherheit an einem Datum festmachen. Für unsere Überlegungen ist die Antwort darauf auch weitestgehend irrelevant.

Insider-Berichten zufolge sind die Illuminaten Menschen des *Willens* und somit Vertreter des „männlichen Prinzips". Dieser Wille soll dann folgerichtig auch der Welt aufgedrückt werden. Diese Tatsache passt jetzt irgendwie gar nicht zur Erleuchtung und wirkt auch deutlich negativer. Dies geschieht mit einer Konsequenz, die aber schon wieder (wertneutral) vorbildlich ist.

Wenn wir einen dieser Erleuchteten mitten in der Nacht wecken und nach dem Sinn des Lebens fragen würden, so könnte dieser antworten, ohne eine Sekunde zu zögern. Wie sieht das bei Dir aus? Wenn ich eines Nachts bei Dir vorbeikäme und Dich wecken würde, hättest Du dann eine eigene Antwort parat? Die meisten Menschen hätten keine, oder nur eine äußerst oberflächliche Antwort darauf.

Das „positive" Merkmal der Illuminaten ist deren starke Konzentration auf das in ihren Augen Wesentliche – das Erreichen der Weltherrschaft. Mit dieser Eigenschaft haben sich die Illuminaten aus der Matrix ausgeklinkt und leben ihr ganz persönliches Leben. Dies gilt natürlich nur in Relation zu anderen Menschen. Auf eine besonders perfide Art haben sich die Illuminaten selbst erneut in einer anderen Matrix verfangen.

Ob Du nun an die Existenz der Illuminaten glaubst, ist für unsere Überlegung an diesem Punkt zweitrangig. Ebenso ist es für unsere Sache an diesem Punkt egal, ob sie ein weltweites Disneyland oder die *New World Order* ausrufen möchten. Die Illuminaten sind mittlerweile populär, gehören sozusagen zu unserer Kultur. Die Illuminaten sind also definitiv auch eine Story, eine Geschichte. Geschichten basieren oftmals auf Archetypen, die seit Anbeginn aller Tage existieren: der Held, der Schurke, die Prinzessin, usw..

Die Illuminaten basieren in diesem Zusammenhang wohl ganz klar auf dem Typus des Magiers, des *Hexers*. Dieser Archetypus verfügt über bedeutend mehr Macht als das normale Volk. Gleichzeitig verfügt er aber über weniger Weisheit als andere, ähnlich geartete Archetypen. Aus diesem Grund wird der Hexer immer unterliegen. Entweder wird er mit brachialer Gewalt besiegt (Held) oder durch einen wahrhaft weisen Typus (z.B. den Hierophant bzw. einen weisen Priester) entwaffnet.

Vielleicht verwundert es Dich, aber dennoch taugen auch böse Zauberer als Vorbild, denn sie verändern die Welt exakt so lange, bis sie ihren eigenen Vorstellungen entspricht. Damit sind diese sicherlich effektiver als Fatalisten, die keinerlei Kräfte mehr für den Kampf gegen das Schicksal bzw. für es mobilisieren können. Erst der Kontext, in dem dieser Typus handelt, macht klar, warum diese Person böse ist. Die Vorgehensweise der totalen Fixierung auf ein Ziel können und dürfen sich aber auch gerade Menschen abschauen, die sich selbst absolut nicht als „böse" bezeichnen würden. Doch auch dies ist nur die halbe Wahrheit.

Der Schritt zur wahren Meisterschaft besteht in der Erkenntnis, dass neben dem Willen auch der Glaube benötigt wird. Dabei geht es jetzt um keine Religion, sondern um das Wissen, dass etwas geschehen wird – wenn man es auch geschehen lässt. Dies stellt dann gleichzeitig das weibliche Prinzip dar.

Auch wenn Du ein totaler Herzensmensch bist, solltest Du gelegentlich auch ganz rationale Antworten auf die Fragen des Lebens finden. Allen voran solltest Du Antworten auf diese Fragen finden: *„Was will ich hier eigentlich?"*, *„Wie erreiche ich nun mein Ziel am besten?"* Wenn Du selbst keine Antworten darauf findest, dann helfen Dir andere Leute liebend gern, sogar mit Kusshändchen. Deren Antworten werden aber in 99,9% aller Fälle jedermann, aber keinesfalls Dir selber dienlich sein.

Die Illuminaten haben nicht nur einen Willen, sie glauben auch mit absoluter Gewissheit an dessen Realisierung. Damit stehen sie im krassen Gegensatz zum *profanen* Volk und erheben sich sogar darüber. Genau diese Eigenschaft macht die Magie der Illuminaten aus, und genau damit haben die *Erleuchteten* großen Erfolg bzw. begründen damit sogar ihre weltliche Macht.

Die *Illumination* besteht schlicht und ergreifend darin, dass die materielle Welt letztlich nicht das ist, was sie zu sein scheint. Genau genommen gibt es überhaupt keine Materie. Die wahre Natur der Realität ist energetisch und damit letztlich rein geistig. Wahren Eingeweihten ist dies absolut bewusst, und folglich spielt auch das Bewusstsein eine übergeordnete Rolle.

Das ist doch faszinierend, oder? Der gewöhnliche Mensch hält vielleicht eine Yacht in Monaco für den Inbegriff von Reichtum und scheitert damit bereits vor dem ersten Schritt zu diesem Ziel. Die Illuminaten, aber auch andere Eingeweihte, haben es zu einer gewissen Meisterschaft über die Grobstofflichkeit gebracht. Sozusagen zum Ausgleich hat sich die breite Masse der Erleuchteten wieder einfangen lassen. Natürlich handelt es sich auch bei weit entwickelten Menschen nur um... *Menschen*.

Irren bleibt nun mal menschlich und der verführerische Irrtum wurde in einer raffinierten Verpackung angeliefert: dem menschlichen Ego. Man könnte dies auch ausgleichende Gerechtigkeit nennen, denn damit befinden sich die meisten der Erleuchteten wieder in einem Boot mit der übrigen Menschheit, wenn auch nicht in der „Holzklasse". Ob man sich nun auf der *Titanic* in der 1. Klasse oder im Laderaum einquartiert hatte, spielte im weiteren Verlauf ihrer Jungfernfahrt jedoch keine größere Rolle mehr...

Über die Täuschung des Egos wurden diese weit entwickelten Menschen also wieder auf den Boden zurückgeholt. Dieser *Boden* ist jedoch nicht synonym mit dem *Boden der Tatsachen*. Der Boden, von dem ich spreche und auf dem sich die Masse der Menschheit befindet, ist die Matrix. Genauer gesagt also eher der *Boden der Täuschung*.

In einem früheren Kapitel haben wir bereits über Maya, also die Täuschung nachgedacht. Aufgrund ihrer unglaublichen Vielseitigkeit ist das Erkennen der Illusionen sehr, sehr schwierig. Im Buddhismus wird immer wieder vom „Anhaften" gesprochen. Wann immer Du in irgendeiner Form etwas für *wichtig* hältst, beginnst Du, an dieser Sache zu haften. Selbstverständlich sind manche Dinge wichtig, das kann und soll gar nicht zur Diskussion stehen. Es gibt aber etwas, was noch viel wichtiger ist: Diese Sache bist *Du selbst*! Du bist die wichtigste Sache in dieser Welt! Wann immer Du etwas außerhalb von Dir selbst wichtig nimmst, entwertest Du Dich damit selbst. Was passiert, wenn das Objekt, dem Du Wichtigkeit beimisst, plötzlich nicht mehr da ist? Dann wirst Du einen Mangel empfinden, weil Du Dich mit dem Objekt identifiziert hast. Ein wunderschönes Beispiel dafür bietet *Hermann Hesse* in seinem Roman *„Siddharta"*. Als Siddharta nach seiner Zeit als Bettelmönch in die Zivilisation zurückkehrt, hat er in allem, was er tut, unglaublichen Erfolg. In seinem selbstgewählten Exil hatte er gelernt, dass er ohne Anhaftung leben muss, wenn er sich selbst nicht entwerten will. Wann immer Du also erkennst, dass Du einer Sache mehr Aufmerksamkeit als unbedingt nötig beimisst, haftest Du an dieser Sache. Diese Methode erfordert keine jahrelange Meditationspraxis, sondern Einsicht in das Wesen von „Maya", also der Täuschung. Meiner Meinung nach ist diese Einsicht die beste Methode zum Erkennen von Maya.

Wann immer wir unser Glück von äußeren Umständen abhängig machen, haben wir uns im Spinnennetz der Illusionen verfangen. Dabei spielt es keine Rolle, ob wir glauben, die „Weltherrschaft" erlangen zu müssen, ein neues Auto, unbedingt ein Kind haben zu wollen oder was auch immer. Jeder „Gegenstand", jede Bedingung, die wir zum Glücklichsein aufstellen, führt uns in die Matrix. Wir erklären etwas Virtuelles zum Hindernis zwischen uns und dem Glück. Das Glück aber ist ein Bewusstseinszustand. Wie kann da etwas im Außen hemmend wirken?
Erinnerst Du Dich in diesem Zusammenhang an unser Beispiel mit dem Schiffbrüchigen und dem Salzwasser? Etwas rein Illusionäres kann uns das Glück versagen, weil wir es dazu ermächtigen. Die Kraft liegt dabei aber immer in unserem Bewusstsein, nicht in dem wertlosen Objekt unseres Wollens, unserer Begierde.

Aber wie passt das jetzt zu dem „Leben als Illuminat" und zu Themen wie Zielen und Plänen? Ist das jetzt doch wieder irgendwie *falsch*? Nun, richtig und falsch sind in diesem Zusammenhang ungenügende Einteilungen. Natürlich ist es nicht falsch, sich Ziele zu setzen, und es ist ebenso wenig falsch, einer Art Plan zu folgen. Was wäre denn die Alternative? Treffen wir uns dann alle meditierend im Ashram und machen überhaupt nichts Zielgerichtetes mehr? Dies kann tatsächlich ein Weg für bestimmte Menschen sein und ich möchte ihn nicht verurteilen. Ich persönlich empfinde diesen Weg als nicht für mich geeignet. Ganz ehrlich gesagt bin ich mir aber auch gar nicht sicher, ob dies wirklich einen Weg für einen Menschen darstellt. Wir Menschen bestehen eben auch aus dem Ego. Kann jemand ein menschengerechtes Leben führen, wenn er sein Ego abtötet und damit seine Leidenschaften und Wünsche abschneidet? Ich glaube, auch dies ist nur eine Illusion. Wenn ich glaube, dass mein Ego zwischen mir und dem Glücklichsein steht, dann ist dies eigentlich nur eine, wenn auch hochentwickelte Art, sich in der Matrix zu verfangen.

Ziele und zielgerichtetes Verhalten sind meiner Meinung nach nicht nur natürlich, sondern auch unabdingbar. Die Frage ist nur: Wie sollte man nun damit umgehen? Ich selbst habe Ziele sehr lange Zeit völlig falsch verstanden und benutzt. Vielleicht kannst Du aus meinen Fehlern lernen und ersparst Dir damit viel Energie.

Eine wirklich intelligente Frau hat mir einmal gesagt, dass ich mich mit einer zu starken Fixierung auf ein Ziel selber begrenze. Diesen Rat habe ich aber lange Zeit nicht verstanden. Ich suchte mir ein Ziel, versteifte mich darauf und tat alles und wirklich alles, damit ich mein Ziel erreichte. Ich musste dafür rund um die Uhr arbeiten und mit nur wenigen Stunden Schlaf auskommen. Kein Problem! Ich musste noch härter arbeiten. Kein Problem! Ich hatte damit meist auch beachtlichen Erfolg – aber das Kosten-Nutzen-Verhältnis war eigentlich immer desaströs. Die eingesetzte Energie in Form von Zeit und Arbeit stand in keinem Verhältnis zum Erfolg.

Irgendwann begegneten mir dann Leute, die mit viel weniger Energieaufwand dasselbe Niveau oder sogar noch mehr erreicht hatten. Dies erweckte den Neid in mir. Dieser Neid führte dann zu einem längeren Denkprozess, der dieses Buch überhaupt erst ermöglichte.

Der Unterschied zwischen meiner Technik und der „ökonomischeren" Lösung bestand einfach darin, dass ich mich selbst unter Druck setzte und damit gegen die Natur arbeitete. Ich wendete zu 100% das Druck-Prinzip an, und das muss bekanntlich ständig mit Energie versorgt werden. Das hatte zur Folge, dass ich mir kaum Pausen gönnte und deshalb härter arbeiten musste. Daraus resultierten dann Erschöpfung und auch zahlreiche Erkältungen und Infektionen. Mein Verhalten machte mich krank.

In der Natur verläuft alles zyklisch. Es gibt Tag und Nacht, Winter und Sommer, Ebbe und Flut. Wie idiotisch ist es, mit einem Boot bei Ebbe auf das Meer zu paddeln? Ich tat genau die sinnbildliche Entsprechung und ruderte durch den Schlick. Es gibt im Leben Phasen, in denen man den Erfolg nicht erzwingen kann – egal wie hart man arbeitet. Auf den ersten Blick gibt es an diesem Punkt zwei Optionen: entweder zu kapitulieren – oder einfach weiterzumachen.

Ich war jahrelang ein König im „Weitermachen". Egal, wie schwer der Widerstand war, ich machte mit gleicher Energie weiter. Wie bereits erwähnt, hatte das nicht die besten Auswirkungen. Anstelle der beiden *Entweder-Oder*-Optionen gibt es noch eine weitere Möglichkeit. Ich nenne sie gerne das „Feuer am Brennen" halten. Wenn Du das „Feuer am Brennen" hältst, tust Du das Notwendige, unterlässt aber grobe Energieverschwendung. Ein gutes Beispiel dafür sind Tätigkeiten, die eine Anstrengung über einen längeren Zeitraum erfordern. Es kann vorkommen, dass man in dieser Zeit krank wird. Was soll man dann aber tun? Macht man einfach weiter, oder nimmt man sich eine Auszeit? Eine pauschale Antwort ist schwierig, denn es gibt viele Erkrankungen. Ich spreche hier von den „kleinen" Alltagsnöten, die einen trotzdem aus der Bahn werfen: Erkältungen, Kopfschmerzen, leichte

Rückenprobleme usw.. Diese Erkrankungen sind nicht lebensbedrohlich, aber mindern die Leistungsfähigkeit. Wie soll man also mit diesen Störungen umgehen? Auch wenn es sich nicht um schwere Krankheitsbilder handelt, benötigt der Körper Energie zur Heilung. Verweigerst Du dem Körper diese Energie, dauert die Genesung nur umso länger, und Du arbeitest auch dementsprechend länger mit weniger Energie. Wenn Du ganz pausierst, entfernst Du Dich aber möglicherweise zu sehr von Deinem Projekt.

Das „Feuer am Brennen" zu halten bedeutet, den Energieeinsatz zu reduzieren, um den Körper zu entlasten. Notfalls schaden ein oder zwei Tage Pause keinesfalls. Dann solltest Du aber wieder in leichten Kontakt mit der Materie kommen. Vielleicht erledigst Du Aufgaben, die eher lästig als schwer sind. Auf diese Weise behältst Du Dein Ziel vor Augen und gönnst Deinem Körper gleichzeitig etwas Ruhe. Sobald Du fit bist, stellst Du die „Herdflamme" einfach wieder höher.

Dieses Beispiel schildert passend einen wirtschaftlichen Umgang mit Zielen. Die Zielverfolgung hatte in unserem Beispiel, aus dem aktuellen Anlass einer Erkrankung, kurzfristig eine geringere Priorität. Und genau darum geht es: um den intelligenten Umgang mit Deinen Zielen. Unter Umständen musst Du lange oder sogar sehr lange auf ein Ziel hinarbeiten. In dieser Zeit hört Dein Leben aber nicht auf. Vielleicht führst Du eine Partnerschaft, vielleicht hast Du Kinder, oder es passieren andere Dinge, die Deine Aufmerksamkeit erfordern. In diesen Momenten ist es nicht unbedingt intelligent, wenn Du ausschließlich Dein Ziel im Kopf hast.

Ein anderer Aspekt dieser Thematik schließt sich an dieser Stelle nahtlos an. Es gibt nämlich Ziele, die Du niemals erreichen wirst. Wenn Du diesen Zielen 100% Deiner Energie widmest, kann das irgendwann in der totalen Demotivation enden, wenn die Zielerreichung ausbleibt. Dies ist damit zu begründen, dass Du zwar sehr viel erreichen kannst, aber nicht jedes Ziel. Eine Karriere als Ballett-Tänzer ist wegen meiner mangelnden Koordination für mich einfach unmöglich, sie passt nicht zu meinem Lebensplan.

Nun lautet aber eine Binsenweisheit, dass man sich nach den Sternen strecken muss, um den Himmel zu erreichen. Vielleicht erreichst Du zwar nicht Dein eigentliches Ziel, dafür aber ein anderes, wertvolles. Ebenso ist es auch möglich, dass Du einfach nur Spaß auf dem „Weg" hast, obwohl dieser Weg niemals zu dem Ziel führt, das Du eigentlich anvisierst. Wenn der Weg es wert ist, zahlt man auch den Preis. Überlege Dir aber immer, wieviel Du in Deine Ziele investieren möchtest. Denke dabei besonders darüber nach, mit wie viel Energie Du das „Feuer am Brennen" halten kannst. Das Leben ist doch viel zu schön, um sich nur ausschließlich einer Sache zu widmen. Auf der anderen Seite ist das Leben zu kurz, um sich überhaupt keine Ziele zu setzen.

Das viel bemühte Sprichwort: *„Der Weg ist das Ziel"*, hat also voll und ganz seine Gültigkeit! Stelle Dir einfach vor, Du planst eine Fahrt von München nach Hamburg. Es wäre nicht nur äußerst gefährlich, wenn Du Dich während der Fahrt ausschließlich auf Hamburg und nicht auf den Verkehr um Dich herum konzentrieren würdest, sondern auch sehr langweilig.
Ich selbst fahre aus beruflichen Gründen oftmals lange Strecken mit dem Auto. Da ich „Benzin im Blut" habe, macht mir das Autofahren sogar Spaß, selbst wenn es zähflüssig wird. Du ahnst gar nicht, was Du alles verpassen kannst, wenn Du mit Deiner Aufmerksamkeit nicht bei der Sache bist.

In diesem Kapitel habe ich ganz bewusst mit den Elementen des Geschichtenerzählens gearbeitet, also mit einer Geschichte, die wahr sein kann oder auch nicht. Diese Methode findet momentan wieder großen Anklang im Bereich der Motivation und Mitarbeiterführung. Im Grunde besteht diese Methode aus nichts anderem, als der Vermittlung einer Geschichte, die komplexe Themen erläutert.
In diesem Kapitel waren die Illuminaten die Hauptfiguren. Es spielt wirklich überhaupt keine Rolle, ob Du an diese Geheimgesellschaft glauben kannst oder nicht. Es ist lediglich wichtig, dass

Du Dir eine Geschichte mit den Illuminaten als Protagonisten vorstellen kannst.

Worin besteht nun der Unterschied zwischen den Illuminaten und den profanen Menschen? Was bedeutet Illuminat wörtlich? Wie ist die Erleuchtung dieser Bösewichte zu verstehen? Wenn ich frühmorgens um halb 5 Uhr bei Dir klingele und Dich nach Deinem Ziel frage, was würdest Du sagen? Sind Pläne und Ziele harmlos oder kann man auch etwas falsch machen? Wie passt das alles zum Druck- und Sog-Prinzip? Wie sieht ein ökonomischer Umgang mit Energie aus? Was bedeutet es, dass „Feuer am Brennen zu halten"?

Kapitel 10: Der Weg aus der Matrix

Wir haben uns bisher mit dem Wesen der Matrix auseinandergesetzt. Die einfachste Definition der Matrix lautet: Täuschung. Der Weg aus der Täuschung ist die *Ent-Täuschung*. Dieser Weg basiert auf einer fundamentalen Tatsache: Alles, was wir wahrnehmen, ist nur *eine* mögliche *Interpretation* der Wirklichkeit.

Es gibt nahezu unendlich viele Interpretationen. Einige dieser Vorstellungen schaden uns, andere sind uns nützlich. Die Art der gewählten Interpretation hängt maßgeblich davon ab, welche Programme (Grundannahmen, Prägungen, Glaubenssätze, Vorurteile) in uns ablaufen und welche Gefühle sie in uns auslösen. Um sich aus der Täuschung auszuklinken, wird vor allem ein hoher Grad von Bewusstheit benötigt. Das bedeutet, dass Dir Dein Sein bewusst sein muss, Du musst Dich selbst fühlen können. Über Deine Gefühle bekommst Du ein direktes Feedback über die Inhalte Deiner Gedanken. Konstruktive Gedanken führen dazu, dass Du Dich gut fühlst. Destruktive Gedanken lösen das Gegenteil aus. Aus diesem Grund ist Deine Laune ein hervorragendes Analysetool, denn Du kannst Dir einfach nicht jedes einzelnen Gedankens bewusst sein. Diese Rechenleistung wäre vollkommene Energieverschwendung, und das menschliche Gehirn ist für eine solche Untersuchung überhaupt nicht geeignet.

Über den Begriff *Sein* wurde und wird viel gesprochen und geschrieben. Aus diesem Grund möchte ich diesen Begriff hier genauer definieren. Ich nutze den Begriff *Sein* als Synonym für *Bewusstsein*. Das *Sein* ist für mich ein Bestandteil der Seele, dessen Aufgabe die Beobachtung der anderen Instanzen (Körper und Geist) ist. Gleichzeitig ist das *Sein* aber auch in der Lage, sich auf das zu fokussieren, was es vorfindet. Beispiele dafür sind: Opferbewusstsein, Mangelbewusstsein, Reichtumsbewusstsein, Schöpferbewusstsein.

Hier geht es dann auch um *Identifikation*. Wenn Du Dir Deines Reichtums bewusst bist, identifizierst Du Dich mit Wohlstand. Dadurch entsteht dann folglich das Wohlstandsbewusstsein. Bist Du Dir

Deiner Macht bewusst, identifizierst Du Dich mit Deiner Rolle als Macher. Das *Sein* ist nun die wichtigste Instanz, wenn es darum geht, welche Interpretationen Du für die Wirklichkeit benutzt. In der Bibel meint Jesus genau das, wenn er sagt: *„Euch geschehe nach Eurem Glauben."* (Matth. 9:29)

Erinnere Dich immer wieder daran, dass die Welt nur eine gigantische Illusion ist – eben die Matrix. Alles, was Du sehen, hören, schmecken, riechen oder fühlen kannst, ist nur eine indirekte Wiedergabe der Realität. Die wahre Realität ist ausschließlich *Energie*. Leider sind wir Menschen gewöhnlich nicht in der Lage, diese wahrzunehmen.

An dieser Stelle werden jetzt sicherlich einige Leser entrüstet aufspringen und auf einige besonders weit entwickelte Menschen verweisen. Diesen Lesern möchte ich recht geben. Spirituell sehr weit entwickelte Menschen sind möglicherweise in der Lage, die Realität anders wahrzunehmen als gänzlich unerleuchtete Individuen.

Vielleicht fragst Du Dich, wieso das möglich ist? Die Antwort auf diese Frage könnten die Ergebnisse der modernen Hirnforschung geben, denn es könnte tatsächlich ein anatomischer Unterschied zu anderen Menschen (und deren Gehirnen) bestehen. Bei Menschen, die regelmäßig meditieren, ist der Teil des Gehirns besser entwickelt, den man als Zirbeldrüse bezeichnet. Interessant ist in diesem Zusammenhang, dass die Zirbeldrüse identisch ist mit dem „Dritten Auge", das im Altertum als Kennzeichen von magisch begabten Personen bekannt war. Andere Wissenschaftler haben vor allem in den 1960er-Jahren mit bewusstseinserweiternden Substanzen wie z.B. DMT oder LSD Experimente durchgeführt, die eine veränderte Wahrnehmung ermöglicht haben.

Dringend notwendig ist hier die Unterscheidung zwischen Rauschzustand und tatsächlicher Wahrnehmung. Leider ist oftmals das, was als „drogeninduzierte Bewusstseinserweiterung" verkauft wird, nichts anderes als ein banaler Rauschzustand – ein Trip. Auf der anderen Seite sind aber in vielen Kulturen Schamanen weit verbreitet, die psychoaktive Substanzen zum besseren Verständnis der Welt einsetzen.

Einige Autoren wollen eine solche Begebenheit sogar in der Bibel entdeckt haben. Es geht dabei um keine Geringeren als Adam und Eva. Eva führte Adam in Versuchung, und dieser biss herzhaft in den Apfel. Bei diesem Apfel soll es sich aber nicht um die Art Apfel gehandelt haben, die in unseren Landen heimisch ist, sondern um den Granatapfel. Die Kerne des Granatapfels enthalten DMT, also die bereits erwähnte psychoaktive Substanz. Nach dem Trip auf bewusstseinserweiternden Drogen flogen Eva und Adam dann aus dem Paradies. Für mich lautet nun die Preisfrage, ob der Rausschmiss aufgrund eines bloßen *Regelverstoßes* (*„Von diesem Baum darfst Du nicht essen...!"*) erfolgte, oder erkannte Adam unter dem Einfluss des DMT mehr von der Realität als er sollte?

Egal, welche Position man zum Thema Drogen und bewusstseinserweiternde Substanzen hat, man sollte sich selbstverständlich immer an die geltenden gesetzlichen Regelungen halten. Diese Regelungen (wie z.B. das Betäubungsmittelgesetz BtMG) existieren aus gutem Grund – oder möchtest Du z.B. auf einem Trip hängenbleiben? Diese Art der Bewusstseinserweiterung kann dann zu einem dauerhaften Aufenthalt in der Psychiatrie führen.

In meiner Kindheit litt ich unter mehreren schweren Lungenentzündungen hintereinander und einem niemals endenden Reizhusten. Obwohl ich Schlaf und Erholung brauchte, war durch die Husterei nicht daran zu denken. Irgendwann geriet ich an einen Arzt, der einen anderen Weg gehen wollte. Ich wurde eingehend befragt, ob ich schon mal Drogen konsumiert hätte. Ich war damals zirka 12 Jahre alt, und die einzige Droge, die ich kannte, waren Süßigkeiten. Wie die meisten Kinder (in den 1980er-Jahren) hatte ich natürlich keinen Kontakt zu Drogen gehabt. Der Arzt glaubte mir und gab mir eine Spritze Kodein – ein hochwirksamer Hustenstiller. Die Grundsubstanz für Kodein ist Opium, eine sehr starke Droge. Meine Eltern brachten mich nach Hause, und ich setze mich etwas in den Garten. Der Husten ließ sofort spürbar nach und kam schließlich ganz zu seinem Ende. Dann trat eine Wirkung ein, die ich mit meinem jetzigen Wissen nur als „Trip" bezeichnen kann. Ich wurde völlig ruhig und gelassen, und meine Wahrnehmung veränderte sich vollkommen. In diesem Zustand machte ich das, was man auch als *Einheitserfahrung* bezeichnet – ich erkannte und verstand, dass alles miteinander verbunden ist und zusammengehört.

Diese Erfahrung sehe ich heute als großes Geschenk an. Außerdem kann ich jetzt die Verbreitung der teuflischen Droge Heroin nachvollziehen. Heroin gehört wie Kodein zu der Gruppe der Opiate und hat somit eine ähnliche Wirkung. Anders als ein „Junkie" hatte ich meinen *Stoff* jedoch in sauberer Form und verantwortungsvoller Dosis von einem versierten Fachmann bekommen. Die daraus resultierende Erfahrung war eigentlich eine *Nebenwirkung*, die mir aber auch das Gefahren-Potenzial von Drogen eindrucksvoll vor Augen geführt hat.

Seit diesem Erlebnis hatte ich keinen Kontakt mehr mit Drogen – von den fast schon „ritualisierten" Alkoholerfahrungen männlicher Jugendlicher einmal abgesehen. Selbstverständlich handelt es sich auch bei Alkohol um eine Droge. Die Droge Alkohol ist wohl die weltweit am meisten akzeptierte Droge. Die traurige Wahrheit lautet, dass sie ebenso grässliche Folgen haben kann wie jede andere Droge auch. Ich denke hier besonders an das unter Alkoholikern sehr weit verbreitete *Hirnorganische Psychosyndrom* (HOPS). Eine gleichsam schreckliche wie auch faszinierende Folge davon ist *Konfabulation*. Menschen mit diesem Symptom berichten in den schillerndsten Farben über ihre Vergangenheit. Wenn man längere Zeit mit einem solchen Menschen zu tun hat, bemerkt man aber die unglaubliche Vielfältigkeit der Vergangenheit. Einer meiner früheren Patienten war abwechselnd Geschäftsführer eines Tabakgeschäfts, Malergeselle, Rechtsanwalt, Elektrotechniker und Unternehmensberater. Diese Menschen lügen aber keinesfalls, sondern glauben tatsächlich an ihre Schilderungen. Weitere Überlegungen zu dieser Thematik würden vermutlich Stoff für ein weiteres Buch liefern, aus diesem Grund lassen wir dieses Thema lieber ruhen.

Wovor ich ausdrücklich warnen möchte, ist der Einsatz von Drogen als vermeintlicher „Turbo" zur Erleuchtung. Wenn die Pforten der menschlichen Wahrnehmung zu brutal und zu schnell aufgerissen werden, kann dies niemals förderlich sein. Warum sollte man mehrere Schuljahre überspringen, wenn man gar nicht das Potenzial hat, um mit den höheren Anforderungen klarzukommen? Das Ergebnis wäre schlicht und einfach völlige Überforderung.

Viele spirituelle Menschen konzentrieren sich sehr einseitig auf die Erleuchtung und vergessen darüber das wirklich Wichtige – ihr Bewusstsein. Erleuchtung stellt sich ein, wenn die Zeit reif ist. Die Zeit ist aber erst dann reif, wenn Du gelernt hast, *bewusst* zu *sein*. Und genau dabei bei möchte ich Dir mit diesem Buch behilflich sein.

Der Weg aus der Matrix ist ein Weg aus der Unbewusstheit in die Bewusstheit. Unbewusstheit gleicht dem Schlaf mit offenen Augen. In diesem Schlaf vergisst Du Deine wahre Natur und wirst gelebt – von außen. Die Matrix benötigt Menschen, die sich in sie eingliedern. Je mehr ein Mensch mit der Täuschung verstrickt ist, desto einfacher lässt er sich kontrollieren. *Verstrickung* gebrauche ich hier im Sinne von Identifikation und den daraus resultierenden Emotionen. Je mehr ein Mensch eine Situation ablehnt oder hasst, desto mehr Energie gibt er ihr. Dies ist nicht unbedingt leicht zu verstehen. Albert Einstein hat ein passendes Zitat geprägt: *„Ein Problem lässt sich niemals mit derselben Denkweise lösen, durch die es entstanden ist."*

Die Matrix basiert auf der totalen Umkehrung des Zitats. Indem das Denken an sich niemals verändert wird, erschafft man auch gleichzeitig die immer gleichen Erfahrungen und Probleme. Auf diese Weise wird der Mensch auch zur Energieversorgung der Matrix, sozusagen durch die Reibungsenergie seines konditionierten Verstandes mit der selbstkreierten Realität. Man denkt anders, wenn man seine Perspektive ändert.

Dazu lade ich Dich auf ein kleines Experiment ein: Suche Dir doch bitte für den ersten Durchgang eine Strecke aus, auf der viele Radfahrer unterwegs sind. Anders als die Radfahrer legst Du den Weg aber mit Deinem Auto zurück. Beim nächsten Durchgang suchst Du Dir dann eine Strecke, die von vielen Autofahrern genutzt wird. Diese Strecke legst Du dann aber als Radfahrer zurück. Ich wette mit Dir, dass Du als Radfahrer über die Autofahrer und umgekehrt auf die Autofahrer geflucht hast, gerade so, wie es Deinem Ego gerade in den Kram (oder zu Deinem Fahrzeug) gepasst hat. Nur wenn Du beide Perspektiven kennst, erkennst Du die Zusammenhänge. Fährst Du ausschließlich Auto, bist Du eher dazu geneigt, Radfahrer als das größte Übel im Straßenverkehr anzusehen. Fährst Du ausschließlich Fahrrad, sind natürlich die bösen Autofahrer schuld. Erweitert sich Deine Perspektive, wird Einsicht möglich. Einsicht kann auch als Synonym für Erleuchtung verwendet werden. Durch Einsicht bringst Du Licht in eine Situation. Bei dem konkreten Beispiel kann eine erweiterte Sichtweise z.B. dazu führen, dass Du verstehst, dass ein so komplexes System wie der Straßenverkehr nur durch gegenseitige Rücksichtnahme dauerhaft und reibungsarm funktionieren kann.

Das Thema Straßenverkehr eignet sich sehr gut, um die Gesetzmäßigkeiten der Matrix zu demonstrieren. Zu diesem Zweck möchte ich Dich auf eine weitere Exkursion einladen. Beobachte bei der nächsten Gelegenheit die Situation auf den Straßen während der Hauptverkehrszeit in einer Stadt. Parke Dein Auto irgendwo, und beobachte die Situation auf der Straße aus der Entfernung. Sobald die Menge der Autos in den Straßen über einen Grenzwert hinweg ansteigt, wird scheinbar in den Köpfen der Fahrer ein Hebel umgelegt und das individuelle Bewusstsein wechselt in eine Art *Schwarmbewusstsein*. Besonders gut eignen sich für diese Beobachtung stark frequentierte Kreisverkehre. Wie auf ein Kommando hin verringern die Autofahrer den Abstand zum Vordermann auf einen nahezu exakt gleichen Wert, so als ob jemand mit einem Zollstock ausgeholfen hätte. Aus den einzelnen Autos wird eine einzige Blechlawine, eine Art Kollektiv, welches durch die minimalen Abstände zwischen den Autos den Kreisel nur noch in zwei, statt in vier (oder mehr) Richtungen befahrbar macht. Aufgrund der hohen Durchflussmenge von Autos und deren geringen Abständen werden die weniger frequentierten Zufahrten des Kreisels nahezu stillgelegt.

Weichen in dieser Situation Autos aus einer der beiden Flussrichtungen ab, kommt es zu Beinaheunfällen und nicht selten auch zu tatsächlichen Zusammenstößen.

Auf den ersten Blick wirkt das Verhalten der Autofahrer in den beiden großen Flussrichtungen (in die Stadt hinein und aus der Stadt heraus) effektiv und zweckmäßig, denn aus den praktisch blockierten Einmündungen des Kreisels kann sich kaum ein Auto einfädeln, dazu sind die Abstände zu klein, und die Geschwindigkeit ist zu hoch. Somit ist dieses Verhalten für die „Hauptfahrtrichtungen" optimal. Beim genaueren Hinsehen handelt es sich aber um ein massiv ineffizientes Verhalten. Dauert dieser Zustand nämlich zu lange an, beginnt sich hinter den blockierten Zufahrten ein Stau zu bilden. Dessen Rückstau kann irgendwann das ganze System *Straßenverkehr* innerhalb einer Stadt lahmlegen. Ebenso erhöht sich durch die kollektive Verringerung der Abstände auch die Gefahr von Unfällen. Ein Unfall während der Hauptstoßzeiten ist für den Einzelnen besonders unangenehm und kann für das System Grund für einen Kollaps sein.

Warum verhalten wir uns nun aber auf diese Weise? Bewusst entscheidet sich kein einzelner Mensch dafür, der Grund liegt in unserer Software. Durch das erhöhte Verkehrsaufkommen entsteht Stress in uns. Dieser Stress suggeriert dem Körper Lebensgefahr, und ein uralter Überlebensmechanismus tritt in Kraft. Unser bewusster Verstand ist ein schlechter Berater, wenn es ums nackte Überleben geht. In unserem Gehirn existiert aber noch ein entwicklungsgeschichtlich sehr alter Teil, der bestens auf Herausforderungen dieser Art reagieren kann: das sogenannte *Reptiliengehirn*. Der neue Teil unseres Gehirns (*Neokortex*) wird deaktiviert und überlässt dem *Reptil* die Kontrolle. Die Straße wird zum Schlachtfeld, in der es nicht um stressfreies Reisen, sondern ums nackte „Überleben" geht. So etwas wie Autofahren kennt das Reptil in uns nicht. Die Folge davon ist das Fehlen jeglicher Rücksichtnahme und Gelassenheit. So weit die harten Fakten.

Jetzt lade ich Dich zu einer weiteren Beobachtung ein. Lenke Deine Aufmerksamkeit einmal weg von den Autos und hin zu den Fahrern. Wenn Du früh genug auf Deinem Beobachtungsposten bist, kannst Du den Wechsel des Bewusstseins auch auf den Gesichtern der Fahrer wahrnehmen. Als ich diese Beobachtung zum ersten Mal wahrnahm, hatte diese etwas fast Gespenstisches an sich. Von der einen zur anderen Sekunde wirkten die Fahrer plötzlich wie hypnotisiert und gleichgeschaltet. Waren den Menschen in den Autos eben noch Emotionen anzusehen, wirkten diese plötzlich völlig verkrampft und geistig abwesend. Die Fahrer verkörperten plötzlich den Zustand der Unbewusstheit und hatten sich somit völlig in der Matrix verheddert.

Der „Fehler" der Menschen liegt in ihrer Perspektive und in ihrer Identifikation. Die Menschen wählen die *Opferrolle:* Nicht genug damit, dass sie als ausgebeutete Arbeitnehmer unterwegs sind, nein... sie müssen zusätzlich auch noch im Stau stehen! Dieses Gefühl aktiviert dann natürlich weiterhin die Einschaltung des Reptiliengehirns und dient dann als Rechtfertigung für rücksichtsloses Verhalten. Dieses Verhalten wird dann von anderen Fahrern registriert und führt dann zu einer ähnlichen Modusanpassung in diesen. Das ist die Matrix in Aktion.

Ergänzend kommt noch hinzu, dass Teile unseres Gehirns eben dringend ein „update" benötigen. Als wir noch überwiegend Jäger und Sammler waren, ging es ums nackte Überleben. Ständig konnte unvermittelt ein Raubtier auftauchen. In diesem Fall reagierten zuerst unsere Stammesbrüder in direkter Sichtweite und begannen wegzulaufen. Am Ende überlebte der, der nicht Letzter war – der wurde nämlich gefressen. Aus diesem Grund reagieren wir auch unvermittelt auf Verhaltensänderungen der anderen Verkehrsteilnehmer und verringern ebenfalls den Abstand zu unserem Vordermann.

Das wirklich vollkommen Absurde an dieser Situation ist die tägliche Wiederholung dieses „Rush-Hour-Musters". Obwohl die Verkehrsprobleme vorprogrammiert sind, reagieren wir mit den immer gleichen Verhaltensweisen.

Grundsätzlich kann es immer dann zu den beschriebenen Verhaltensweisen kommen, wenn zu viele Menschen auf zu engem Platz zusammenkommen. Der Grund dafür ist das Thema der „persönlichen Zone". Menschen haben Grenzen, wie nah eine andere Person entfernt sein sollte, damit sie sich wohlfühlen und nicht in Panik verfallen. In Deutschland beträgt diese Entfernung etwa 20-60 cm, in anderen Ländern variiert diese Grenze aufgrund der unterschiedlichen kulturellen Hintergründe. Wird diese Grenze überschritten, fühlen wir uns unwohl. Wer in einer Großstadt im öffentlichen Personennahverkehr unterwegs ist, kann ein Lied von Menschen singen, die diese Grenze verletzen, einfach weil zu viele Menschen unterwegs sind. Diesen Faktor halte ich auch für einen der Hauptgründe, warum es in Großstädten häufiger zu aggressivem Verhalten kommt als in kleineren Städten. Die Fahrt im dicksten Berufsverkehr könnte aber auch vollkommen anders verlaufen. Es gibt kein kosmisches Gesetz, das diese Erfahrung zwingend unerfreulich und stressig gestaltet. Die bittere Wahrheit ist: Du entscheidest Dich freiwillig zu genau diesem Entwurf. Denke aber bitte in aller Ruhe darüber nach, es lohnt sich.

Du entscheidest Dich für die Bewertung „Berufsverkehr = negativ". Das hat jetzt nichts mit künstlichem Optimismus zu tun. Wenn Du Dich dazu entscheidest, Dich gut zu fühlen, welche Macht der Welt sollte Dich zu einer Revision Deiner Entscheidung zwingen können? Selbst wenn andere Fahrer Dich permanent schneiden oder Dir tatsächlich sogar ins Auto fahren, warum *muss* Dir das den Tag verderben?

Wenn Du konsequent bist, darfst Du gerne auch noch weiterdenken. Was bringt es Dir, wenn Du Dich von den äußeren Impulsen runterziehen lässt? Das Kind liegt bereits *im* Brunnen. Du musst Dich jetzt mit den Konsequenzen arrangieren, warum machst Du Dir das Leben also noch schwerer? Der einzige Grund, warum Dir „etwas" den Tag verdirbt, ist, weil Du nicht stark genug bist. Du gibst der äußeren Welt die Macht über Dich. Genauso kannst Du Dir die Macht aber auch wieder zurückholen – wenn Du es willst!

Jeder Mensch steht jeden Tag vor der immer gleichen Wahl: Leben oder gelebt werden? In der Matrix bleiben oder ausklinken? Du hast die Wahl: rote Pille oder blaue Pille; Bewusstheit oder Unbewusstheit.

In diesem Buch benutze ich sehr gerne die Analogie der „Matrix" für Illusion und Täuschung. Falls Du zu den Menschen gehören solltest, die den gleichnamigen Film noch nicht gesehen haben, dann empfehle ich ihn Dir ganz dringend. Der Film steckt voller Metaphern und Gedankenspiele, die als Katalysator für Dein Denken wirken können. Aber die Idee der Matrix stammt von dem bereits erwähnten „Höhlengleichnis" des Platon. Die alten Griechen haben eben viel und gerne nachgedacht!

Um überhaupt bewusst sein zu können, benötigt man meiner Meinung nach das Wissen über das illusionäre Wesen von dem, was wir als Realität bezeichnen. Durch dieses Wissen verliert das Leben etwas an Wichtigkeit. Wenn man über den Sachverhalt länger nachdenkt, könnte man auf den Gedanken kommen, dass das Leben eigentlich mehr von einem Spiel hat. Auch in einem Spiel gibt es Regeln, die man besser nicht verletzen sollte. Ebenso ist es im menschlichen Leben.

Es ist aber etwas völlig anderes, ob man den Regeln folgt, weil man glaubt, dies tun zu „müssen" oder ob man einfach nicht das Spiel „ruinieren" will. Nehmen wir zum Beispiel die Gravitation. Du kannst auf ein hohes Gebäude klettern und runterspringen. Der Aufprall wird (bei entsprechender Höhe) Dein Leben beenden. Dies ist mit einem „Game Over" gleichzusetzen, Du hast die Spielregel „Schwerkraft" ignoriert.

Meiner Überzeugung nach ist das Spiel nun aber nicht gänzlich beendet. Wie im Videospiel gibt es die sogenannten „Continues". Du drückst eine Taste und wirst erneut in die Spielsituation zurückversetzt. So ist es auch mit der Reinkarnation. Wenn Du also versucht hast, eine unangenehme Erfahrung zu verhindern oder Dich ihr ganz zu entziehen – Pustekuchen, mein Lieber, das ist so nicht vorgesehen. Wenn Du zwanzig „Leben" dazu brauchst, dann brauchst Du eben zwanzig Leben. Dem Kosmos ist das völlig egal. Bis Du das Hindernis überwunden hast, geht das Spiel exakt mit dieser Lektion weiter.

Dies stellt selbstverständlich lediglich meine Überzeugung dar. Für mich fühlt sie sich richtig an, aber Du kannst selbstverständlich anderer Meinung sein. Wenn sich etwas in Deinem Leben ereignet, dann soll es sich in Deinem Leben ereignen. Du kannst dagegen revoltieren, schreien, resignieren oder es einfach annehmen. Du ahnst es vielleicht schon: revoltieren, schreien und resignieren führt Dich direkt ins Zentrum der Matrix zurück. Aus diesen Gründen ist Gleichmut eine unglaublich wertvolle Eigenschaft, die es zu kultivieren lohnt. Gleichmut ist jedoch keinesfalls mit Gleichgültigkeit zu verwechseln. Gleichmut bedeutet also nicht „Scheißegal-Einstellung", sondern die radikale Annahme von dem, was ist.

Der Formel-1-Weltmeister Kimi Räikkönen wurde einmal gefragt, ob er bei seiner Arbeit eigentlich keine Angst habe. Er antwortete, dass er kein ängstlicher Mensch sei. Wenn etwas passieren würde, dann sollte es eben so sein. Der Rennfahrer trägt seinen Spitznamen „Iceman" eben nicht umsonst. Gleichmut bedeutet für mich ein „Ja" zum Leben. Es geht aber nicht um sinnloses Leiden, wenn die Situation durchaus veränderbar ist. Eine solche Lebenseinstellung passt eher in den Bereich des Masochismus.

Gleichmut ist aber ein radikaler Gegenentwurf zu unserem Lebenskonzept in der westlichen Welt. Wir würden nicht nur alle den Ausweg aus der Matrix finden, sondern hätten gleichzeitig auch nichts mehr zu jammern und zu meckern. Ist ein solches Leben überhaupt lebenswert? Wenn Du jetzt innerlich „nein" sagst – bist Du sicher, dass dieses Buch das richtige für Dich ist?

Mache bitte einmal die Probe aufs Exempel: Wenn Du das nächste Mal längere Zeit mit dem Auto unterwegs bist, versuche einmal zu überprüfen, welcher Bewusstseinszustand in Dir vorherrscht. Geht es Dir noch ums Ankommen, oder befindest Du Dich schon wieder im Kampf mit anderen Autofahrern?

Wer und was möchtest Du sein? Willst Du ein Spielball sein, der von äußeren Kräften hin- und hergeworfen wird, oder möchtest Du Deinem Leben lieber selbst eine Richtung geben? Warum lässt Du Dir das „Heft" so bereitwillig aus der Hand nehmen? Kann Dich wirklich noch jemand oder etwas so richtig auf die Palme bringen? Warum erlaubst Du das? Wie lange möchtest Du das noch tun?

Kapitel 11: Die Matrix hacken

Bis zu dieser Stelle haben wir uns viele Gedanken zu einigen wichtigen Themen gemacht. Da Du diese Zeilen liest, bist Du also am Ball geblieben!

Was ich unter dem Begriff *Matrix* verstehe, habe ich an unterschiedlichen Stellen dargelegt. Der Begriff *hacken* stammt aus dem Bereich der EDV (ich spreche also nicht vom Holz oder Petersilie hacken) und bezeichnet so etwas wie die Manipulation eines Computerprogramms. In diesem Kapitel geht es um nichts Geringeres als die Manipulation der angeblichen Realität – eben der *Matrix*.

Zu dieser Thematik haben bereits viele wunderbare Autoren ihre Arbeiten veröffentlicht. In der westlichen Welt waren das vor allem Kurt Tepperwein, Matt Galan Abend, Joseph Murphy, Louise Hay, Neale Donald Walsch und das Ehepaar Hicks. Die genannten Autoren sind (neben vielen anderen) die Pioniere des *Matrix hackens*, also der Manipulation und Ausgestaltung der persönlichen Realität. Im Laufe der Zeit gab man diesen Theorien immer wieder neue Bezeichnungen: *Positives Denken, Mentaltraining, Selbsthilfeliteratur* usw.. Wie die aktuelle Bezeichnung also lautet, ist eigentlich unwichtig. Ich bevorzuge den Begriff *Selbstermächtigungsliteratur*.

Durch die enormen technologischen Fortschritte des 21. Jahrhunderts haben wir heute völlig andere Erklärungsmodelle zur Verfügung als in früheren Zeiten. Bevor wir jedoch in die Thematik einsteigen, möchte ich erneut auf *Henry Ford* verweisen. Allein durch die Nutzung unserer mentalen Fähigkeiten werden wir höchstwahrscheinlich niemals ein Auto aus dem Nichts *manifestieren* können. Ein solches Meisterstück gehört eher in den Zuständigkeitsbereich eines Showmagiers. Falls einer meiner Leser jedoch tatsächlich in der Lage dazu sein sollte, dann darf er sich gerne bei mir melden, denn ich habe eine Schwäche für Sportwagen. Die Erwartung, ein Auto „herbeidenken" zu können, ist einfach nur unrealistisch. Ebenso wenig wird von einem Konstrukteur erwartet, eine neue Maschine zu „erzeichnen". Anstelle dessen erschafft ein Zeichner die Grundlage, auf der dann eine neue Maschine gebaut werden kann. Genauso ist es mit den Gedanken. Ein Gedanke i Blaupause, nach der etwas in der materiellen Welt entstehen kann, wen. auch dementsprechend gehandelt und gefühlt wird.

Die Realität an sich existiert nicht, sondern nur Energie, die durch unser Gehirn interpretiert wird. Gedanken und Gefühle sind die höchstentwickelten Energieformen, derer wir uns bedienen können. Und genau hier machen viele Menschen einen entscheidenden Fehler, indem sie sich auf die weniger entwickelten Energieformen versteifen. Zu diesen Energieformen gehören „Arbeit" und sämtliche Aktionen, die im Außen stattfinden. Das sind dann die Zeitgenossen, die ihr Leben lang malochen, es aber niemals auch nur ansatzweise auf einen grünen Zweig bringen. Diese Menschen haben einfach nicht das Verständnis für die Wichtigkeit von Gedanken und Gefühlen, geschweige denn für den korrekten Umgang damit.

Für mich ist genau dies der Unterschied zwischen *Glückskindern* und *Pechvögeln*. Ich bin aber der festen Überzeugung, dass wir Menschen die Matrix durch den bewussten Einsatz unserer Gedanken und der dazugehörigen Gefühle umprogrammieren bzw. hacken können. Auf diesem Weg kann sich ein Pechvogel in ein Glückskind verwandeln. Die Grundvoraussetzung dafür ist aber, dass wir uns selbst dazu *ermächtigen*. Ermächtigung bedeutet für mich das Zurückholen der eigenen Verantwortung und deren Anerkennung durch die eigenen Gefühle.

Welch Geistes Kind bist Du? Was für eine Einstellung hast Du? Wenn Du weiterhin im Mangelbewusstsein lebst, fehlt Deinen Gedanken und Gefühlen die nötige Kraft. Wenn dies bei Dir der Fall ist, dann nützt auch kein „Positives Denken". Wenn das Fundament eines Hauses morsch ist, nützt auch kein neuer, farbenfroher Außenanstrich mehr. Bevor Du nach den Sternen greifen kannst, solltest Du Dich selbst dazu ermächtigen. Ansonsten gleichst Du einem Bettler, der lediglich vom großen Geld träumt. Dieser Bettler wird es aber immer bei seinem Traum belassen (wobei dieser Mensch wenigstens noch einen Traum hat!). Auch wenn Geld vielleicht nicht Dein Thema ist, eignet sich dieser Sachverhalt sehr gut für ein Beispiel. Du wirst dann zu Geld kommen, wenn Du *glaubst*, es wert zu sein.

Ja, Du hast ganz richtig gelesen, ich halte den Glauben für den entscheidenden Faktor und sonst gar nichts! Diese Aussage steht auch nicht in Konflikt mit den Ansichten, die z.B. auch *Henry Ford* hatte. Der Reichtum wird auf absolut weltlichen Wegen zu Dir finden, nicht durch eine Fee mit ihrem Zauberstab. Erfolg und Reichtum stellen sich nur durch kontinuierliche Arbeit ein. Jedoch wird nicht jeder durch Arbeit erfolgreich. Arbeit ist eine Grundvoraussetzung, aber keinesfalls eine Garantie.

Der Irrglaube vom amerikanischen Traum, also dem Erfolg durch harte Arbeit, hält sich hartnäckig in den Köpfen der Menschen. Denke bitte einmal darüber nach, wem dieses Programm („American Way of Life") am meisten in die Karten spielt.

Oder denke doch einfach mal an Deine Schulzeit zurück. Wo stehen heute die „Leistungsträger" von damals? Ich rede jetzt nicht von Deinen *talentierten* Mitschülern, sondern von denen, die sich alles „hart erarbeiten" mussten, den *„Strebern"*. Sind diese *Arbeiter* heute in einer beneidenswerten Situation? Wahrscheinlich werden Deine ehemaligen Mitschüler von damals heute genau das Gleiche tun, wie in ihrer Schulzeit, nämlich vor allem *hart* arbeiten. Und nun erinnere Dich bitte erneut an Deine Schulzeit zurück. Gab es da nicht auch ein paar echte Glückskinder? Mitschüler, die nicht wirklich talentiert waren, denen aber alles einfach so in den Schoß gefallen ist? Wo stehen diese Leute heute?

Höchstwahrscheinlich hat sich auch für diese Menschen nicht viel geändert, und Fortuna lächelt sie weiter an. Wie findest Du das? Ist das gerecht? Die einen rackern, rackern und rackern – kommen damit aber nicht vom Fleck. Die anderen strengen sich kaum an, erreichen aber sehr viel. Die eine Gruppe erreicht mit einem Maximum an Einsatz das Minimum an Ertrag, während die andere Gruppe dieses Prinzip ins Gegenteil ummünzt.

Was ich jetzt schreibe, wird Dich wahrscheinlich verwundern, aber ich finde diesen Mechanismus absolut *gerecht*!

Es kommt wirklich immer, immer und immer auf den Grund, das Motiv Deines Handelns an. Wenn Du glaubst, hart arbeiten zu müssen, dann *ist* das einfach so und wird auch so *bleiben*. Zu genau diesem Sachverhalt gibt es sogar eine passende Stelle in der Bibel. Diese Stelle findet sich im Lukas-Evangelium: Jesus trifft auf die Schwestern Marta und Maria. Marta bedient Jesus, während sich Maria zu ihm setzt und ihm Gesellschaft leistet. Nach einer Weile ist Marta frustriert und beklagt sich bei Jesus über ihre faule Schwester. Jesus aber entgegnet: *„Marta, Marta, du machst dir viele Sorgen und Mühen. Aber nur eines ist notwendig. Maria hat das Bessere gewählt, das soll ihr nicht genommen werden."* (Lk 10, 38-42)
Mit dieser Passage erklärt die Bibel nichts anderes, als eine Art, wie man die Matrix hacken kann! Wer gibt Maria das Recht, sich für das „gute Teil" zu entscheiden, und wer zwingt Marta zum „Dienen"? Bei beiden Entscheidungen handelte es sich um die *freiwillige* Wahl einer jeden Schwester.

Ich erinnere mich noch relativ gut daran, als ich diese Stelle das erste Mal gelesen habe, denn ich war richtig sauer! Damals war ich noch ein paar Sommer jünger und lebte noch tief in der Matrix. Ich glaubte, dass jeder Mensch „hilfreich und gut" zu sein hatte, wie also konnte Maria sich einfach für das *Gute* entscheiden, während sich ihre Schwester abrackern musste?

Maria war sich einfach das Gute wert, während Marta sich weniger wert war.

Wäre Marta sich selbst mehr wert gewesen, hätte sie sich ebenfalls zu Jesus gesetzt. Die Bewirtung hätten sich die Schwestern dann teilen können.

Aber überprüfe bitte einmal selbst Dein persönliches Umfeld: Es wimmelt nur so von „Martas", denn dies sind die direkten Produkte der Matrix bzw. deren Wirkung. Selbstverständlich wollen diese „Martas" auch nichts sehnlicher, als die wenigen „Marias" ans Arbeiten zu bekommen. Ich fasse dieses Beispiel als eine weitere Metapher auf, in der es schlicht und ergreifend um die Lebenseinstellung eines Menschen geht. Maria macht in dem Beispiel, was sie tun *möchte*. Marta handelt so, wie sie glaubt, handeln zu *müssen*. Erinnert Dich das nicht an etwas? Wie war das nochmals mit dem Thema Freiheit? Wer in diesem Beispiel ist frei und wer nicht? In meinen Augen ist Maria der Freigeist, während Marta ein Beispiel für einen perfekt angepassten Matrixbewohner darstellt. Wer möchtest Du lieber sein, *Marta* oder *Maria*? Der Unterschied ist lediglich eine Entscheidung, *Deine* Entscheidung!

Auch aus energetischer Sicht lohnt sich hier ein genauerer Blick. Welche der beiden Schwestern in diesem Beispiel liebt die andere mehr? Marta übernimmt freiwillig die ganze Arbeit, das sieht sehr sympathisch aus. Aber handelt Marta hier aus Liebe? Wohl kaum! Nach einer Weile wird Marta sauer, weil sich Maria nicht im gleichen Maß beteiligt. Sie beschwert sich dann sogar bei dem gemeinsamen Gast über ihre Schwester. Maria hingegen setzt sich entspannt zu Jesus und hört ihm einfach zu, sie hat keine Ansprüche an Marta. In gewisser Weise handelt Maria bedingungslos, während Marta Bedingungen aufstellt. Bedingungslose Akzeptanz kann man auch als Liebe bezeichnen. Und bei der Liebe handelt es sich um das machtvollste Werkzeug, um die Matrix zu hacken. Wenn Du Dich, ungeachtet Deiner äußeren Lebensumstände, zu lieben beginnst, verwandelst („hackst") Du die Matrix.

Wie sieht es nun mit Deiner Wahl aus? Jede Wahl hat ihre Gültigkeit, aber auch ihre Konsequenzen. Das ist doch ein fairer Deal! Durch die Konditionierungen, die wir erfahren haben, neigen wir dazu, nach außen zu sehen und machen unsere Entscheidung von dem abhängig, was wir dort sehen. Dies ist der Weg zur totalen Verstrickung in der Matrix.

Das Wetter ist ein ganz alltägliches Beispiel dafür. Wenn die Sonne scheint, geht es uns gut. Wenn es regnet, haben wir schlechte Laune. Ebenso verhält es sich, wenn wir Erfolg haben. Wenn wir Misserfolg haben, lassen wir uns oftmals davon runterziehen, und es geht uns richtig schlecht. Damit zementieren wir aber den Misserfolg geradezu, indem wir uns selbst darauf programmieren.

Wenn dies passiert, geschehen gleich zwei Dinge. Auf der einen Seite macht sich ein Mensch mit einer solchen Einstellung vollkommen von den äußeren Umständen abhängig. Auf der anderen Seite kollidiert diese Perspektive mit dem Grundsatz: *„Wie innen, so außen."* Die „Schlechte-Wetter-Haltung" führt dann letztlich zu einer sich selbst erhaltenden Feedback-Schleife: Ich habe Misserfolg und deshalb auch schlechte Laune. Durch die schlechte Laune produziere ich Energie, die das System *Matrix* erneut in Richtung Misserfolg manipuliert. Wer das *Perpetuum mobile* für eine Utopie hält, darf sich gerne einmal über kosmische Gesetze seine Gedanken machen...

Bei dem Perpetuum mobile handelt es sich um eine Maschine, die ohne weitere Energiezufuhr immer weiter in Bewegung bleibt. Aus physikalischer Sicht gilt das momentan als eine Fiktion, denn in einem mechanischen System gibt es immer Energieverluste, wie z.B. durch Reibung. Bei der oben beschriebenen Feedback-Schleife handelt es sich metaphorisch jedoch um das perfekte Perpetuum mobile.

Du fragst Dich jetzt vielleicht, was es nun mit diesen ominösen *kosmischen Gesetzen* auf sich hat. Über diesen Bereich wurden bereits ganze Bücher geschrieben, hier soll dieses faszinierende Thema nur kurz angesprochen werden. Die kosmischen Gesetze wurden von der historischen Person *Hermes Trismegistos* zirka 300 v.Chr. auf einer Smaragdtafel festgehalten. Diese Smaragdtafel ging verloren, und so konnte das Wissen über deren Inhalt nur durch Eingeweihte von Mund zu Mund weitergegeben werden. Neben der Smaragdtafel gilt *Hermes Trismegistos* auch als Verfasser vieler anderer Schriften, die heute als Basis für die Geheimwissenschaft der Alchemie angesehen werden.

Vielleicht fragst Du Dich, warum eine so alte Schriftensammlung noch heute für normale Menschen von Interesse sein sollte? Diesen Sachverhalt möchte ich durch eine historisch absolut gesicherte Geschichte andeuten. Im Jahre 1462 kam ein Kaufmann im schönen Florenz in den Besitz einer der Schriften des *Hermes Trismegistos* und ließ diese übersetzen. Bei diesem Kaufmann handelte es sich um *Cosimo de Medici*, ein Mitglied eben jener Familie *Medici*, die auch heute noch als Paradebeispiel für eine der mächtigsten Dynastien der Welt angesehen wird. Genauer gesagt handelte es sich bei *Cosimo de Medici* um den Mann, der seine Familie überhaupt erst zu der einflussreichen Familie machte, als die sie in die Geschichtsbücher einging.

Ist es nun absurd zu vermuten, dass der Aufstieg der Familie Medici etwas mit den Schriften des Hermes Trismegistos zu tun haben könnte? Wenn diese Schriften etwas mit dem Aufstieg der Medicis zu tun haben, lohnt sich dann nicht ein genauerer Blick auf diese kosmischen Gesetzmäßigkeiten?

Jeder Interessierte findet in unterschiedlichen Quellen Versionen des Textes der *Tabula Smaragdina*, der Smaragdtafel des *Hermes Trismegistos*. Ich möchte mich an dieser Stelle mit einer der Kernaussagen dieses Textes begnügen:

„Wie oben, so unten; wie innen, so außen.“

Dieses simple Zitat verdeutlicht ein unglaublich machtvolles Prinzip. Dabei handelt es sich um nichts anderes als die Art, wie wir unsere Realität gestalten. Die Lebenssituation (außen) eines Menschen spiegelt immer auch seinen Bewusstseinszustand (innen) wider. Aus diesem wahren Schatz leiten sich moderne Prinzipien, wie z.B. das *Gesetz der Resonanz*, direkt ab. (*„Jeder sieht nur das, was er sehen will.“*) Dieses Gesetz besagt schließlich auch nichts anderes, als dass ein Mensch das „anzieht“, also in sein Leben zieht, auf was er seine Gedanken richtet. Wir können also mit gewünschten Themen in „Resonanz“ gehen und unsere Lebensumstände damit transformieren.

Heute spricht man aber von insgesamt 7 kosmischen Gesetzen. Die Urheberschaft dieser Gesetze liegt bei den geheimnisvollen *drei Eingeweihten*, die ihre Aussagen der *Tabula Smaragdina* und dem *Corpus Hermeticum* entnahmen und 1908 in ihrem *Kybalion* veröffentlichten. Bei diesen kosmischen Gesetzen handelt es sich im Einzelnen um:

1. Das Prinzip der Geistigkeit (Der Kosmos ist geistig, alles ist Information.);
2. das Prinzip der Entsprechung (Wie innen, so außen.);
3. das Prinzip der Polarität (Alles ist relativ.);
4. das Prinzip der Schwingung (Alles hat eine spezifische Schwingung, zu der man in Resonanz bzw. Dissonanz gehen kann.);
5. das Prinzip des Rhythmus (Alles ist in Bewegung, alles verläuft in Zyklen.);
6. das Prinzip von Ursache und Wirkung (Nichts, wirklich gar nichts geschieht zufällig.);
7. das Prinzip des Geschlechts (Das Leben besteht aus Geben und Nehmen.).

Die Arbeit mit diesen Gesetzen ähnelt dabei der Tätigkeit, der manche technologische Genies frönen: dem *Hacken* eines Computerprogramms. Der eigentliche *Hack* besteht nun in der Unterbrechung dieser Feedback-Schleife. Es läuft etwas schief, aber ich lasse mir nicht die Laune verderben. Durch mein „sonniges Gemüt" sende ich nun andere, mir dienliche Energie aus. Diese Energien produzieren dann andere Resultate, als wenn ich dem Außen nachgegeben und schlechte Gefühle hätte.

Hier möchte ich nochmals eine wichtige Tatsache hervorheben: Deine Gefühle sind das Ergebnis Deiner Gedanken. Nutze also Deine Gedanken und verändere Deine Perspektive. Sorge Dich um Dein Bewusstsein, nicht um die „verschüttete Milch". Auf die oben beschriebene Weise kann die alte Feedback-Schleife gestoppt werden. Bei dauerhafter Anwendung kann sogar eine „positive" Feedback-Schleife programmiert werden. Das Ergebnis nennen wir dann eine *Glückssträhne*. Da wir Menschen aber generell misstrauisch sind, beginnen wir zu zweifeln, und die Glückssträhne beginnt zu kippen.

Der Immobilienmogul *Donald Trump* ist ein gutes Beispiel für dieses Prinzip. Der Immobilienhai wurde reich und musste dann Konkurs anmelden. Dies exerzierte Trump mehrfach durch, bis er lernte, sich dauerhaft auf die richtige Polarität auszurichten.

Der Familie meiner Mutter ist auch so eine Familie bekannt, die einen fantastischen Lottobetrag gewann. Da die Familie sowieso schon gut betucht war, flüsterten die Menschen: *„Der Teufel scheißt immer auf den dicksten Haufen!"* Die Familie besaß bereits vor dem Gewinn mehrere Häuser, doch das Undenkbare geschah. Nach kurzer Zeit war der Lottogewinn aufgebraucht, und auf den Häusern lasteten Hypotheken. Einige Zeit später geschah es erneut: Die Familie gewann nochmals eine hohe Summe im Lotto. Ich möchte es kurz machen: Heute besitzt die Familie kein einziges Haus mehr, sie hat alles verloren. Die Glückssträhne ist vollends gekippt.

Du willst also die Matrix hacken? Nimm Dir zu Anfang kleine Aufgaben vor, genau wie es echte Hacker tun. Kein Anfänger beginnt damit, den NSA-Zentralrechner zu knacken, das wäre einfach eine zu schwierige Aufgabe.

Wie wäre es, wenn Du Dir das nächste Mal einfach nicht die Laune durch schlechtes Wetter verderben lässt? Dies ist natürlich nur ein Beispiel für einen äußeren Reiz, auf den Du bewusst reagierst. Dabei ist nur eine Sache unglaublich wichtig: Wenn Du Dich als Reaktion auf einen solchen Reiz bereits schlecht fühlst, warst Du zu langsam.

Der Schlüssel zu Gleichmut liegt in Deiner Bewertung. *Du* bist wichtig, nicht das Außen. Warum solltest Du Dich von irgendetwas aus Deiner Mitte bringen lassen? Willst Du tatsächlich ein Blatt im Wind sein? Wie real ist denn dieser Wind, der Dich herumwirft?

Kapitel 12: Selbstermächtigung

Das Thema Selbstermächtigung sehe ich als *das* Kernstück meiner Arbeit an. In den Köpfen der Menschen existieren die unterschiedlichsten Formen von Opferbewusstsein und Mangelgedanken. Dabei geht es keinesfalls um das Ergebnis analytischer Denkvorgänge, sondern um die vorherrschende und gewohnheitsmäßige Mentalität. Im Grunde gleicht diese Instanz einer getönten Brille, die die Welt des Brillenträgers mit der entsprechenden Farbe einfärbt. Anhand dieses Beispiels wird auch klar, wie problematisch eine negative Einstellung sein kann. Zur Verdeutlichung kannst Du ja mal einen ganzen Tag mit einer stark getönten Brille durch die Welt gehen.

Es gibt Situationen, in denen passt der Tönungsgrad hervorragend – nämlich bei Sonnenschein. Wenn der Himmel stark bewölkt ist, beginnt die Tönung aber, sich störend bemerkbar zu machen. Wenn es dann noch dunkler wird, wird es noch problematischer. Grundsätzlich gilt das auch für eine zwanghaft positive Einstellung. Einer meiner Klienten behauptet von sich, ein besonders positiver Mensch zu sein. Wann auch immer etwas Negatives passiert, kommentiert er dies mit einem gebetsmühlenartigen: *„Ach was, es könnte ja noch viel schlimmer kommen."*

Dagegen habe ich gleich zwei Argumente. Auf der einen Seite hat diese Einstellung nichts mit *Positivem Denken* zu tun. Natürlich kann es immer schlimmer kommen, keine Frage. Wenn jemand aber gerade einen Schicksalsschlag erleiden musste, wird ihm dann eine solche Einstellung weiterhelfen? Soll sich diese Person dann in seinem Kummer hinsetzen und sich überlegen, dass sein Hund bald sterben könnte und er im nächsten Monat vielleicht nicht mehr die Hypothek für das Haus abzahlen kann? Helfen solche Gedanken?

Und hier schließt das zweite Argument nahtlos an. Solche Grübeleien helfen nicht – im Gegenteil! Sie schaden sogar noch. Im Grunde handelt es sich dabei um den Gegenentwurf zum Positiven Denken.

Wer solche Gedanken hat, konzentriert sich nicht auf die Lösung, sondern auf die Probleme.

Selbstermächtigung ist nun ein völlig anderer Weg. Die ganze Welt haut uns negative Nachrichten um die Ohren, reicht das nicht? Wie ich bereits dargelegt habe, hat dies unterschiedliche Gründe. Diese Gründe haben alle etwas gemeinsam: Allesamt sind sie uns nicht dienlich. Diese Informationen helfen uns nicht, unsere Ziele zu erreichen.

Ein Weg, damit umzugehen, besteht nun im Ignorieren dieser negativen Informationen, egal ob es sich um „offizielle" Nachrichten oder Informationen aus erster Hand (Beziehungsprobleme, der Kontostand, das kaputte Auto...) handelt. Dies ist dumm, denn es funktioniert einfach nicht. Unser Verstand ist auf überleben programmiert und bewertet damit negative Informationen sehr hoch. Da können wir mit unserem bewussten Verstand noch so vehement versuchen, diese Informationen zu verleugnen – machtvolle Strukturen in unserem Gehirn werden dies verhindern. Es geht also nicht darum, glücklich auf einem sinkenden Schiff herumzutanzen, während der Bug bereits voller Wasser ist und sich das Heck gefährlich in die Höhe reckt. Wer glaubt, sich auf diese Weise vor dem Ertrinken zu retten, hat einfach einen „Morbus Bahlsen" – er hat kräftig einen an der Waffel!

Selbstermächtigung bedeutet vor allem *Vertrauen*. Und genau daran mangelt es unserer Gesellschaft. Wir schließen Versicherungen ab und sehnen uns nach Garantien – manche Menschen heiraten sogar ausschließlich deshalb. Aber all das ist nichts als Illusion. Es gibt keine Sicherheit im Außen, da können wir noch so lange suchen. Die einzige Sicherheit befindet sich *in* uns. Diese Sicherheit besteht nicht darin, dass niemals etwas passieren wird. **Diese Sicherheit besteht in dem Bewusstsein, jeder Herausforderung gewachsen zu sein.** Das hört sich im ersten Moment nicht nach besonders viel an, ist aber viel mehr, als uns jede Versicherung oder sonst wie geartete Absicherung im Außen geben kann.

Ich gebe Dir mein Ehrenwort: Solange Du lebst, bist Du jeder Herausforderung gewachsen. Du wirst nicht jede Herausforderung bestehen, aber Du wirst jedes Hindernis überleben. Selbst wenn eine Extremsituation eintritt, die Dich das Leben kostet: Du hättest Dich mit keinem Gedanken darauf vorbereiten können, und es wäre somit völlig unnötig gewesen. Das bereits erwähnte Reptiliengehirn ist der mächtigste Teil unseres Gehirns und stammt aus einer Zeit, in der das Überleben von den richtigen Entscheidungen abhing. Jeden Tag gab es Möglichkeiten, wie Du durch falsches Verhalten zu Tode kommen konntest, z.B. wenn plötzlich ein Bär vor Dir erschien und Du reagieren musstest.

Wie oft in Deinem Leben standest Du aber tatsächlich vor einer solchen Situation? Wenn Du in Deutschland aufgewachsen bist und Dich nicht ständig in Ausnahmesituationen befunden hast, dürften Dir eigentlich kaum Situationen dieser Art einfallen. Aber selbst, wenn es Situationen dieser Art gab: Glückwunsch! Du hast reagiert und kannst jetzt diese Zeilen lesen. Alles, was Du für das nackte Überleben benötigst, befindet sich im Standby-Modus in Dir und steht Dir sofort zur Verfügung, wenn Du es plötzlich einmal benötigst. Das ist doch eine ziemlich gute Ausgangsbasis, oder?

Es gibt also keinen Grund, warum Du Dir nicht vertrauen solltest. Der Mensch wurde für das Überleben in einer sehr gefährlichen Umgebung „konstruiert". Unsere heutige Welt gleicht unserem ursprünglichen Lebensraum aber nur noch sehr entfernt. In gewisser Weise sind wir mit unseren Überlebensfähigkeiten in unserer jetzigen Lebenssituation „überqualifiziert". Nun ist es aber so, dass viele Menschen genau das Gegenteil davon empfinden: Sie fühlen sich minderwertig und nicht fähig, mit ihrem Alltag zurechtzukommen. Dies ist aber nicht verwunderlich, denn wir sind jeden Tag dem Einfluss der Medien ausgesetzt. Wie bereits erwähnt, verkaufen sich schlechte Nachrichten am besten. Deshalb werden Themen zu weltbedrohlichen Szenarien hochgepusht, mit denen der Einzelne unter normalen Umständen überhaupt keine Berührungspunkte hätte.

Ein Beispiel dafür sind die Haushaltsstreitereien in den USA. Die Republikaner blockierten im September 2013 die Verabschiedung des US-Haushalts, weil sie mit einem bereits beschlossenen Gesetz der Obama-Administration (Healthcare) nicht einverstanden waren. Das politische Hickhack gipfelte sogar darin, dass staatliche Einrichtungen schlossen und Beamte in den unbezahlten Urlaub geschickt wurden. Je näher der Stichtag rückte, zu dem der Haushalt verabschiedet werden musste, umso drastischer wurden die möglichen Konsequenzen in den deutschen Medien ausgemalt. Wieder war die Rede von einer globalen Krise, ja eigentlich wurde bereits der Untergang des Abendlandes eingeläutet. Dabei war es jedem halbwegs politisch gebildeten Menschen klar, dass es bei diesem Geplänkel lediglich um einen Machtkampf zwischen den beteiligten Parteien ging. Keiner der beteiligten Parteien hätte wirklich ein Verstreichen des Stichtages riskieren können, dafür war der Grund des Disputs viel zu lapidar. Dennoch wurde der „Shutdown", also die Zahlungsunfähigkeit der USA, als reale und sogar gar nicht mal so unwahrscheinliche Möglichkeit in den düstersten Farben ausgemalt und den Menschen vorgesetzt.

Was hat diese Art der Berichterstattung ausgelöst? Natürlich wurde auf diese Weise Aufmerksamkeit generiert. Am Ende gab es auf den Internetseiten von Zeitungen sogar „Live-Ticker" für neue Informationen. Die Anzeigenkunden der Zeitungen und Magazine konnten also genauso dankbar sein wie die Zeitungsverlage selbst. Der einzelne Konsument zahlte dafür die Zeche, denn er war dem medialen Trommelfeuer schutzlos ausgeliefert.

Welche energetische Wirkung hatte wohl dieses Schreckensszenarium? Die wahrscheinlich mächtigste Nation der Welt stand angeblich vor dem Bankrott, während gleichzeitig auf dem Globus kriegerische Auseinandersetzungen mit deren Beteiligung stattfanden. Wie sollten sich diese Informationen in den Köpfen der Menschen auswirken? Diese Informationen haben dazu geführt, dass sich Angst in den Köpfen ausbreitete. Ich behaupte, dass diese Wirkung nicht nur hingenommen wurde, sie war gewollt, denn sonst würden die Konsumenten ja keine Zeitungen mehr kaufen! Dies ist für mich ein Skandal, denn es gab kaum Stimmen der Vernunft, die etwas seriösere Informationen lieferten. Dies kann ich nur als Armutszeugnis für den deutschen Journalismus werten.

In diesem Zusammenhang ist es interessant, was dann als nächstes Thema die Schlagzeilen beherrschte. Es wurde der Skandal um den Bischof von Limburg hochgejubelt. Dieser Schachzug ist fast schon genial, denn ausgehend vom Streit in der Haushaltspolitik in den USA, greift er wieder das Thema „Geld" auf. Geld ist ja die Sache, die (fast) jeder Mensch will, aber im Gegenzug (fast) keinem anderen Menschen gönnt. In Verbindung mit den Imageproblemen der katholischen Kirche wurde damit ein „Shitstorm" ausgelöst, der Seinesgleichen suchte. Aber die Verbindung zum „Shutdown" ist damit noch nicht beendet, natürlich gab es auch hier nur spärlich gesäte tatsächliche Informationen. Um das „Triple" perfekt zu machen, möchte ich noch kurz auf das folgende Thema in den Nachrichten zu sprechen kommen: das „Merkelphone". Einige Monate, nachdem die umfangreichen Spionageprogramme des amerikanischen Nachrichtendienst NSA bekannt geworden waren, wurde bekannt, dass neben den Daten *aller* Europäer auch die Daten der Kanzlerin Merkel ausspioniert wurden. Das mediale Feuerwerk brachte selbst aufgeklärte Menschen wie einen ansonsten sehr sachlichen, populären Wissenschaftsjournalisten dazu, die Europäer dazu aufzurufen, alle amerikanischen Internetdienste zu meiden. Dies kann man im besten Fall nur als naiv bezeichnen. Sarkastisch veranlagte Menschen könnten der NSA sogar gratulieren, denn was sonst als seinen originären Auftrag hat der Dienst erfüllt?

Damit beenden wir unseren Ausflug in die Welt der Medien. Meine Gedankengänge zu dieser Thematik sollten Dir nahebringen, welchen Einflüssen Du ausgesetzt bist und welche Wirkungen diese in Dir auslösen. Nun gibt es Menschen, die überhaupt kein Fernsehen schauen und sich somit auch, so gut es geht, aus den Massenmedien ausklinken. Allerdings ist kein Mensch eine Insel. Wir haben alle Kontakte zu anderen Menschen. Einige dieser Menschen konsumieren nach wie vor, was die Massenmedien ihnen vorsetzen und bilden sich auf der Basis dieser Informationen eine Meinung. Diese Meinung teilen jene Menschen dann mit den Fernseh-Boykottierern und multiplizieren damit die Wirkung der ursprünglichen Nachricht. Somit kann die Nachricht dann auch bei den Fernseh-Enthaltsamen ihre Wirkung entfalten.

Sind wir nun hilflose Opfer im Informationsfluss? Am Anfang dieses Kapitels habe ich erwähnt, dass wir Informationen nicht einfach ignorieren können. Dies funktioniert aufgrund unseres Überlebensinstinktes nicht. Dennoch können wir etwas tun! Wir können diese Informationen relativieren, indem wir selbständig zu denken beginnen. Dazu gehört eine Relativierung der Informationen, die wir über Dritte übermittelt bekommen. Dabei spielt es keine Rolle, ob wir die Nachricht von einer Nachrichtenagentur bekommen oder vom Nachbarn.

Fremde Informationen bleiben *fremd*. Wie ich bereits an anderer Stelle erwähnt habe, ist der Mensch nicht fähig, auf direktem Wege Informationen aus der Umgebung wahrzunehmen. Wie irreal ist es dann, Informationen von anderen Menschen zu vertrauen, die diese ebenfalls nicht aus erster Hand erfahren haben? Ich sage damit keinesfalls, dass Du Dich nicht über bestimmte Themen informieren sollst. Wenn es um ein konkretes Problem geht, dann empfehle ich Dir, dieses Vorgehen sogar ganz ausdrücklich! Irgendwann kommt dann aber der Punkt, an dem Du alle Informationen zur Verfügung hast. Oftmals erübrigt das aber noch lange nicht eine Entscheidung. Diese Entscheidung musst letztlich Du allein treffen – denn Du musst ja auch mit den Folgen leben.

Dazu gibt es zwei interessante Experimente: Bei dem ersten Experiment ging es darum herauszufinden, wer der bessere Börsenmakler ist. Eine Gruppe Aktienanalysten trat gegen den Schimpansen *Lusha* an. Die Aktienanalysten boten ihr ganzes Fachwissen auf und gaben Aktienempfehlungen ab. Der Schimpanse hatte wahrscheinlich mehr Vergnügen bei seiner Arbeit, er wählte Aktien vollkommen willkürlich aus.

Am Ende wurden die Empfehlungen der beiden „Expertengruppen" miteinander verglichen. Der Schimpanse hatte mit Abstand mehr Erfolg gehabt als seine Kollegen in den teuren Anzügen.

Bei dem zweiten erwähnenswerten Experiment traten auch zwei Gruppen gegeneinander an – ohne Schimpansen. Diesmal ging es um den Kauf des „sinnvollsten" Autos. Beide Gruppen bekamen ein „Pflichtenheft", dem das neue Auto genügen musste. Die erste Gruppe bekam Prospekte mit nur sehr wenigen technischen Details zu den Autos. Die zweite Gruppe bekam deutlich mehr Informationen. Für diese Aufgabenstellung gab es nur eine einzige Lösung, also ein Fahrzeug, das den Ansprüchen voll und ganz entsprach. Die Teilnehmer der Gruppe mit den spärlichen Informationen wählten deutlich häufiger als ihre Kollegen das passende Auto aus. Zu viele Informationen können also ebenso schädlich sein wie zu wenige Informationen.

Selbstverständlich sollst Du Dich weiterhin mit Themen auseinandersetzen, die Dich interessieren. Wenn Dich diese Beschäftigung glücklich macht, möchte ich Dir dazu gratulieren. Ist das nicht der Fall, solltest Du Deine Energie lieber für erfreulichere Dinge verwenden.

So viel also zum Thema „nutzlose Informationen". Was aber ist nun eine brauchbare Information? „Brauchbare Information" baut Dich auf, steigert Deinen Energiepegel und motiviert Dich. Wann immer Du diese oder eine ähnliche Wirkung in Dir feststellst, hast Du es mit brauchbarer Information zu tun. Eine der wichtigsten Informationen im Leben eines Menschen lautet: Du hast immer Erfolg. Wirklich immer! Gleichzeitig ist diese Information aber knüppelhart, denn Du trägst die Verantwortung für das, was in Deinem Leben passiert. Du hast die Zustände erschaffen, und Du darfst damit leben. Deine Gedanken, Deine Gefühle, Deine Handlungen haben Deine Lebenssituation erschaffen. Eigentlich ist das doch genial, oder?

Wenn Du diese Situation erschaffen hast, dann kannst Du auch eine neue Situation kreieren. Du kannst jederzeit neu beginnen. Jede Sekunde, jede Minute, jede Stunde und jeder Tag sind die Gelegenheiten, in denen die Veränderungen stattfinden können. Das hört sich für viele Menschen zu einfach an. Ich kenne allerdings ausschließlich einfache

Wahrheiten. Es gibt Menschen, die ständig nach Argumenten suchen, warum es nicht so einfach sein kann.

Ich will ganz ehrlich zu Dir sein: Auf diese Weise wird es nicht funktionieren. Wenn Du Dein Leben ändern möchtest, dann musst Du es tatsächlich auch *wollen*! Wenn Du anstelle dessen lieber nur jammern möchtest, wirst Du auch immer genug Gründe zum Meckern finden. Dein Leben wird sich dadurch aber jedenfalls nicht zum Besseren verändern. Wenn Du Dein Leben lang unkonstruktiv gedacht hast, kannst Du natürlich nicht durch zehn Minuten ein Wunder erreichen, sie werden aber keinesfalls sinnlos sein, das verspreche ich Dir!

Denke an dieser Stelle aber bitte noch über den Satz weiter oben nach: *„Du hast immer Erfolg."* Welche Gedanken löst dieser Satz bei Dir aus? Kannst Du diesem Ausspruch voll und ganz zustimmen? Wenn da auch nur der Hauch eines Widerspruchs in Dir ist, dann wirken noch alte Programme in Dir. Es wäre auch vollkommen bemerkenswert, wenn diese alten Programme plötzlich vollständig ihren Dienst einstellen würden. Dies ist möglich, aber eher unwahrscheinlich – dafür warst Du einfach zu lange den Konditionierungen unserer Gesellschaft ausgesetzt.

Manche Menschen machen an diesem Punkt einen entscheidenden Fehler: Sie wehren sich gegen diese Programme. Dabei gilt leider auch hier ein altes Prinzip: Wer gegen etwas kämpft, macht es nur noch stärker. Wenn Du also Widerstand gegen neue Gedanken in Dir spürst, dann versuche, ihn nicht zu unterdrücken. In diesem Zusammenhang erinnere ich mich noch sehr gut an einen interessanten Zwischenfall während meiner Schulzeit. Wir saßen im Klassenzimmer, und einer meiner Mitschüler entdeckte sein Vergnügen am Knopf seines Kugelschreibers. Er drückte darauf, und die Mine schob sich etwas aus dem Plastikgehäuse, begleitet von einem metallischen Klicken. Mein Klassenkamerad drückte wieder darauf, und die Mine verschwand wieder im Plastikgehäuse. Immer und immer wieder drückte er gedankenverloren auf den Knopf, was ich mit Interesse beobachtete. Ebenso registrierte ich eine gewisse Gereiztheit bei unserer Lehrerin. Die Stunde zog sich dahin (es war eine Doppelstunde), und es klickte im gleichen Maße weiter, in dem unsere Lehrerin nervöser wurde. Mein Klassenkamerad ging zur Toilette, und es kam zu einer *klickfreien* Pause. In dieser Stille klickte es plötzlich, genau ein einziges Mal. Ich drehte den Kopf und sah, dass ein anderer Klassenkamerad scheinbar den Bleistift gegen einen Kugelschreiber getauscht hatte. In diesem Moment brach der Orkan los bzw. unsere Lehrerin explodierte förmlich. *„Thomas! Wie oft willst Du noch auf diesen verfluchten Kugelschreiber drücken? Macht Dir das etwa Spaß?"* Einen solchen Sturm kann also ein einziges Geräusch auslösen.

Was war hier passiert? Das Klicken des Kugelschreibers war für die Lehrerin anscheinend ungemein nervend gewesen. Anstatt frühzeitig etwas gegen das Geräusch zu unternehmen, hatte sie ihren Widerwillen unterdrückt. Als das Klicken anhielt, ist ebenfalls der Druck in ihr stetig weiter angestiegen. Am Ende glaubte sie sogar, dass dieses Geräusch als Maßnahme der psychologischen Kriegsführung gegen sie eingesetzt wurde, aber sie verdrängte weiter. Dann kam es zu einer Pause, in der das verhasste Geräusch ausblieb. In diese Stille hinein hatte das einmalige Klicken eines anderen Kugelschreibers die Macht, eine erfahrene Lehrerin vollkommen ausrasten zu lassen.

Ähnlich wird es auch Dir mit unterdrückten Gedanken ergehen. Versuche diese Gedanken nicht zu bekämpfen oder zu unterdrücken. Schenke ihnen einfach nicht Deine Aufmerksamkeit (das ist ein kleiner, aber feiner Unterschied), und denke ganz bewusst andere Gedanken. Falls nötig, werde aktiv und handele – das ist sinnvoller, als sich innerlich selbst zu verschlingen.

Und jetzt stehen wir vor dem nächsten Problem, denn welche anderen Gedanken sollen das sein? Du solltest ganz bewusst Gedanken denken, die sich gut anfühlen. Dieser Satz enthält den wesentlichen Faktor: *gut anfühlen*. In diesem Zusammenhang gibt es einen Sachverhalt, der relativ phantastisch anmutet. In Deinem Bewusstsein existiert zu jeder Zeit die Gesamtsumme aller möglichen Gedanken. Dennoch denken wir aber eigentlich immer nur einen Gedanken und nicht mehrere Gedanken gleichzeitig – wie kann das sein?

Der Schlüssel heißt *Aufmerksamkeit*. Die Aufmerksamkeit funktioniert wie ein gleißender Scheinwerfer, der Gedanken aus der Dunkelheit der Unbewusstheit reißt. Hinter diesem Mechanismus steckt ein Automatismus. Vielleicht ist „gewohnheitsmäßiges Denken" eine treffende Bezeichnung. Alles im menschlichen Körper ist so ökonomisch wie nur möglich. Die Erschaffung einer Gewohnheit ist ein sehr energiesparendes Verhalten. Wenn Du also sehr oft negativ denkst, dann bildet sich eine Regel, die den „Scheinwerfer" automatisch auf weitere negative Gedanken lenkt. Diesen Mechanismus können wir natürlich für uns nutzen, indem wir eben bewusst anders geartete Gedanken denken. Mit der Zeit ändert sich dann somit auch die Software des Scheinwerfers. Du lenkst also nun Deine Aufmerksamkeit ganz bewusst auf positivere Gedanken. Achte dabei darauf, dass Du diesen Gedanken tatsächlich auch trauen kannst und sie schließlich auch fühlst. Es macht keinen Sinn, wenn Du Dich zwanghaft auf strahlende Gedanken konzentrierst, wenn Du aber nicht dahinterstehst. Wenn ich bei Minustemperaturen an einem Bahnsteig stehe, der Wind mir eisig ins Gesicht weht und sich meine Muskulatur verkrampft, nützt es mir nichts, wenn ich mir einrede, dass ich das total angenehm finde. Ein Gedanke, der mir hingegen dienlich ist, ist die Vorfreude auf einen heißen Kaffee, eine heiße Dusche oder aber der Gedanke an den nächsten Sommer.

Positives Denken ist gut, muss aber intelligent genutzt werden. Ansonsten ist diese Art zu denken nicht sinnvoll, sondern schädlich, denn es geht nicht darum, sich sinnbildlich die Finger in die Ohren zu stecken und die Augen zu schließen.

Eine wunderbare Technik, die Deine Selbstermächtigung wie ein Turbo beschleunigen kann, besteht darin, Dir Deine bisherigen Erfolge zu verdeutlichen. Grundsätzlich gibt es dazu viele Möglichkeiten. Ich empfehle meinen Klienten dazu meist zwei unterschiedliche Versionen. Die eine ist „diskret", die andere eher das genaue Gegenteil. Für die diskrete Variante benötigst Du etwa eine Stunde Zeit und ein neues Notizbuch. Begib Dich an Deinen Lieblingsort, und denke einmal über die Erfolge in Deinem Leben nach. Es können die großen Dinge, aber auch die kleinen, eher alltäglichen Ereignisse sein. Es spielt auch überhaupt keine Rolle, ob irgendjemand anderes einen Deiner Erfolge als solchen anerkennen würde. Wichtig ist nur, dass Du selbst es als Erfolg ansiehst. Nimm Dir aber unbedingt die nötige Zeit dazu, und sei so genau wie möglich. Du wirst überrascht sein, was da alles zusammenkommt. Und darauf darfst Du mit Fug und Recht stolz sein!

Die andere Methode ist deutlich PR-tauglicher. Besorge Dir eine Pinnwand, und hefte symbolische Fotos oder Zeichnungen für Deine Erfolge daran. Es ist völlig egal, ob jemand anderes mit diesen Bildern etwas anfangen kann – es ist schließlich Deine illustrierte „Zielsammlung". Beide Methoden haben die gleiche Wirkung. Die Pinnwand kannst Du an einem schönen Platz aufhängen und siehst sie dort dann regelmäßig. Das Notizbuch kannst Du im Gegenzug immer mitnehmen.

Natürlich beziehen sich diese Techniken auf die Vergangenheit. Es gibt eine Methode für die Gegenwart, allerdings wirkt diese auf den ersten Blick etwas negativ. Dazu nimmst Du ein Notizbuch (am besten aber ein neues) und trägst alles ein, was Dich momentan in Deinem Leben stört. Auch hier geht es um die Gesamtheit aller Faktoren – egal, ob es sich um große oder kleine Dinge handelt. Sobald Du dann eines dieser Hindernisse aus dem Weg geräumt hast, streichst Du es durch. Mit der Zeit wirst Du erstaunt sein, wie effektiv Du beim *„aus dem Weg räumen"* bist.

Genau das verstehe ich unter „Selbstermächtigung": das Wissen über Deine eigene Handlungsfähigkeit und Selbstwirksamkeit. Du warst handlungsfähig und wirst es immer sein, wenn Du daran glaubst. Glaubst Du das Gegenteil, dann ermächtigst Du das Gegenteil und installierst ein Opferbewusstsein.

Bist Du in Deinem Leben immer erfolgreich gewesen? Kannst Du Dir da sicher sein? Kann es nicht sogar sein, dass Du in Wirklichkeit *äußerst* erfolgreich warst? Wann übernimmst Du die Verant-

wortung für diese Ereignisse? Was sagen Deine Ergebnisse über Deine Mentalität aus? Bist Du bereit, weiterhin Ergebnisse dieser Art zu produzieren? Was hast Du bisher in Deinem Leben erreicht? Welche Lösungen möchtest Du noch in Deinem Leben finden und anwenden?

Kapitel 13: Du hast Anspruch auf nichts

Dieses Kapitel hört sich wie der totale Gegenentwurf zum vorherigen an, nicht wahr? Das scheint aber nur auf den ersten Blick so zu sein. Wir leben in einer Kultur, in der es Werte und Normen gibt. Ein Beispiel dafür ist die Menschenwürde. Menschenwürde steht jedem Menschen zu und ist unantastbar. Diesen und andere mühselig errungenen Werte möchte ich in diesem Kapitel keinesfalls zur Diskussion stellen. Über unsere Werte und Normen hinaus hat sich jedoch ein Anspruchsdenken gebildet, das nur als völlig krank bezeichnet werden kann. Diese Einstellung kann mit dem Zitat *„Das steht mir zu!"*, auf den Punkt gebracht werden. Egal ob es sich um Beamte, Arbeitnehmer, Arbeitgeber oder Hartz-IV-Empfänger handelt, dieses Denken hat sich in allen Köpfen verbreitet.

Worauf aber hat ein Mensch Anspruch? Sofort fallen beim Nachdenken Schlagworte wie Nahrung, Unterkunft, Arbeit und Selbstentfaltung ein. Ist dies aber wirklich so? Ich persönlich glaube nicht, dass es einen generellen Anspruch auf diese Dinge gibt und geben sollte. Wer alleine nicht für seinen Lebensunterhalt aufkommen kann, weil er krank, alt oder unverschuldet in eine Notlage geraten ist, dem sollte schlicht und einfach geholfen werden. Dennoch muss genau hingesehen werden, auf wen diese Kriterien tatsächlich zutreffen und ob sich jemand nicht etwa dahinter versteckt (ein „Drückeberger"). Außerdem muss man sich generell über die Art der Hilfe ernsthafte Gedanken machen. Oftmals führt gut gemeinte Hilfe in eine Abhängigkeit und nicht zu einer Besserung der Situation. Mir geht es hier aber eher um die Einstellung eines jeden Einzelnen als um die Möglichkeit einer gesetzlichen Regelung.

Hinter diesem Thema steht nämlich auch wieder das Thema *Selbstbewusstsein*. Ich halte es schlicht und einfach für sehr ungesund, wenn sich jemand auf staatliche Unterstützung verlässt, obwohl er selber für seinen Lebensunterhalt aufkommen könnte. Auf lange Sicht gehen einem solchen Menschen nämlich tatsächlich die Fähigkeiten für eine selbständige Lebensführung verloren. Zur Verbreitung des Märchens vom „glücklichen" Hartz-IV-Empfänger möchte ich hier also nicht beitragen. Wenn Du gesund bist und in Deinem Leben etwas erreichen möchtest, dann warte bitte nicht darauf, dass eine gute Fee es Dir schenkt. Wenn Du etwas möchtest, dann hole es Dir. Arbeite dafür. Bewege Deine vier Buchstaben!

Der andere Weg ist es, sich in Selbstmitleidsphantasien zu versenken. Es gibt Menschen, die das so richtig genießen. Vielleicht sieht die Welt manchmal ungerecht und hart aus. Fakt ist aber, dass irgendjemand genau das hat, was Du haben willst. So leid es mir tut, es gibt nicht nur hauptberufliche „Söhne und Töchter", Menschen mit „Vitamin B" und Glückskinder. Ich bin der festen Überzeugung, dass die meisten Menschen sehr hart für ihr Leben arbeiten. Warum also sollte es bei Dir anders sein? Siehst Du Dich selbst als Almosenempfänger? Wenn Du so oder so ähnlich denkst, solltest Du Dich nicht wundern, wenn Du Dich irgendwann auf einem öffentlichen Platz sitzend, mit einem leeren Kaffeebecher vor den Füßen wiederfindest.

Für mich hat dieses Thema auch mit Stolz zu tun. Warum sollte irgendjemand für meine Rechnungen aufkommen, wenn ich sie selber zahlen könnte? Leider sieht es in unserer globalisierten Gesellschaft so aus, dass es für viele Menschen sehr schwierig ist, eine passende Arbeitsstelle zu finden. Selbst im Facharbeiterbereich werden Arbeitsplätze knapp, für ungelernte Kräfte sieht es noch schlechter aus. Leider gibt es in Deutschland kein verbrieftes Recht auf Arbeit, denn wir leben in einer Marktwirtschaft.

Grundsätzlich geht es aber auch hier um die Frage, ob man lieber von der „Stütze" oder von der eigenen Arbeit leben möchte. Es ist aber tatsächlich nicht der Fall, dass jeder ohne weiteres eine Arbeit finden kann. Es könnten meiner Meinung nach aber wesentlich mehr Menschen durch der eigenen Hände Arbeit leben als es momentan der Fall ist.

Auch der Satz: *„DAFÜR gehe ich nicht arbeiten!"*, zeugt von einem pervers übersteigerten Anspruchsdenken. Wieso sollte jemand, der diese Meinung teilt, Anspruch darauf haben, dass die Gesellschaft ihn versorgt? Ich selbst habe jahrelang in einem Beruf gearbeitet, für dessen Entgelt viele Menschen niemals ihren Allerwertesten aus dem kuscheligen Bett bewegen würden. Ich möchte Dir aber ein Geheimnis verraten: Diese Arbeit hat mir nicht geschadet. Sie hat dazu geführt, dass ich mehr gelernt habe als jemals zuvor.

Auch in Deutschland gibt es freie Stellen für Fachkräfte. Nur leider möchten viele Menschen diese Jobs nicht machen. Ich spreche hier u.a. vom Pflegebereich. Diese Arbeitsplätze können gar nicht oder nur sehr schwer besetzt werden. Sicherlich wirst Du durch diese Arbeit nicht automatisch reich, aber ganz ehrlich – durch welche Arbeit wird man das überhaupt? Entgegen aller Vorurteile haben diese Arbeitsplätze auch Vorteile. Anders als in vielen anderen Berufen, wird wertvolle Arbeit an Menschen geleistet. Die Ausbildungen sind qualifiziert, und in diesem Bereich gibt es durchaus Aufstiegschancen. Wenn da nur nicht dieses blöde Argument vom *„anderen Menschen nicht den Arsch abputzen"* wäre, ja dann... Das ist für mich nichts anderes als eine faule Ausrede. Sicherlich hat jeder Beruf Ansprüche, die nicht jeder Mensch erfüllen kann. Es kann schließlich auch nicht jeder Mensch Mathematiker, Profisportler oder Friseur werden.

Hinter vorgeschobenen Begründungen stecken aber häufig andere Motive. Mangelnde Bereitschaft zu Schicht- und Wochenenddiensten und körperlicher Arbeit halte ich für die echten, aber eben auch unpopuläreren Gründe, die gegen eine Tätigkeit in der Pflege sprechen. Hinter dem Anspruchsdenken verbirgt sich also eine ganze Batterie unterschiedlicher Faktoren. Einer der Hauptfaktoren besteht aus der eigenen Weltsicht. Warum lebst Du eigentlich? Lebst Du nur, um zu existieren? Oder möchtest Du in diesem Leben etwas bewirken? Möchtest Du vielleicht sogar den Unterschied ausmachen?

Menschen mit einem überzogenen Anspruchsdenken kommen meist nicht wirklich weit in ihrem Leben. Oftmals glaube ich, dass „satt", „sauber", „sicher" die einzige Lebensmotivation mancher Zeitgenossen ist. Wer das Mögliche schaffen möchte, muss sich aber am Unmöglichen versuchen. Gibt man sich immer nur mit dem Nötigen zufrieden, ist dieses keinesfalls gesichert, *„denn kluger Mann baut vor"*...

Das Leben ist nicht leicht, und wer Dir etwas anderes erzählt, hat schlicht und einfach keine Ahnung. Arbeit gehört zum Leben dazu, aber warum sollte sie keinen Spaß machen? Du bist nicht zufällig auf diesem Planeten! Ich glaube absolut unumstößlich an so etwas wie einen Lebensplan. Vielleicht sollst Du ein begnadeter Pianist, ein talentierter Arzt oder ein geschickter Mechaniker sein. Unter Umständen sollst Du auch der weltbeste Schuhputzer sein. All das ist völlig legitim und völlig in Ordnung. Nur eines ist nicht in Ordnung: wenn Du faul in der Koje liegen bleibst und Deine Talente wegschmeißt, obwohl Du sie gewinnbringend einsetzen könntest. So ist Dein Leben nicht gedacht gewesen. Aber auch die Wahl zu einem solchen Leben ist legitim, denn Du allein musst mit den Konsequenzen leben.

Mark Twain drückt es besonders markant aus: *„Die Welt schuldet Dir nichts, sie war schließlich zuerst da!"*

Was denkst Du, wenn Du dieses Zitat liest? Auf was glaubst Du, einen Anspruch zu haben? Wer hat Deiner Meinung nach Anspruch auf Hilfe? Wie sollte echte Hilfe aussehen? Gibst Du immer Dein Bestes, oder bist Du mit weit weniger zufrieden? Hast Du eine Vorstellung davon, für welche Aufgabe Du in diesem Leben bist? Warum machst Du nicht einfach das Beste daraus?

Kapitel 14: Warum bist Du eigentlich hier?

Viele Menschen machen sich wirklich tiefschürfende Gedanken über den Sinn des Lebens. All diese Gedanken führen jedoch nicht wirklich irgendwohin, denn es fehlen meist einfach wichtige Informationen für eine vollständige Betrachtung dieses Sachverhalts. Diese Informationen erhalten wir überlicherweise erst nach unserem physischen Tod. Eines steht jedoch fest: Dann nutzen uns diese Informationen über unseren Aufenthalt auf diesem Planeten nichts mehr. Deshalb sollten wir uns an die Fakten halten, die unumstößlich sind. Über das Thema *Lebenserwartung* und das, was wir für die Realität halten, haben wir bereits an anderer Stelle nachgedacht. Uns steht nur ein begrenzter Zeitraum für unser Leben zur Verfügung. Warum sollten wir also unsere wertvolle Zeit mit Dingen verbringen, die uns nicht wirklich wichtig sind? Warum verbringst Du anstelle dessen nicht so viel Zeit wie möglich mit Dingen, die Dir wichtig sind?

Normalerweise ist dies nun der Zeitpunkt, an dem das Lied von der Arbeit und den Verpflichtungen gesungen wird. Deshalb möchte ich Dich fragen: Wirst Du morgens von der Polizei aus dem Bett geklingelt und zur Arbeit gebracht? Wieso lebst Du dann dieses Leben, wenn es Dir eigentlich auf diese Art und Weise nicht gefällt? Bist Du eventuell masochistisch veranlagt? In diesem Fall könnte ich das ja noch verstehen... Was hast Du eigentlich zu verlieren, außer wertvoller Lebenszeit? Ich spreche jetzt auch ganz ausdrücklich die älteren Leser dieses Buches an. Wann hörst Du auf, wertvolle Lebenszeit zu verschwenden? Für eine Überlegung zu diesem Thema ist es wirklich niemals zu spät, selbst wenn Du nur noch einen einzigen Tag zu leben hättest!

Nun kommen wir aber zum komplizierteren Teil. Viele Menschen wissen genau, was sie *nicht* wollen. Dafür weiß kaum jemand, was er nun aber eigentlich will. Deshalb leben die wenigsten Menschen auch ein Leben, das Ihnen gefällt. Das ist so ähnlich wie in einem Versandhauskatalog oder beim Online-Shopping. Was nützt die größte Auswahl, wenn ich eigentlich keine Ahnung habe, was ich wirklich bestellen möchte?

Ich erwarte jetzt keinesfalls, dass Du dieses Buch auf der Stelle zuschlägst und einen absolut detaillierten Plan im Kopf hast, den Du nur noch umsetzen musst – keine Bange! Wenn Du aber das Buch zu Ende gelesen hast, wirst Du diesen Plan erstellen können. Eine Anleitung findest Du am Ende des Buches.

Auch mein Weg führte auf Umwegen zu meinem jetzigen Beruf. Eigentlich habe ich mich immer für Geschichten interessiert und wollte vom Schreiben leben. Ich hatte aber überhaupt keine Ahnung, wie ich dahinkommen konnte. Also machte ich das, was „man" eben so macht – ich machte eine handwerkliche Ausbildung. Meine Eltern rauften sich die Haare, als sie von diesem Entschluss hörten, aber was sollten sie machen? Ich hatte eigentlich absolut kein Interesse an „regulären" Berufen, und da ist es doch besser, der Sohn macht überhaupt eine Ausbildung.

Was passierte? Die Ausbildung war ein Fiasko, kostete jede Menge Nerven und nach zwei langen Jahren hatte ich die Nase so voll, dass ich sie vorzeitig beendete. Umsonst war diese Ausbildung keinesfalls, denn ich hatte viel über menschliches Verhalten gelernt. Es waren zwar überwiegend unangenehme Erfahrungen, aber bittere Medizin ist manchmal eben die beste. Was meine beruflichen Perspektiven anging, hatte sich aber eigentlich gar nichts geändert, denn ich hatte weiterhin absolut keine Ahnung, wie ich etwas mit meiner Leidenschaft für das Schreiben in einem bürgerlichen Beruf erreichen konnte.

Ich war eigentlich weiterhin ziemlich uninteressiert an regulären Berufen, da ich aber mit dem theoretischen Teil der Ausbildung relativ mühelos klargekommen war, setzte ich mir in den Kopf, dass eine Ingenieurslaufbahn nicht das Schlechteste wäre – wobei mich die Verdienstsituation am meisten interessierte... Also besuchte ich die Fachoberschule für Technik. Ich kam weiterhin mit dem Schulstoff recht gut klar, mit Ausnahme von einem Fach: Mathematik. Zum ersten Mal in meinem Leben stieß ich an eine meiner Grenzen. Ich hatte einfach nicht die nötigen Voraussetzungen. Das Ergebnis davon war ein gutes Fachabitur, mit einer miserablen Note in Mathematik. Damit war auch meine Ingenieurslaufbahn besiegelt.

Nun stand aber ein obligatorisches Sabbatjahr in Form meines Ersatzdienstes an. Ich war froh, mich nicht direkt weiter um meine berufliche Laufbahn kümmern zu müssen. Ich arbeitete in der Pflege und hatte eigentlich viel Spaß dabei. Irgendwann musste ich mir dann aber Gedanken um meine berufliche Zukunft machen, und so fing ich an, mich für eine Ausbildung in einer Bibliothek zu bewerben. Ich bekam nach nur einer Bewerbung den Zuschlag in einer großen Einrichtung und hakte das Thema für mich ab. Eigentlich könnte das ja ganz gut passen, denn schließlich ging es um Bücher. Geschichten stehen ja oft in Büchern...

Also begann ich frohen Mutes die Ausbildung und kam relativ schnell auf dem Boden der Tatsachen an. Ich glaube, ich habe niemals etwas Langweiligeres in meinem Leben getan, als in der Bibliothek zu arbeiten. Ich respektiere die Arbeit und sehe sie als sinnvoll an, aber eigentlich nur für Menschen, die keinen besonderen Hang zu sozialer Interaktion und keinerlei Hang zur Kreativität haben. Ich kam morgens zum Dienst, hatte meine Arbeit meist innerhalb von drei Stunden erledigt und surfte den Rest der Zeit im Internet oder traf mich mit fachfremden Kollegen auf einen Kaffee. Kurz – ich war nicht gerade von meiner Tätigkeit ausgefüllt. Am Ende der Ausbildung hatte ich dann erneut ein Problem. Ich hatte zwar einen recht guten Ausbildungsabschluss, aber in diesem Beruf wollte ich einfach nicht weiterarbeiten und es gab – Gott sei Dank! – kaum Arbeitsplätze.

Die Zeit war natürlich weitergelaufen, und ich hatte mir mein eigenes Leben aufgebaut, das leider Fixkosten wie z.B. eine Monatsmiete und Kosten für den eigenen Lebensunterhalt beinhaltete. Meine berufliche Perspektive beinhaltete aktuell nur die Möglichkeit einer Stelle in einer nahegelegenen Kunststofffabrik. Nur war das nun wirklich nicht das, was ich haben wollte.

Zum ersten Mal nahm ich mir wirklich Zeit und überlegte, was ich mit meinem Leben anfangen sollte. Meine Fähigkeiten lagen eher im Bereich der Interaktion mit anderen Menschen, und ich verfügte über gute sprachliche Fähigkeiten. Außerdem hatte mir die Tätigkeit in der Altenpflege gefallen. Zusätzlich interessierte ich mich sehr für die Geschichten anderer Menschen. Diese Fähigkeiten waren doch eigentlich ideal für eine therapeutische Tätigkeit. Allerdings kostete eine Ausbildung in diesem Bereich relativ viel Geld – Geld, das ich alleine nicht auf absehbare Zeit hätte aufbringen können. Ich suchte händeringend nach einer Lösung, eine staatliche Förderung war nicht möglich, und deshalb ließen sich meine Eltern auf einen Deal ein. Ich durfte wieder bei ihnen einziehen, sparte meine Lebenshaltungskosten und konnte somit die Ausbildung finanzieren. Mein Weg war ab dann zwar alles andere als „easy going", aber ich fühlte mich irgendwie am richtigen Ort. Heute, 15 Jahre später, bin ich genau dort angekommen, wo ich immer hinwollte. Ich beschäftige mich heute als Coach mit den Geschichten und Gedanken anderer Menschen, interagiere mit diesen und schreibe Bücher! Ich hätte mir (und vielen anderen) viel „Reibungshitze" ersparen können, wenn ich einfach stur das gemacht hätte, was mir Freude machte. Ich bin aber viel zu verkopft an die Dinge herangegangen.

Unsere heutige Welt ändert sich aber viel zu schnell und ist gleichzeitig viel zu komplex, um sie schlicht und einfach *durchdenken* zu können. Aber: Dies war einfach *mein* Weg, und er hat mich zu dem Menschen gemacht, der ich heute bin. Hätte ich nicht exakt diesen Weg gewählt, wäre ich heute ein Anderer. Wie sieht es aber bei Dir aus? Folgst Du den Dingen, die Dich glücklich machen, oder verschiebst Du das auf einen ominösen, späteren Zeitpunkt? Oder hältst Du das für plumpen Hedonismus?

Gerade in Deutschland ist der Gedanke, dass man *„sein Brot im Schweiße seines Angesichts"* essen muss, immer noch sehr weit verbreitet. Disziplin ist die eine Seite, leidenschaftliche Hingabe die andere. Fleiß ist eine Grundvoraussetzung, wenn langfristige Ziele verfolgt werden. Ich bin aber davon überzeugt, dass Freude die entscheidende Triebkraft hinter einfach allem sein muss, wenn Ziele auch wirklich erreicht werden sollen.

Im Grunde ist das auch eine Interpretation des Spruchs: „*Der Weg ist das Ziel.*" Wenn Dir der Weg zum Ziel Spaß macht, dann wirst Du auch motiviert bei der Sache bleiben. Es gibt Menschen, die andere Menschen mit dem Gerede über Seidenmalerei in den Wahnsinn treiben können, so begeistert sind sie von ihrem Hobby. Das sind wahre Überzeugungstäter.

Wann hast Du das letzte Mal so euphorisch anderen Menschen über Deinen Beruf berichtet? Hast Du das überhaupt jemals getan? Wenn Du zu den Menschen gehörst, die nach Feierabend über alles, aber bloß nicht ihren Beruf sprechen möchten, warum verschwendest Du die Hälfte Deines Lebens mit einer scheinbar so uninteressanten Tätigkeit?

Du fragst Dich vielleicht, was Du machen kannst, wenn Dein Leben relativ unveränderbar erscheint. Ich habe diesen Satz absolut bewusst formuliert. Ich hatte in meiner Laufbahn mit vielen Hunderten von Menschen zu tun. Die überwiegende Mehrheit dieser Menschen war felsenfest davon überzeugt, dass ihre Lebenssituation nur extrem schwer veränderbar war. Doch diese Menschen unterlagen einem Denkfehler. Die Lebenssituation eines jeden Menschen ist sehr leicht zu verändern. Es braucht nur eine einzige Sache dazu: **Mut und eine Entscheidung zu einer Veränderung.** Allerdings hat jede Entscheidung auch Konsequenzen, und Du musst bereit sein, diesen Preis zu zahlen. Willst Du das?

Wenn manche Menschen über angeblich unveränderbare Lebensumstände klagen, wollen diese in Wahrheit nicht den Preis für eine Veränderung zahlen. Das ist simple Mathematik: Was kostet weniger Energie, die Aufrechterhaltung des Status quo oder eine Veränderung? Meine Erfahrung hat gezeigt, dass sich auch angeblich völlig zementierte Lebenssituationen sehr schnell ändern lassen, wenn der Leidensdruck bei einer Person nur groß genug wird. Also sind wir auch hier wieder an dem Punkt angekommen: **Möchtest Du jammern oder etwas tun?**

Nun geht es hier konkret um Dich. Du möchtest etwas ändern, aber es fällt Dir schwer. Vielleicht musst Du Dir aber auch erst darüber klar werden, in welche Richtung Du steuern möchtest. Ich habe da eine kleine Übung für Dich, die Du wahrscheinlich sehr gerne ausführen wirst. Diese Übung hat nur einen einzigen Sinn – sie soll Dich glücklich machen! Die Übung besteht schlicht und einfach daraus, dass Du etwas tust, was Dich glücklich macht. Es ist völlig egal, worum es sich handelt. Es kann eine Tasse Kaffee sein, die Du in einem Cafe ganz bewusst genießt, während um Dich herum das Leben weiterläuft. Vielleicht nimmst Du anstelle dessen eine kleine Kamera mit und fotografierst kleine Besonderheiten des Alltags. Möglicherweise bereitet Dir aber auch das Kochen Freude und Du bereitest deshalb auch einfachste Mahlzeiten mit voller Hingabe zu.

Was Du Dir für diese Übung aussuchst, ist wirklich völlig egal, solange es Dir Freude bereitet. Bleibe nur bitte bei einer einzigen Sache und zelebriere sie jeden Tag. Das ist deshalb so wichtig, damit Du wieder ein Gefühl dafür bekommst, wie sich authentische Freude überhaupt anfühlt. Außerdem gehst Du auf diese Weise in Resonanz mit Dingen, die Dich glücklich machen, und Du ziehst diese verstärkt an – nach dem Gesetz der Resonanz, demzufolge Gleiches Gleiches anzieht.

Zusätzlich beginnen große Veränderungen oftmals mit sehr kleinen Schritten. Einer meiner Klienten ist ein bekannter Fotograf. Entgegen der öffentlichen Meinung hat er aber niemals eine Ausbildung als Fotograf absolviert, sondern ist eigentlich Schlosser. Seine Fähigkeiten hat er sich völlig autodidaktisch angeeignet. Bei ihm begann alles mit einer Polaroidkamera, mit der er auf Partys fotografierte. Seine Schnappschüsse wurden unter seinen Freunden und Bekannten zu begehrten Sammlerobjekten. Irgendwann kaufte der Mann sich dann eine alte Spiegelreflexkamera, mit der er dann zu fotografieren begann.

Eines schönen Tages lag dann ein Brief in der Post. Mein Klient hatte einen Fotowettbewerb gewonnen. Ohne sein Wissen hatte seine Ehefrau eines seiner Fotos eingereicht. Es folgten weitere gewonnene Wettbewerbe, und eines kam zum anderen. Heute hat mein Klient sein Hobby zum Beruf gemacht und beschäftigt sich jetzt ausschließlich mit dem, was ihm echte Freude bereitet.

Auch die längste Reise beginnt mit dem ersten Schritt, auch wenn dieser noch so klein ist. Worauf wartest Du noch? Gehe los – Deinem Glück direkt entgegen!

Du wirst sterben und hast nicht unendlich viel Zeit zur Verfügung, das sollte jetzt bereits kein Tabu mehr für Dich sein. Du hast nun die Wahl, genauso weiterzuleben oder eine radikale Veränderung vorzunehmen.

Wie zementiert ist Dein Leben? Selbst wenn Du das Gefühl hast, dass Dein Handlungsspielraum gegen Null geht – Du kannst etwas tun. Du kannst eine Entscheidung treffen, wo Dein Leben ab nun hingehen soll. Wann hast Du das letzte Mal Freude bei etwas empfunden? Was war das genau? Warum machst Du das nicht einfach nochmal? Wäre heute nicht ein idealer Zeitpunkt? Wie wäre es damit, genau JETZT zu beginnen? Tu es einfach!

Kapitel 15: Was genau willst Du?

Im vorherigen Kapitel hast Du nun eine Übung an die Hand bekommen, wie Du der Freude wieder auf die Spur kommen kannst. Wenn sich diese Übung vielleicht zu leicht und zu angenehm anfühlt, liegt das einzig und allein an unserer Konditionierung: gute Medizin muss bitter schmecken, echte Arbeit ist hart usw.. Wenn ich Dich nun mitten in der Nacht wecke und frage, wie genau Dein Leben aussehen soll – wie sieht Deine Antwort aus? Oder hast Du (noch) gar keine Antwort für mich?

In meinen Coaching-Sitzungen höre ich immer wieder: *„Ich wäre glücklich, wenn dies und das nicht so wäre."* Es ist aber nicht möglich, etwas zu beschreiben, indem man aufzählt, welche Eigenschaften nicht vorhanden sind. Leider haben zu viele Menschen eine solche Vorstellung über ihr Leben: eine „Nicht-Vorstellung". *„Wenn mein Partner nicht so wäre... Wenn meine Arbeit nicht so wäre... Wenn das Wetter nicht so wäre... Wenn mein Vater Millionär wäre... Wenn ich nicht so schüchtern wäre... Wenn es nicht regnen würde..."* Ja, **dann** wäre alles gut – aber **wie** wäre es denn dann? Mein Vater hat eine besondere Antipathie gegen „Wenn"-Sätze und kontert immer mit einem gelangweilten: *„Wenn meine Tante Räder unter dem Bauch hätte, wäre sie ein Bus!"*

Trotzdem ist es natürlich ein Anfang, wenn Du weißt, was Du *nicht* willst. Allerdings fängt dann die mentale Arbeit erst richtig an. Schau Dir jedes Thema an, das Dich stört. Wie sieht es aus und wie sollte es besser aussehen? Der Unterschied zwischen einer Vorstellung und einer „Nicht-Vorstellung" ist gravierender, als das den Eindruck erweckt. Wenn Du keinen Audi, keinen BMW, keinen Mercedes, keinen Porsche und keinen Fiat fahren möchtest, dann schränkt das die Fahrzeug-Auswahl zwar ein, aber Du hast noch lange keine Entscheidung getroffen. Wenn Du am liebsten einen VW besitzen möchtest, dann nimm Dir doch exakt **das** als Ziel vor!

Diese Art zu denken setzt natürlich Übung voraus, aber sie lohnt sich. Sehr oft höre ich von Klientinnen folgenden Ausspruch: *„Wenn ich meinen Mann frage, was er essen will, bekomme ich nie eine vernünftige Antwort."* Unabhängig davon, wer dann später kocht, ist das eigentlich eine Bankrotterklärung. Wer regelmäßig nicht weiß, was er essen soll, was kann ein solcher Mensch dann überhaupt entscheiden? Jede banale Alltagsentscheidung kann Deine Entschlussfähigkeit steigern, deshalb gewöhne Dir aktive Entscheidungen an. Ansonsten darfst Du Dich nicht beklagen, wenn Du immer wieder Zucchini serviert bekommst, dieses Gemüse aber eigentlich abgrundtief hasst. Nur *sprechenden* (entscheidenden) Menschen kann geholfen werden. Deshalb: Triff Deine Entscheidung! Warum machst Du nicht den Unterschied zur Masse aus, **indem Du dem Leben sagst, was Du wirklich willst?** Auf diese Weise kommst Du ökonomischer zu dem Ziel, zu dem Du auch wirklich kommen willst.

Selbstverständlich gibt es auch hier eine Ausnahme: Wenn Du ganz gezielt mit jedem Fahrzeug **außer** einem Opel glücklich wirst, dann ist dies eine ausreichende Zielvorstellung. In diesem Fall würde Dich einfach ein Opel unglücklich machen. Durch die Vermeidung dieses Fahrzeugs würdest Du dieses Hindernis umschiffen. Dennoch wäre es aber eine stärkere Zielformulierung, wenn Du Dir vorstellst, wie Du das Auto fährst, das Dich tatsächlich glücklich macht. Eine solche Formulierung kann z.B. so aussehen: *„Ich fahre jederzeit ein sportliches und sicheres Auto, das mich immer an mein Ziel bringt."* Eine solche Formulierung stellt sicher, dass Du immer ein Auto zur Verfügung hast, das genau Deinen Bedürfnissen entspricht – völlig unabhängig von Marke und Modell.

Eine ausschließende Zielformulierung eignet sich besonders für Lebensbereiche, denen Du nicht die wichtigste Priorität einräumst. Ein Autonarr würde wahrscheinlich niemals eine so puristische Zielformulierung für seine Leidenschaft nutzen, bzw. diese würde ihm keinesfalls gerecht. Niemand kann jeden Lebensbereich perfekt mit Zielen strukturieren, einfach weil es keinen Menschen gibt, der sich für jeden noch so kleinen Randbereich seines Lebens interessiert. In meinem Fall ist das Inneneinrichtung. Ich lebe äußerst gerne in einem geschmackvoll eingerichteten Zuhause, aber ich möchte mich nicht mit gefühlten 1.000.000 Accessoires oder Details auseinandersetzen. Mir reicht es zu wissen, dass eine Wand hellblau gestrichen wird – was interessiert mich die genaue Mixtur der Farbe, solange es nicht babyblau ist?

Dies sind natürlich Allgemeinplätze, das System dahinter lässt sich aber auch auf wesentlich komplexere Lebensbereiche übertragen. Vorrangig soll es uns aber natürlich an dieser Stelle um die „big points" gehen, also um die wirklich relevanten Lebensbereiche und nicht um die Details. Es gibt leider sehr viele Menschen, die eigentlich keine Ahnung haben, wie ihr Leben nun aussehen soll und auch nicht den Zweck kennen, dem sie es widmen wollen.

Manche Menschen wollen einmal eine Yacht besitzen. Dies ist ein völlig legitimes Ziel, aber reicht es? Reicht es aus, um Dich morgens aus dem Bett zu treiben und Dich den ganzen Tag dafür arbeiten zu lassen? Wenn ja – Glückwunsch! Ich persönlich ziehe Sportwagen vor, aber ich würde nicht den ganzen Tag nur für einen Sportwagen arbeiten. Die Motivationskraft eines Sportwagens reicht für mich einfach nicht aus, um dafür meine ganze Energie zu investieren.

Wie Du sicher schon gemerkt hast, arbeite ich besonders gerne mit Fragen. Fragen haben einfach den Vorteil, dass Sie die Kreativität und Vorstellungskraft aktivieren. Eine wunderbare Frage lautet: Womit würdest Du Dein Leben verbringen, wenn Du der Gewinner einer unglaublichen Summe von 300 Millionen Euro im Lotto wärst? Eine solche Gewinnsumme stellt Dich definitiv bis zu Deinem Lebensende vom Zwang zur Erwerbstätigkeit frei. Eher früher als später hättest Du sämtliche „Lustphantasien" ausgelebt (Auto, Yacht, Pferd...). Aber was kommt dann? Mit was willst Du Deine Zeit verbringen? Denke bitte darüber nach. Die Antwort auf diese Frage ist der Schlüssel zu Deinem Lebensplan!

Ich persönlich würde nach wie vor schreiben, Seminare veranstalten und mit Klienten zusammenarbeiten. Wie sieht es bei Dir aus? Was würdest Du tun? Was interessiert Dich so sehr, dass Du es auch umsonst machen würdest? Wenn Du eine Antwort gefunden hast, ruhe Dich bitte nicht darauf aus. Sei pragmatisch, fange an, in diese Richtung zu gehen. Möglicherweise wirkt das für Dich vollkommen unbeholfen und plump. Das spielt überhaupt keine Rolle. Mit der Zeit wirst Du erfahrener und geschickter, bis Du ein Experte bist. Allerdings gibt es ein Kriterium: Du musst weitergehen, immer weiter und weiter. Vielleicht wirst Du das jahrelang nebenberuflich tun müssen, weil Du nicht von Deinem Traum leben kannst. Aber hey, es geht nicht um eine „blöde" Yacht – es geht um nichts Geringeres als Dein Leben. Hast Du das verstanden? Es geht um nichts anderes als die Frage, ob Du ein sinnvolles Leben lebst. Oder lebst Du gar an Deinem Sinn vorbei?

Wenn das so sein sollte – dann entscheide Dich wenigstens ganz bewusst dazu, den Sinn Deines Lebens nicht verfolgen zu wollen. Das ist eine völlig legitime Wahl, denn Du hast Dich dafür entschieden. Nichts ist schlimmer als irgendwann zu registrieren, dass Du wertvolle Zeit durch eine Nichtentscheidung verloren hast. Nun gibt es aber auch Menschen, die eine sehr genaue Vorstellung von dem Leben haben, das sie führen möchten. Trotz dieser Vorstellung bleiben diese Menschen aber untätig und verharren in einer Situation, die ihnen völlig zuwider ist. Entscheide bitte selbst, was schlimmer ist: nicht zu wissen, was man will oder nicht zu tun, was man will?

Es gibt die großartige Verfilmung des gleichnamigen Frank-Miller-Comics „300". Es geht um das ruhmreiche Volk der Spartaner. Eines schönen Tages treten Abgesandte des persischen Großkönigs Xerxes vor Leonidas, dem König der Spartaner, und erklären ihm die Situation: Das gewaltige persische Heer, das fast die ganze Welt unterworfen hat, steht nun auch vor den Toren Spartas. Leonidas hat die Wahl und kann sich Xerxes unterordnen, oder sein Königreich wird vernichtet werden. Der Spartaner entscheidet sich für den Kampf gegen das übermächtige Persische Reich. Einer der persischen Abgesandten kommentiert diese

Haltung mit den Worten: *„Das ist Wahnsinn!"*, Leonidas kontert darauf mit einem stolzen: *„DAS ist Sparta!"*

Selbstverständlich ist das pathetisch und für den Alltag etwas drastisch. Manchmal läuft es aber im Leben genau auf diese Entscheidung hinaus – kämpfen und möglicherweise gewinnen oder von Anfang an kapitulieren? Der Volksmund formuliert es sehr passend: *„Wer kämpft, kann verlieren. Wer nicht kämpft, hat bereits verloren."*

Leider versuchen sich zu viele Menschen in angeblicher „Schadensbegrenzung", indem sie einer Konfrontation um jeden Preis aus dem Weg gehen wollen. Doch damit verlieren sie alles. Ich spreche hier selbstverständlich nicht von körperlichen Auseinandersetzungen. Ich spreche von einem gesunden Kräftemessen im Zusammenleben mit anderen Menschen. Wenn Du niemals standhaft Deine Position vertrittst und Deine Interessen durchsetzt, wirst Du diese Fähigkeiten eines Tages definitiv verlieren. Das viel zitierte *„Wenn jeder an sich denkt, ist an jeden gedacht!"*, stimmt tatsächlich. Warte deshalb nicht darauf, dass jemand für Dich auf Deine Interessen achtet. Darum gehe raus, und kümmere Dich um die Dinge, die Dir wichtig sind!

Nun kommen wir zur ganz pragmatischen Seite des Themas. Wenn Du nun grob herausgefunden hast, was Dir in Deinem Leben wichtig ist, ist das eine wirklich große Leistung. Ich kann Dir nur wirklich dazu gratulieren! Es wäre jetzt aber ein großer Fehler, einfach loszurennen und „irgendwas" zu tun. Verstehe das bitte nicht als Widerspruch zu der Übung, die ich Dir vorgeschlagen habe. Wir leben in einer Gesellschaft, die uns mit lauter Informationsmüll konfrontiert, jede Stunde, jeden Tag, jede Woche. Einer meiner ehernen Grundsätze lautet: *„Wer schreibt, der bleibt!"* Wenn Du etwas aufschreibst, widmest Du ihm Aufmerksamkeit. Alleine diese Aufmerksamkeit verankert diese Information dann noch etwas tiefer. Durch den motorischen Vorgang des Schreibens (am größten bei handschriftlichen Notizen) dringt die Information nochmals tiefer in Dein Bewusstsein ein. Wenn Du Dir etwas aufschreibst, dann geht es nicht im multimedialen Informationskreuzfeuer verloren. Ich kann Dir nur immer und immer wieder ans

Herz legen, Dir unbedingt ein Notizbuch zuzulegen, am besten in der Größe, dass Du es immer mit Dir führen kannst.

Schreibe in dieses Buch, was Dir wichtig ist und was Dir Spaß macht. Damit verlierst Du nicht den Kontakt zu Deinen Interessen.

Was würdest Du mit einem gigantischen Lottogewinn anfangen? Wie würde Dein Leben aussehen, wenn Du all Deine auf der Lust basierenden Wünsche gelebt hast? Welcher Tätigkeit würdest Du alleine ihrer selbst Willen Deine Zeit schenken? Wie sieht diese Tätigkeit genau aus? Gibt es eine Möglichkeit, diese Tätigkeit bereits jetzt in Dein Leben zu integrieren? Bist Du bereit, diesen Mehraufwand in Kauf zu nehmen? Würdest Du das notfalls auch jahrelang machen? Kann es sein, dass Du gerade Deinem Lebensplan sehr dicht auf der Spur bist?

Kapitel 16: Positiver Egoismus

In dem Kapitel über Egozentrik habe ich bereits über das Thema Egoismus gesprochen, um die beiden Begriffe besser voneinander abgrenzen zu können. *„Mein Gott, was bist Du für ein Egoist!."* Diesen Satz will eigentlich kein Mensch hören. Aber warum ist das eigentlich so? Das liegt selbstverständlich an den Programmen in unseren Köpfen. Edel sei der Mensch, hilfreich und gut. Deshalb ist das Urteil „Egoist" nicht sehr positiv geprägt. Es ist aber leider die Wahrheit: Wir alle sind knallharte Egoisten. Ich habe in meinem Leben nichts getan, was nicht irgendwie auch für mich gut war. Aber selbstverständlich lade ich auch Dich ganz herzlich zu einer Analyse Deiner Handlungen ein. Glaubst Du, Du bist kein Egoist?

Wenn Du das glaubst, dienen Deine Handlungen hauptsächlich dazu, diese Meinung über Dich zu rechtfertigen. Die Folge: Dein Ego jubiliert. Also bist auch Du ein Egoist. Schockiert Dich das? Ich sehe das Ego als eine Funktion des Verstandes, die unser Überleben sichern soll. Wir sind Einzelwesen, die in einer Gesellschaft zusammenleben. Und hier möchte ich auch gleich das Kriterium für den *Positiven Egoismus* erläutern: Positiver Egoismus schädigt grundsätzlich nicht die Gemeinschaft, in der wir leben. Wenn Du Dich um Deine Bedürfnisse kümmerst, ist das nicht automatisch mit der Schädigung von anderen Menschen gleichbedeutend. Wir leben in einem gesellschaftlichen System, das auf dem Prinzip des Wettbewerbs basiert. In Deutschland nennt man die regionale Ausprägung „Soziale Marktwirtschaft". Ich überlasse es Dir selbst zu beurteilen, inwieweit es einen sozialen Wettbewerb geben kann oder ob es sich dabei um einen Widerspruch in sich selbst handelt.

Ich sage es Dir ganz offen: Ich finde das gegenwärtige System nicht gerecht. Beim besten Willen kann ich nicht verstehen, warum ich so viele Steuern zahlen soll. Ich habe keine Ahnung, wofür genau mein Geld benutzt wird, ich weiß nur: Es ist weg bzw. es hat jetzt ein anderer... Gleichzeitig kenne ich zahlreiche Projekte, in denen Geld vollkommen fahrlässig durch verantwortungslose Politiker „verbrannt" wird. Ich vermute, dass es sich anteilmäßig auch um mein Geld handeln könnte...

Ja – genau das ist Egoismus. Ich stehe auch dazu und bekenne: Ich bin überzeugter Egoist. Selbstverständlich zahle ich meine Steuern, aber deshalb muss ich das noch lange nicht richtig und gut finden, wenn ich am Ende des Monats weniger Geld zur Verfügung habe. Über die Mehrwertsteuer möchte ich überhaupt nicht nachdenken... Fakt bleibt aber: Wenn Egoismus dazu führt, dass jemand viel Geld verdient, dann zahlt er auch viele Steuern. Diese Steuern kommen direkt dem Allgemeinwohl zu Gute. Von wegen „schnöder Mammon" – die Menschen, die am meisten gegen Großverdiener wettern, profitieren am meisten von ihnen.

Ich setze mich also ganz offen für meine Interessen und die Interessen der für mich wichtigen Menschen ein. Ein „anonymer" Altruismus interessiert mich wenig, schließlich würde das ja mein Potenzial einschränken, und ich könnte nicht die Menschen fördern, die mir wichtig sind. Grundsätzlich bin ich der wichtigste Mensch in meinem Leben. Das hört sich hart an? Rebellieren Deine Glaubenssätze schon?

Das bedeutet aber nicht, dass ich zwanghaft andere Menschen übervorteile oder betrüge. Aber muss ich mich denn von Anderen übervorteilen lassen? Wer seine eigenen Ziele im Leben erreichen möchte, sollte seine Energie ökonomisch einsetzen. Ein schönes Beispiel, das ich immer wieder gerne anführe, sind Spendenaktionen. Ich finde Wohltätigkeit toll. Wer gerne etwas „zurückgeben" möchte, kann und soll dies gerne tun. Aber wie genau streut man nun eigentlich seine Wohltätigkeit? Welche Hilfsaktion bekommt wie viel und warum? Wenn ich 100 Euro spenden möchte, wäre es nicht sinnvoller, 100 Aktionen mit einem Euro zu unterstützen? Aber welche Hilfsprojekte kommen in Frage und welche nicht? Und was ist mit den Verwaltungskosten für die Spenden?

Selbstverständlich ist dies ein Gedankenspiel, und ich möchte Dich etwas provozieren. Wenn Du ein Projekt hast, das Dir am Herzen liegt, so wirst Du natürlich dieses unterstützen. Das ist völlig legitim.

Ich selbst bin ein totaler Gegner von Spendenaktionen. Das bedeutet aber nicht, dass ich kein Geld spende. Ich habe in meinem Leben durchaus viel Geld gespendet, aber niemals eine Spendenquittung dafür bekommen. Meine Spenden sind auch zu 100% dort angekommen, wo sie ankommen sollten, und es entstanden exakt 0% Verwaltungskosten. Außerdem musste sich niemand bei mir dafür bedanken. Mit etwas Interesse an anderen Menschen stößt man im Alltag immer wieder auf Menschen, die etwas Sinnvolles mit etwas mehr Geld anfangen können, dazu muss man sich noch nicht einmal anbetteln lassen.

Vielleicht stellst auch Du einfach mal Deine Lauscher auf. Oder spendest Du nur gegen eine Spendenquittung, Du kleiner Egoist...?

Meine feste Überzeugung ist, dass nur ein Egoist eine echte Säule für die Gesellschaft und die Menschen in ihr sein kann. Wenn Du Deine Bedürfnisse befriedigst, bist Du kein pseudo-spiritueller Materialist, der Anderen nicht die Butter auf dem Brot gönnt. Forsche doch mal in Deinem Bekanntenkreis nach – wer leistet wirklich etwas für andere Menschen? Wer ist ein wirklich positiver Mensch? Lasse Dich aber bitte nicht vom schönen Schein blenden, sondern schaue Dir die Früchte der Menschen an. Manchmal kann einen eine genaue Analyse sehr verwundern, und eventuell war man bei der Beurteilung eines Menschen etwas vorschnell, im Guten wie im Schlechten.

Und nein, an der Schlange vorbeigehen und sich vordrängen hat rein gar nichts mit Egoismus zu tun. Das ist nichts anderes als unkultiviertes Verhalten, das die Allgemeinheit schädigt. Ähnlich verhält es sich mit dem falschen Verhalten beim Reißverschlussverfahren im Straßenverkehr oder wenn Du andere Passanten auf dem Bürgersteig fast umläufst. Egoismus bedeutet also keinesfalls, irgendwelche Regeln zu brechen oder zu missachten.

Ein Egoist ist stets auf seinen Vorteil bedacht. Wenn Betrüger das in einen Straftatbestand umsetzen, indem sie anderen Menschen Schaden zufügen, hat dies nichts mit Egoismus zu tun, sondern ganz klar mit einer kriminellen Handlung. Egoismus bedeutet für mich schlicht und ergreifend, sein eigenes Leben zu leben und dafür einzustehen, egal was die Leute dazu sagen. Wenn ich im Monat 10 Millionen Euro verdiene, ist dies ebenso meine Sache, wie wenn ich 250 Euro verdiene. Der Millionär hat gegenüber der Gesellschaft keine Verpflichtungen, die der Sozialhilfeempfänger nicht hat. Wenn Du das glaubst, dann lade ich Dich zu einer sehr genauen Überprüfung Deines Selbstwertgefühls ein.

Du bist keinesfalls dafür verantwortlich, jemanden glücklich zu machen. Vielleicht erschüttert Dich das jetzt, aber Du kannst niemand Anderen außer Dich selbst glücklich machen.

Dies ist für mich auch der Grund, warum so viele Beziehungen und Ehen scheitern: Zwei völlig unglückliche Menschen verlieben sich. Zu Anfang ist alles wunderbar, die beiden sind auf Rosen gebettet und vergessen darüber ihr Unglücklichsein. Mit der Zeit legt sich das Verliebtsein, und ab jetzt ist der jeweils andere fürs Glücklichmachen zuständig. Ob das funktionieren kann? Wenn Du selbst eine möglichst gute Beziehung führen möchtest, dann mache Dich selbst glücklich, denn das kannst Du. Wenn Dein Partner sich selbst nicht glücklich macht, sei ihm ein Vorbild, vielleicht folgt er diesem ja.

Und nein – ich rede keinesfalls davon, dass Du zahlreiche außereheliche Beziehungen zu Deiner sexuellen Befriedigung führen sollst. Dies kann für eine Beziehung ein völlig legitimer Weg sein, aber sicherlich ist dies nicht ein Garant für eine funktionierende Beziehung.

Was denkst Du über Egoismus? Ist Egoismus mit Egozentrismus gleichzusetzen? Was haben Dir Deine Eltern und die Lehrer über Egoisten erzählt? Bist Du vielleicht selbst ein Egoist? Ist der Gedanke daran unangenehm für Dich? Hast Du die Fähigkeit, einen anderen Menschen glücklich zu machen? Wen kannst Du wirklich glücklich machen? Warum machst Du diesen Menschen so selten glücklich?

Kapitel 17: Den Unterschied ausmachen

So etwas wie einen Sinn im Leben zu erkennen, kann ein wahrer Segen sein. Manchmal kommt es aber vor, dass ein Mensch trotz intensiver Denk- und Fühlarbeit nicht zu einer befriedigenden Antwort findet. Wenn das bei Dir der Fall sein sollte, sei unbesorgt. Dies bedeutet keinesfalls, dass Dein Leben sinnlos ist und es darin keinen Platz für Dich gibt.

Ein guter Bekannter von mir – nennen wir ihn *Jens* – lebt ein Leben, das man durchaus „privilegiert" nennen könnte. Er besitzt mehrere Firmen, und seine tatsächliche Arbeitszeit besteht aus wenigen Stunden im Monat. Diese Situation hat das Potenzial, den einen Menschen durchdrehen zu lassen und den anderen glücklich zu machen. Es kommt eben darauf an, wie gefestigt die Person in dieser Situation ist. Mein Bekannter verfügt glücklicherweise über eine sehr stabile Persönlichkeit, was ihn vor dem Durchdrehen bewahrt. Trotz seiner gesicherten Verhältnisse ist Jens einer der beschäftigsten Menschen, die ich kenne, und hat zugleich eigentlich immer gute Laune. Da muss also irgendwo ein Trick sein.

Der Trick ist Jens' Einstellung. Dieser Mann müsste in seinem Leben keinen Finger mehr rühren. Er würde ein solches Leben aber als sinnlos empfinden, also engagiert sich Jens ehrenamtlich und für Projekte, die ihm einfach Freude bereiten. Das ist aber noch nicht alles. Egal worum es geht, Jens erledigt wirklich alles so gut, wie er nur kann – selbst wenn es sich nur um Routinetätigkeiten oder den Gang zum Bäcker handelt. Trotzdem ist Jens natürlich ein völlig normaler Mensch und kein Heiliger. Sein Lebensmotto ist aber: *„Ich möchte den Unterschied ausmachen!"*

Dieses Motto erinnert mich sehr an das bekannte Zitat von Gandhi: *„Du musst die Veränderung sein, die Du in der Welt sehen willst."* Oberflächlich betrachtet, hört sich das irgendwie kuschelig-esoterisch an. Wenn man aber etwas länger darüber nachdenkt, hat diese Einstellung die Kraft, Dein ganzes Leben auf ein höheres Niveau zu heben, ja sogar zu „transzendieren". Wenn Du so durch Dein Leben gehst, gibt es keine unbedeutenden oder unwichtigen Episoden mehr in Deinem Leben, denn Du gibst auch den kleinen Dingen die Aufmerksamkeit, die sie verdienen, denn Du tust sie bewusst.

Viele Menschen warten auf die großen Wendepunkte, die ihr Leben radikal verändern. Ich möchte Dir ein Geheimnis verraten: Diese Wendepunkte ereignen sich nicht einfach so. Ich kenne einige Menschen, deren Leben tatsächlich durch äußere Ereignisse massiv verändert wurden. Ich bin mir aber sicher, dass diese Ereignisse nicht einfach zufällig passiert sind. Es ist vielmehr so, dass viele kleine Schritte in einem großen Schritt mündeten. In diesem Zusammenhang spreche ich gerne vom „Momentum". Stelle Dir einfach einen Eisenbahnwaggon vor. Wenn Du diesen Waggon bewegen möchtest, dann musst Du erst eine große Kraft aufbringen. Diese Kraft ist das Momentum. Sobald Du den Waggon in Bewegung gesetzt hast, kostet es nur noch wenig Kraft, um ihn in Bewegung zu halten.

Wenn Du glaubst, dass Du nur z.B. „entdeckt" werden müsstest, damit Du Erfolg hast, dann gebe ich Dir teilweise recht. Aber Du begehst gleichzeitig einen Denkfehler. Wenn der Waggon rollt, muss er dennoch kontinuierlich weiter angeschoben werden. Wenn Du nun „plötzlich" entdeckt wirst, dann setzt sich also mit einem Mal der Eisenbahnwaggon in Bewegung, ohne dass Du vorher Kraft aufbringen musstest. Wenn Du aber die vielen kleinen Schritte nicht gewohnt bist, die nötig sind, um den Waggon am Rollen zu halten, dann kannst Du die Bewegung nicht aufrechterhalten und der Waggon wird wieder zum Stehen kommen. Ein gutes Beispiel dafür sind die vielen Castingshows. Sicherlich gibt es Kandidaten, die die plötzliche Popularität nutzen und somit den Wagen in Bewegung halten. Die überwiegende Mehrheit der Teilnehmer gerät jedoch schnell wieder in Vergessenheit. Oder erinnerst Du Dich etwa noch an jeden Gewinner von Dieter Bohlens „DSDS"?

Interessant ist hierbei, dass es kaum einen Unterschied macht, ob ein Kandidat als Sieger aus einer Show herausgeht oder irgendwo auf den Rängen landet. Wenn man sich die Lebensläufe der Kandidaten ansieht, sind die „Überlebenden" aber meistens schon vor der Teilnahme an den Castingshows bereit gewesen, den „Unterschied zu machen", indem sie einfach voller Hingabe an ihrem Traum gearbeitet haben.

Wie ich erwähnt habe, kenne ich einige Fälle aus erster Hand, in denen es in den Leben von Menschen zu großen Chancen gekommen ist. Auch hier spiegelt sich das gleiche Muster wie bei den Castingshows wider: Die Fälle, in denen vorher fokussiert gearbeitet wurde, hatten mehrheitlich Erfolg und konnten die Chance von außen nutzen. Bei den Menschen, die sozusagen „unverdient" in den Genuss einer großen Chance gekommen sind, gab es mehrheitlich keinen dauerhaften Erfolg. Sicherlich gibt es Ausnahmen. Interessant ist nun, warum es diese Ausnahmen gibt. Ich persönlich glaube definitiv nicht an Zufall. Wenn nun jemand trotz Fleiß, Hingabe und einer Chance nicht erfolgreich ist, dann gibt es dafür irgendwo eine Ursache. Du kannst dies als Prinzip von Ursache und Wirkung, als Karma oder als Resonanz bezeichnen. Rutsche jetzt aber bitte nicht in die „Schuldschublade" herab. Es geht nicht um Schuld, sondern um Verantwortung. Kann es vielleicht sein, dass der Mensch in unserem Beispiel kein besonders gutes Selbstwertgefühl hat? Gönnt er sich selbst gar den eigenen Erfolg nicht?

Wie sieht es nun bei dem entgegengesetzten Extrembeispiel aus, also wenn jemand ohne Fleiß in den Genuss einer Chance kommt und diese auch noch mit Erfolg verwertet? Bei dieser Variante könnte man vorschnell auf die Idee kommen, angeblich unlautere Begründungen in Betracht zu ziehen, wie z.B. Geburt mit dem sprichwörtlich „goldenen Löffel im Mund", gute Kontakte oder schlicht und einfach gutes Aussehen. Aber reicht das als Begründung? Für mich nicht, jedenfalls nicht in jedem Fall. Da ich nicht an Zufall glaube, muss etwas anderes verantwortlich sein. Kann es nicht einfach sein, dass die betreffende Person über ein unerschütterliches Selbstbewusstsein verfügt und sich selbst einiges wert ist?

Welche Konsequenz ziehst Du aus dem Gesagten? Mit ausreichend Mut zur Lücke könntest Du Dich ausschließlich auf ein bombensicheres Selbstbewusstsein verlassen. Die sichere Variante ist natürlich eine Kombination aus beidem: Hingabe und Selbstachtung. Mit beiden Elementen kannst Du das Maximum erreichen – wieso solltest Du Dich also mit weniger begnügen? Es steht Dir schließlich zu!

Für den Beginn reicht es, wenn Du es Dir einfach wert bist. Sei es Dir wert, zu jeder Zeit die bestmögliche Arbeit abzuliefern und sei es nur der Abwasch. Wenn Du Dich mit weniger zufrieden gibst, bist Du dann noch verwundert, wenn Du weniger als das Maximum bekommst? Wenn Du immer Dein Bestes gibst, dann kannst Du den Unterschied machen!

An anderer Stelle sprachen wir ja bereits über den Begriff des Egos. Wir alle sind Einzelwesen, verfügen über einen eigenen Verstand und ein Ego. Gleichzeitig bin ich von einem göttlichen Anteil in jedem Menschen überzeugt, eben der Seele. Die Seele ist völlig unpersönlich und absolut unveränderbar – im Gegensatz zu allen anderen unserer Ausrüstungsgegenstände. Gleichzeitig bleibt die Seele Teil des großen Ganzen und ist sich wirklich immer bewusst, dass sie nur ein einzelner Tropfen in einem gigantischen Ozean ist. Alle Tropfen zusammen bilden einen Ozean. Für diesen Ozean gibt es eine ganze Reihe unterschiedlicher Begriffe: *Gott*, *Alles was ist*, *Sein*, *Weltenseele*, *ICH-BIN-Gegenwart* und *Urenergie* sind einige der bekannteren Bezeichnungen.

Wenn Du mitgedacht hast, erkennst Du jetzt die Situation – auch Du bist „Gott". Es zwingt Dich aber niemand, diese Information anzunehmen oder gar zu glauben. Wenn Du anstelle dessen Deiner eigenen Vorstellung treu bleiben möchtest, so ist das völlig gültig. Ich bitte Dich nur darum, selbständig zu denken.

Wenn Du nun also trotz aller Bemühungen das „eine" Ziel in Deinem Leben nicht erreichst, warum folgst Du dann nicht dem Ziel Deiner Seele? Jede Seele ist nur aus einem einzigen Grund hier, nämlich, um den „Unterschied zu machen".

Bevor Du jetzt Deinen Job kündigst und all Deine Besitztümer verkaufst, lies bitte weiter. Ich möchte Dich auf gar keinen Fall zum Bettelmönch ausbilden. Dies ist für einige Menschen genau das Richtige, aber eben nicht für jeden Menschen. Ich spreche nicht von der Abtötung Deines Egos, sondern von einer **Synthese aus Ego und Seele.** Außerdem ist es nicht Sinn Deiner Existenz, die egobeladenen Wünsche Deiner Umwelt zu befriedigen, es sei denn, Du hast Freude dabei. Der Auftrag eines jeden erwachenden Menschen ist die Unterstützung des großen Ganzen. Das hört sich zuerst wieder sehr abstrakt an, wird aber schnell pragmatisch. Jede einzelne Seele inkarniert lediglich aus einem einzigen Grund auf diesem Planeten: **Sie möchte sich selbst und ihre eigene Unbegrenztheit wiederentdecken.**
Wenn Du in Deinem Leben also keinen spezifischen Sinn im Außen erkennen kannst, konzentriere Dich ganz auf Dein Innenleben. Konzentriere Dich auf Deine Gefühle, und gib ihnen Ausdruck. Kümmere Dich um Deine Gedanken, und übernimm Verantwortung dafür. Ich garantiere Dir: Dieses völlig kostenlose Programm hat die Macht, Dich zu einem absolut neuen Menschen zu machen. Du wirst nicht nur gesünder, glücklicher und klarer werden. Du wirst sogar zu einem Vorbild für andere Menschen. Dies gehört ebenfalls zum Auftrag Deiner Seele. Du bist hier, um anderen Menschen als Vorbild zu dienen. Es gibt viel zu viele schlechte Vorbilder. Deswegen sind Menschen wie Du so ausgesprochen wichtig, denn Du hast die Kraft, den Funken in anderen Menschen noch heller leuchten zu lassen. Dies geschieht, indem Du einfach „Du selbst" bist und Dein Leben lebst.

Was sollte es sonst geben? Tue Dein Bestes, und habe Spaß dabei. Exakt damit machst Du den Unterschied aus. Wenn nur genug „Tropfen" ihr wahres Potenzial erkennen – was für eine Wirkung hat das wohl auf das globale Bewusstsein?

An dieser Stelle erscheint mir ein Wort zu der Thematik *Hilfsbereitschaft* angebracht. Hilfsbereitschaft ist für mich eine absolute Pflicht. Gleichzeitig bin ich aber immer noch der Autor, der offen dazu steht, niemals einem Bettler auch nur einen Cent zu geben. Wie passt das zusammen?

Lange Zeit wurde heftig über die Entwicklungshilfe für die Dritte Welt diskutiert. Grundsätzlich bin ich ein großer Befürworter der Entwicklungshilfe, faktisch wird meiner Meinung nach aber viel zu wenig geholfen. Gleichzeitig ist die Hilfe oftmals auch noch völlig falsch. Es sind einige Fälle bekannt, in denen die finanziellen Mittel sofort in die Schatullen der örtlichen Despoten wanderten, die dann im Gegenzug wieder Rüstungsgeschäfte abschlossen. Unter Umständen ist dies dann sogar ein lukratives Geschäft für die Geberländer. Ebenso gibt es einige völlig pervertierte Beispiele, wie unrealistisch manche Projekte konzipiert sind.

So gibt es das Beispiel einer ultramodernen Papierfabrik. Die Fabrik wurde von westlichen Unternehmen geplant und gebaut. Das Endergebnis brauchte auch nicht den Vergleich mit Fabriken in der westlichen Welt zu scheuen. Was aber passierte? Die Fabrik war fertig, das Hilfsprojekt beendet. Heute ist die Fabrik völlig verrottet, da es vor Ort keinerlei finanzielle Mittel und keinerlei Fachkräfte zur Instandhaltung gibt. Das ganze Projekt war eigentlich schon vor Beginn eine Totgeburt.

Ähnlich verhält es sich im zwischenmenschlichen Bereich. Wenn Du Kinder hast, kannst Du ein Lied davon singen: Du darfst Deinen Kindern keine Hindernisse leichtfertig aus dem Weg räumen, die sie durchaus selbständig überwinden können. Ansonsten entwickeln Kinder niemals die Fähigkeiten, die sie zur selbständigen Problemlösung benötigen. Ähnlich verhält es sich aber auch mit Deinen Freunden. Du bist nicht der Problemlöser Deiner Freunde. Sicherlich wird jeder normal sozialisierte Mensch seinen Freunden gerne helfen, solange es ihm

Freude bereitet oder nicht zu viel Energie erfordert. Die Wahrheit lautet aber: Die Probleme Deiner Freunde sind nicht *Deine* Probleme. Was bedeutet das nun aber wieder?

Nehmen wir einfach den Klassiker: Der Umzug eines Freundes steht bevor. Du wirst gefragt, ob Du helfen kannst. Was tust Du, und warum tust Du es? Um es direkt vorneweg zu nehmen: Es ist völlig allein Deine Sache, ob Du hilfst oder nicht. Ich persönlich habe im Laufe meines Lebens relativ viele Umzüge hinter mich gebracht. Eigentlich alle nahezu alleine bzw. die letzten mit einer Spedition. Ebenso habe ich bei einigen Umzügen unentgeltlich geholfen. Teilweise auch Albtraumumzüge, wo nichts vorbereitet war, also sogar noch Kartons besorgt werden mussten, bevor es losgehen konnte... Heute helfe ich nicht mehr bei Umzügen, einfach weil ich das nicht mehr möchte. Bei guten Freunden biete ich ein Darlehen für eine Spedition an, die erledigt das der Erfahrung nach schneller und zudem auch versichert. In einer Freundschaft muss immer auch ein „Nein" möglich sein. Wenn dies nicht möglich ist, handelt es sich dann überhaupt um eine Freundschaft?

Dies ist überhaupt ein sehr interessanter Bereich zum Nachdenken. Ich persönlich pflege nur Beziehungen, in denen weder ich noch die „Gegenseite" zwingend gebraucht werden. Ich teile meine Gedanken, ein gutes Essen und Freude mit meinen Freunden. Für alles andere gibt es den ADAC, Taxiunternehmen oder die Telefonseelsorge. Wenn Du helfen willst, dann mache das auf eine Weise, die eines Freundes würdig ist. Das bedeutet: Nimm niemals eine Bezahlung außer der Freude am Helfen. Wenn Du beim Umzug hilfst, sei der beste Möbelpacker der Welt, und gehe mit einem Lächeln. Wenn Du einen Freund nachts zum Flughafen fährst, freue Dich daran. Diese Art der Hilfe würde ich aber eher als „Gefallen" bezeichnen. Gefallen haben für mich mehr mit Geschenken als mit Hilfe zu tun. Wie aber sieht nun echte Hilfe aus? Ein altes Sprichwort aus China fasst es sehr schön zusammen: „*Wer einem Manne einen Fisch schenkt, gibt ihm für einen Tag zu essen. Wer ihn das Fischen lehrt, gibt ihm ein Leben lang zu essen.*"

Wenn Du einem Menschen Dinge abnimmst, die er eigentlich selbst erledigen könnte, dann entmündigst Du ihn auch. Eine solche Beziehung ist dann nicht dauerhaft von gegenseitigem Respekt geprägt und wird irgendwann auch genau daran scheitern.

Generell solltest Du Dir für Hilfeleistungen eine Faustregel merken: Erwarte niemals eine Gegenleistung. Echte Hilfe hat nur eine Motivation, nämlich Freude am Helfen. Wenn eine andere Motivation im Spiel ist, dann geht es nicht mehr primär um die Hilfe. Wenn Du aber einen Vorteil erzielen wirst, warum machst Du nicht gleich ein Geschäft daraus und nennst es auch so?

Hast Du manchmal vom Verhalten der Menschen die Nase voll? Wie wäre es, wenn *Du* die Veränderung bist und den Unterschied ausmachst? Kannst Du Dir ein Leben vorstellen, in der die Freude Dein einziger Fixstern ist? Könnte es sein, dass Du dem Kosmos ebenfalls dann am besten dienst, wenn Du Freude empfindest? Warum also noch länger warten mit Deinem neuen Leben?

Kapitel 18: Du kannst einen Menschen retten!

Ja, Du hast richtig gelesen – Du hast die Fähigkeit, einem Menschen garantiert das Leben zu retten. Und das Beste: Du musst dafür monatlich kein Geld auf ein ominöses Spendenkonto einzahlen. Diese Rettung wird höchstpersönlich von Dir selbst und in Deiner jetzigen Lebenssituation durchgeführt. Die Person, um die es geht, ist niemand anderes als **Du selbst!** Die meisten Menschen gehen sehr fahrlässig mit dieser Aufgabe um, manchmal wird diese Aufgabe sogar niemals angegangen. Die Gründe dafür sind vielfältig, aber oftmals ist lediglich die Reizüberflutung verantwortlich. Deine Rettung besteht nun aus nichts anderem als daraus, Dein Leben voll und ganz zu leben und auszufüllen. Dazu wird vor allem eines benötigt: Selbstliebe. Nur wenn Du Dich selbst liebst, bist Du auch in der Lage, anderen Menschen Liebe zu schenken. Das wäre ansonsten vergleichbar mit einem Gastgeber, der in seinem Kühlschrank kein Mineralwasser stehen hat, Dir aber trotzdem welches anbietet. Das gibt es schlicht und einfach nicht.

Wann hast Du das letzte Mal etwas Negatives über Dich gedacht oder sogar gesagt? Wahrscheinlich ist das gar nicht so lange her, und wahrscheinlich tust Du das sogar recht häufig. Machen wir die Gegenprobe: Wann hast Du Dich das letzte Mal so richtig wohl in Deiner Haut gefühlt? Wann hast Du das letzte Mal etwas Positives über Dich gedacht?

Wenn es Dir wie den meisten Menschen geht, dann wird das wahrscheinlich etwas länger her sein oder zumindest nicht ganz so oft vorkommen. Vielleicht hältst Du das für völlig normal, aber ist es das wirklich? Ich behaupte das Gegenteil. Ein solches Leben ist nicht normal, auch wenn es heute sehr verbreitet ist. Ähnlich wirr wäre es zu behaupten, dass Krebs völlig normal ist. Und genau darin besteht Deine Rettung: Dein wahres Potenzial zu entdecken und dann die Ketten zu zerreißen, die Dich an der Verwirklichung hindern. Dein einziger Job besteht darin, den Ausweg aus der Matrix zu finden... und ihn dann zu beschreiten.

In diesem Buch haben wir uns viel mit mentalen Programmen, der Matrix und Transzendenz beschäftigt. Deshalb können wir nun weiter zum Kern der Thematik vorstoßen. Der Ausgang der Matrix befand sich Dein Leben lang ganz in Deiner direkten Nähe. Wahrscheinlich noch sehr viel näher als Du glaubst. Der Ausgang befindet sich **in Dir**, es ist nichts anderes als die Erkenntnis darüber, wer Du wirklich bist. **Du bist ein spirituelles Wesen in einem materiellen Körper.** Wenn Du Dich als Körper mit einem Geist verstehst, befindest Du Dich noch sehr weit vom Ausgang entfernt. Genau genommen hängt in diesem Fall sogar noch ein dickes Vorhängeschloss davor.

Natürlich bieten Dir unterschiedlichste Quellen die Perspektive eines „Bioroboters" an, denn damit dienst Du ausschließlich fremden Interessen – und das auf eine sehr effektive Art.

An anderer Stelle habe ich Dir meine Perspektive zum Thema Steuern dargelegt. Als kleiner Bioroboter bist Du ein ideales Mitglied der deutschen Steuerfarm. Dieses Gebilde funktioniert am besten, wenn viele fleißige Bioroboter nichts anderes tun, als tagtäglich ihre Arbeitskraft zu verkaufen. Auf diese Weise werden Steuern generiert, und die Steuerfarm hat hohe Erträge. Am effektivsten läuft die Farm, wenn die Arbeit möglichst anstrengend und mühselig ist, denn dann ist die Sterberate direkt nach dem Ende des Arbeitslebens besonders hoch. Dies ist natürlich sehr wünschenswert für die Betreiber der Steuerfarm, denn damit muss weniger Geld für Rentenzahlungen ausgegeben werden.

Drehen wir das Ganze aber auf den Kopf. Was passiert nun aber, wenn Du voller Freude einer Tätigkeit nachgehst, und das auch noch auf eine Art und Weise, die Dir und Deinen Eigenschaften entspricht? Vielleicht wären dann die Erträge aus Deiner Tätigkeit auf einem ähnlichen Niveau, definitiv würde Dich die Arbeit aber nicht so kaputtmachen. Die Folge wäre eine längere Lebensdauer, was eine längere Dauer der Rentenzahlungen bedeuten würde. Das gefällt dem Betreiber der Steuerfarm sicher nicht ganz so gut.

Wenn Du Dich selbst liebst und glücklich bist, welchen Einfluss hat das wohl auf Deine wirtschaftlichen Bedürfnisse? Wirst Du weiterhin im selben Maße Ersatzbefriedigungen wie Homeshopping, Fernseher, Drogen und Fressorgien brauchen? Glaubst Du ernsthaft, dass Du weiterhin Dinge kaufst, die Du nicht brauchst – **um Menschen zu gefallen, die Dir eigentlich nicht wirklich wichtig sind?**

Dies sind nur einige Beispiele, in denen eine große Menge an Biorobotern sehr nützlich sind. Wo kämen wir denn hin, wenn dieses System kippen würde? Der Filmemacher George A. Romero ist vielen Menschen vor allem durch seine Zombiefilme bekannt. Viele Menschen haben sich diese Genrefilme angeschaut und haben es dabei belassen, ohne sich weitere Gedanken darüber zu machen. Auf der einen Ebene funktionieren diese Filme auch absolut als klassische Unterhaltungsfilme, eben Horrorfilme. Es gibt aber auch noch einen weiteren Bedeutungsinhalt, über den es sich nachzudenken lohnt. So ist es definitiv kein Zufall, dass der Zombiefilm in den 1970er-Jahren eine Renaissance erfuhr. Just zu dieser Zeit nahm nämlich die Entwicklung ihren Anfang, die wir heute *Globalisierung* nennen. Durch die Globalisierung rückte die Welt näher zusammen, was an und für sich eigentlich kein Nachteil sein müsste. Was aber definitiv ein Nachteil ist, ist die Tatsache, dass der einzelne Mensch zum Konsumenten degradiert wurde und nur noch als Zahl in einer gigantischen Bilanz von Wichtigkeit ist.
George A. Romero greift diesen Sachverhalt auf, indem er in seinen Filmen die „lebenden Toten" auftauchen lässt, eben die Zombies. Zombies haben nur einen Sinn im Leben: fressen. Fressen kann als Sinnbild für blindwütiges Konsumieren interpretiert werden. Damit weisen sie Parallelen zu dem Menschenbild in den Köpfen von Wirtschaftslenkern und Politikern: Konsumenten möchten auch nichts anderes als Dinge konsumieren.

Ich glaube in der Tat, dass nur sehr wenige Dinge rein zufällig passieren. Hinter den großen Entwicklungen sehe ich auf der einen Seite kosmische Gesetze als Ursache wirken, aber ebenso auch rein weltliche

Gesetzmäßigkeiten, wie z.B. auch die der Ökonomie. Ich glaube an die Existenz komplexer Modelle, an denen sich die Schaltstellen von Wirtschaft und Politik orientieren. Diese Modelle haben ihre Wurzeln u.a. in den Strategien zur Abwehr von Atomraketen zu Zeiten des Kalten Krieges. Als diese umfangreichen Modelle erst einmal existierten, konnten diese auch für nicht kriegerische Zwecke genutzt werden.

Ähnlich wie in einem militärischen Einsatzbereich, mussten auch für wirtschaftliche Anwendungen spezifische Variablen benutzt werden. Aus diesem Grund entschieden sich kluge Köpfe für die Nutzung des „Homo Oeconomicus". Der Begriff des Homo Oeconomicus stammt aus den Wirtschaftswissenschaften und wurde dort genutzt, um Verhalten lediglich zu beschreiben. Durch den Einzug dieses Modells in die neuen Modelle geschah aber etwas anderes als nur eine simple Beschreibung von Verhalten. Die Modelle waren in der Lage, Verhalten zu prognostizieren und damit vorherzusehen. Die Ergebnisse der Modelle wurden dann über Denkfabriken, sogenannten „Thinktanks", den Entscheidungsträgern in Politik und Wirtschaft nahegebracht, und genau hier wirkt sich ein Denkfehler geradezu fatal aus. An dieser Stelle bietet sich auch wieder die Quintessenz des „Doppelspalt-Experiments" an: Am Ende erhält der Beobachter das Ergebnis, das er auch erwartet hat.

In der Psychologie ist aber auch der „Rosenthal-Effekt" bestens bekannt. Ein Team von Wissenschaftlern besuchte eine Schule und erläuterte dem Lehrpersonal, dass es einer neuen Theorie nach etwa 20% „Spätaufblüher" in jeder Klasse gäbe, deren Leistungen sich innerhalb eines Jahres deutlich verbessern würde. Um die Aussage zu überprüfen, wurde ein Leistungstest durchgeführt. Im Anschluss nannte man den Lehrern Schüler nach dem Zufallsprinzip, es handelte sich also um völlig normale Schüler und nicht um „Spätaufblüher". Das wirklich Spannende passierte dann nach einem Jahr: Die Leistungen der betreffenden Schüler hatten tatsächlich eine dramatische Steigerung erfahren.

Die Schüler waren aber definitiv vollkommen willkürlich ausgewählt worden, und die Theorie von den „Spätaufblühern" entsprach einfach nicht den Tatsachen. Der Grund für die Verbesserung der Schüler war also ausschließlich bei dem Lehrpersonal zu suchen. Die wissenschaftliche Theorie der „Spätaufblüher" und die Autorität der Untersuchungskommission in den Schulen führte zu einer veränderten Erwartungshaltung bei den Lehrkräften. Diese Erwartungshaltung änderte auch das Verhalten der Lehrer gegenüber ihren angeblich hochbegabten Schülern. Nun begegneten die Lehrer diesen Schülern mit wesentlich mehr Aufmerksamkeit und begannen, etwas in den Schülern zu sehen, was aber nur imaginär vorhanden war. Dieser Glaube übertrug sich dann auch auf die Schüler, was weitere zusätzliche Effekte zeigte.

Beim Rosenthal-Effekt handelt es sich um eine klassische, selbsterfüllende Prophezeiung. Das Interessante dabei ist jedoch, dass es auch in die andere Richtung funktioniert, dann spricht man in der Psychologie vom *Golem-Effekt*. Dieser Versuch wurde in Experimenten mit Ratten nachgestellt und konnte auch dort überprüft werden.

Nun vermitteln die Denkfabriken die Ergebnisse ihrer Modelle den Köpfen von Wirtschaft und Politik. Für das Verhalten der Menschen wird eine nicht sehr schmeichelhafte Erwartungshaltung konstruiert, eben die Rolle als radikaler Konsument. Mit dieser Erwartungshaltung entsteht dann in den Köpfen dieser Anführer ein Bild, an dem sich ihre weiteren Schritte orientieren. Gemäß dem Prinzip einer „selbsterfüllenden Prophezeiung" überträgt sich diese Erwartungshaltung nun auf ihre Planungen und auf die Menschen, für die sie verantwortlich sind. Von diesen Multiplikatoren aus verbreitet sich die Erwartungshaltung wie ein Virus weiter und weiter, bis sie auch bei den profanen Menschen angekommen ist. Ist dies nicht ein bemerkenswertes Beispiel zum Thema Kreation von Realität?

In gewisser Weise sitzt Du nun also wieder an einer Schulbank, und Dein Lehrer hält Dich für eine Niete. Du hast nun generell zwei Optionen: Du kannst seine Erwartungshaltung bestätigen, oder Du kannst das Beste aus dem machen, was Du hast. Dieser Bestandteil der Matrix ist absolut unpersönlich. Es geht ausdrücklich nicht darum zu beweisen, dass Sabine Müller ein dummes, ungebildetes Huhn ist. (Falls Du Sabine Müller heißt: Ich meine Dich definitiv nicht persönlich.)

Anstelle einer persönlichen Verurteilung geht es um eine generelle Vorverurteilung. Es gibt also keine mysteriöse Kraft, die ausgerechnet *Dich* unten halten möchte. Es geht eigentlich darum, ob Du der Erwartungshaltung Dich betreffend recht gibst oder sie Lügen strafst. Es ist Dein Leben — triff **Deine** Entscheidung. Du kannst mit Deinem Leben anfangen, was Du möchtest. Du darfst Dich sowohl gegen weltliche als auch gegen kosmische Gesetze entscheiden. In beiden Fällen wirst Du mit den Konsequenzen rechnen müssen. Entweder darfst Du dann einmal die Welt durch vergitterte Fenster betrachten, oder Du darfst eine Erfahrung so lange wiederholen, bis Du Deine Lehre daraus gezogen hast.

Wenn Du also ein Leben als Bioroboter vorziehst, der sich wie ein kleines Rädchen in einem gigantischen Getriebe fühlt, dann ist dies eine legitime Entscheidung. Außerdem bestätigst Du damit die Erwartungshaltung, an der Du schließlich auch gemessen wirst. Ebenso gültig ist die Entscheidung für ein freies Leben außerhalb der Netze der Matrix. Es zwingt Dich wirklich niemand, ein Leben zu leben, das Dir nicht entspricht. Du musst keinen *Weber*-Grill besitzen, kein eigenes Haus, und Du musst auch nicht acht Stunden lang einer Tätigkeit nachgehen, die Du nicht magst. All dies ist völlig in Ordnung, aber es gibt keinerlei Zwang dazu. Du triffst jedes Mal selbst die Entscheidung, all das zu tun, was Du eben machst.

Dies ist nun exakt die Situation, aus der Du Dich retten kannst. Du kannst ein Leben als „Jedermann" führen, oder Du lebst ein Leben als Original. Meiner Meinung nach gibt es zu viele Kopien, aber das ist ganz und gar Deine Entscheidung. Wenn Du nun denkst, dass es mir ausschließlich um wirtschaftlichen Erfolg geht, so irrst Du Dich. Dein Kontostand ist mir persönlich vollkommen unwichtig. Er ist für mich nur insofern von Bedeutung, dass *Du* damit glücklich bist. Ich genieße sehr gerne die Annehmlichkeiten des Lebens. Ich habe aber Zeiten erlebt, in denen ich keine Ahnung hatte, wovon ich im nächsten Monat die Miete für meine Wohnung bezahlen sollte. Aber ich habe diese

Zeiten überlebt, trotzdem sehne ich mich natürlich nicht danach zurück. All die Annehmlichkeiten genieße ich sehr, aber ich *brauche* sie nicht wirklich. Wenn ich ehrlich bin, benötige ich nur sehr wenige materielle Dinge, um zufrieden zu sein. Eine Unterkunft, Lebensmittel und Schreibzeug sind mein unterstes Limit. Wenn dann noch genug Lesestoff dazu kommt, habe ich wirklich alles, was mein Herz begehrt. Alles Weitere ist Luxus für mich – Luxus, den ich in vollen Zügen genieße, der für mich aber völlig optional ist.

Wie sieht es bei Dir aus? Was benötigst Du tatsächlich, um glücklich zu sein? Hast Du einmal ernsthaft darüber nachgedacht? Eine Antwort auf diese Frage kann sehr befreiend sein, denn warum weiterhin Energie für überflüssige Dinge aufbringen? Gleichzeitig kann diese Antwort auch motivieren, wenn Du eben noch nicht über diese Sache verfügst aber davon überzeugt bist, dass Du sie erreichen kannst. Und glaube mir bitte diese eine Sache: Wenn Du wirklich willst, kannst Du unglaublich viel erreichen!

Das gerade Gesagte bezieht sich selbstverständlich auch auf nicht materielle Sachverhalte. Einer meiner Klienten ist ein erfolgreicher Zahntechniker. Trotz der Verlagerung der Fertigung ins Ausland konnte sich sein Labor eine Nische sichern, in der er spezielle Produkte anbieten kann. Trotz seines wirtschaftlichen Erfolges ist dieser Mann unglaublich unglücklich. Der Grund dafür ist sehr simpel. Im Grunde seines Herzens interessiert sich der Klient nur für eine einzige Sache: das Angeln. Er verbringt jede freie Minute an irgendeinem Gewässer, um zu angeln. Wenn er nicht frei hat, befindet er sich in seinem Labor und ist unglücklich. Da mein Klient mit seinem Beruf viel Geld verdient, verschwendet er keinen Gedanken an eine berufliche Neuorientierung, obwohl er unglücklich ist. Es ist seine Entscheidung, und nur er selbst muss mit den Folgen dieser Entscheidung leben.

Nicht ohne Grund hat eine Krise auch immer etwas von einer Chance. Wenn es dem Labor nun deutlich schlechter ginge, könnte dies den Entschluss zu einer beruflichen Neuorientierung erleichtern. Im Fernsehen sah ich einmal einen Bericht über einen erfolgreichen Chirurgen, der seine Praxis von heute auf morgen einfach geschlossen hat. Anstelle des Arztberufs hat sich der Mann eine eigene Spedition aufgebaut und fährt nun mit einem hochmodernen LKW als Trucker durch Europa – das nenne ich echten Mut.

Wie sieht es nun aus? Willst Du einen Menschen retten, oder ist Dir das zu anstrengend? Natürlich, es ist heroischer, diese Rettung rein gedanklich einem fremden Menschen am anderen Ende der Welt in einer absoluten Notlage angedeihen zu lassen, oder? Findest Du nicht, dass es aber jetzt gerade einen Menschen gibt, der diese Rettung noch viel nötiger gebrauchen kann? Wie steht es mit Dir selbst?

Kapitel 19: Loslassen

Dieses Kapitel liegt mir persönlich besonders am Herzen. Das Loslassen an sich ist ein grotesk einfacher Vorgang, aber vielleicht gerade deshalb wird es von so vielen Menschen nicht verstanden. Du kannst alles in Deinem Leben richtig anstellen, aber dennoch versagen. Das passiert dann, wenn Du verkrampfst und etwas zu sehr willst. Du hast ein Ziel, visualisierst regelmäßig und handelst auch folgerichtig. Aber es funktioniert einfach nicht. Manchmal liegt der Grund darin, dass Du einfach das Problem nicht loslassen kannst und Dich darauf fixierst, an Stelle auf die Lösung. Wenn das bei Dir der Fall ist und Du mit jeder Faser Deines Körpers etwas „nicht willst", nun bitte, dann bekommst Du eben weiterhin genau das, was Du eben nicht willst.

Aus diesem Grund sind auch der Kampf gegen die Drogen und Demonstrationen gegen den Krieg völlig kontraproduktiv. Probiere es bitte selbst aus, und denke an irgendetwas, was Du gerne ändern möchtest. Nimm etwas ganz Banales, wie: *„Ich möchte nie mehr so viel Unordnung in diesem Zimmer."* Woran denkst Du bei diesem Satz? Stellst Du Dir dabei ein wunderbar aufgeräumtes Zimmer vor? Höchstwahrscheinlich denkst Du eher an die Unordnung, die Du nicht mehr willst. Und genau damit gibst Du der Unordnung Aufmerksamkeit. Aufmerksamkeit bedeutet Energie, Energie bedeutet ein Festigen des unerwünschten Zustands.

Diesen Sachverhalt kannst Du auch wunderbar auf das Internet anwenden. Jeder, der eine Homepage, ein Profil in einem sozialen Netzwerk oder Videos veröffentlicht, wird eines Tages Bekanntschaft mit einem „Troll" machen. Als *Troll* oder *Hater* werden Menschen bezeichnet, die andere „User" mit wüsten Beleidigungen, Unterstellungen und Bedrohungen überziehen. Es beginnt alles meist mit einem einzigen Kommentar, z.B. in einem Gästebuch. Dieser Kommentar bezieht sich meist sogar konkret auf Dich und Deine Arbeit, ist aber in seiner Form absolut nicht akzeptabel. Wenn Du nun auf den Kommentar einsteigst, indem Du Dich rechtfertigst oder versuchst, eine sachliche Diskussion zu beginnen, dann hast Du einen neuen Anti-Freund gefunden. Der Troll wird nun immer weiter Respektlosigkeiten gegen Dich hinterlassen und sich vielleicht sogar Tarn-Identitäten zulegen, die dann in sein Lied einstimmen und Dich beleidigen. Diesen Kampf kannst Du nicht gewinnen, wenn Du nicht auf dem gleichen Niveau wie ein Hater agierst. Damit würdest Du aber hoffnungslos Deine Reputation beschädigen. Du befindest Dich also in einer Zwickmühle. Die einzig vernünftige Reaktionsweise besteht darin, unsachliche Beiträge sofort zu löschen und nicht zu kommentieren. Das Motto lautet: *„Don't feed the troll!"* – Füttere nicht den Troll!

Zum Umgang miteinander gehört grundsätzlich Respekt. Niemandem muss Deine Arbeit gefallen, aber jeder hat Dir als Person Respekt entgegenzubringen. Du löst das Problem nur, wenn Du Dich nicht auf das Problem selbst einlässt. Erkennst Du die Parallele?

Es ist aber schon spannend, warum Menschen „trollen" bzw. „haten". Dies ist natürlich ein Weg, um an Aufmerksamkeit zu gelangen, wenn auch durch Beleidigungen. Aus diesem Grund kann auch wirklich jeder Angriffsziel eines Trolls werden, denn es geht ja nicht wirklich um die Person des Angriffsziels, sondern um deren Aufmerksamkeit. Deshalb streuen viele „Hater" auch ihre Provokationen sehr breit, mittels Stichprobenprinzip. Reagiert dann einer der Beleidigten, dann ist das Tor offen, und es kann richtig zur Sache gehen.

An diesem Punkt möchte ich auf ein wirklich verabscheuungswürdiges Experiment hinweisen, das im Namen der Wissenschaft durchgeführt wurde. Bei diesem Experiment handelt es sich um den „Kaspar-Hauser-Versuch", der unter Friedrich II. durchgeführt wurde. Die zu prüfende These des Versuchs war, dass Kinder ohne *verweichlichende* Maßnahmen *stärker* und *gesünder* aufwachsen würden. Zu diesem Zweck wurden Säuglinge gewaschen und mit Nahrung versorgt, bekamen aber keinerlei Streicheleinheiten. Zusätzlich bekamen die verantwortlichen Frauen sogar den Mund verbunden und das Gesicht verhüllt, damit definitiv keinerlei Austausch mit den Säuglingen stattfinden konnte. Das Ergebnis dieses Experiments fiel jedoch anders aus als erwartet aus: Sämtliche Säuglinge verstarben! Zuwendung und Aufmerksamkeit sind also keinesfalls nachteilig, sondern für ein gesundes Aufwachsen unabdingbar! Deshalb schreien Hater und Trolle eigentlich nach Liebe, nur durch Beleidigungen und andere Respektlosigkeiten werden sie leider niemals in den Genuss davon kommen.

Genauso verhält es sich aber mit allen Problemen, Zuständen und Personen im Leben, die Du nicht willst. Das Universum kennt generell nur ein großes „Ja" zu allen Dingen, denen Aufmerksamkeit entgegengebracht wird. Aufmerksamkeit führt *immer* zu einer Zementierung des entsprechenden Zustandes. Fokussiere immer genau das, was Du willst. Wenn Dich die Unordnung aufregt, fokussiere herrliche Ordnung. **Energy flows, where attention goes!** Die Energie fließt immer dahin, wo Deine Aufmerksamkeit ist. Dies ist für uns Menschen sehr schwierig zu verstehen. Ein wenig gleicht unsere Rolle damit der eines Alchimisten. Der Alchimist wollte aus unedlen Metallen Gold herstellen, Du hingegen darfst aus unedlen Gedanken positive Ziele formen.

Sicherlich kennst Du in Deinem direkten Umfeld sogenannte „Antis", also Menschen, die scheinbar ständig gegen jemanden oder etwas sind. Frage einen solchen „Anti" doch bitte einmal, *wofür* er sich denn einsetzt. Er wird Dir sofort mit Verneinungen antworten: gegen Rassismus, gegen Drogen, gegen Neoliberalismus usw.. Die Wahrheit lautet: Negisten, auch „Verneiner" genannt, befinden sich eigentlich im selben Bewusstseinsmodus wie Jammerlappen. Beide Menschengruppen haben etwas gemeinsam: Sie produzieren viel Luft, damit sie sich nicht *für* etwas einsetzen müssen. Die eine Gruppe versucht sich mit einer Antihaltung vor Verantwortung zu drücken, die andere Gruppe hat einfach immer schlechte Ausreden.

Auch an diesem Punkt möchte ich vollkommen ehrlich zu Dir sein. Es gibt Autoren, die behaupten, dass einfach ALLES erreichbar ist. Ich sehe jeden Einzelnen als Steuermann seines Lebens an, der sein Leben weitestgehend kontrollieren kann. Dies ist meiner Meinung nach aber etwas anderes, als wenn ich Dir garantiere, dass Du jedes Ziel in Deinem Leben erreichen kannst. Jeder Mensch unterliegt bestimmten Grenzen, oder anders ausgedrückt: Er hat einen individuellen Weg. Dieser individuelle Weg mag manchmal seltsam aussehen, ist aber gleichzeitig der beste Weg für den betreffenden Menschen. Nicht jeder kann Profifußballer, Sänger oder Schauspieler werden.

Ich für meinen Teil habe mir einmal eingebildet, Handwerker werden zu können. Das Ergebnis hätte ich filmen und auf Youtube veröffentlichen sollen – vielleicht wäre ich dann heute ein berühmter Comedian. Ich bin aber voll und ganz davon überzeugt, dass jeder Mensch sein Glück finden kann. Somit bleibst Du also Steuermann Deines Lebens.

An diesem Punkt kommt es jedoch oftmals zu Schwierigkeiten. Das Problem entsteht zwischen den Zielen Deines Egos und denen Deiner Seele. Vielleicht willst Du mit jeder Faser Deines Körpers Pilot werden. Wenn Deine Augen dafür zu schlecht sind, kannst Du so viel Energie in dieses Ziel investieren, wie Du willst, es wird einfach nicht funktionieren. Du wirst niemals Pilot werden. Du kannst nun weiter mit dem Kopf gegen die Wand laufen und versuchen, Pilot zu werden. Irgendwann wirst Du einsehen müssen, dass es unmöglich ist.

Verdammt Dich nun das Leben dazu, unglücklich zu sein? Ich glaube, das Problem liegt an einer anderen Stelle – nämlich bei Dir selbst. Nahezu jeder Mensch stößt zumindest einmal in seinem Leben an unsichtbare Mauern, die er nicht überwinden kann. Es kann sich dabei um körperliche, geistige oder andere Hindernisse handeln. Bei diesen „anderen" Hindernissen wird es nun komplizierter. Ich glaube an die Existenz eines Lebensplans für jeden Menschen. Dieser Lebensplan wird bereits vor Deiner Geburt festgelegt – von Gott, Deiner Seele oder einer Urenergie. Wie Du die Quelle Deines Lebensplans bezeichnest, spielt absolut keine Rolle. Wichtig ist lediglich eine Tatsache: Dieser Lebensplan soll Dir helfen, Dein wahres Potenzial in dieser Inkarnation zu entfalten. Der Haken mit dem Lebensplan besteht darin, dass Du diesen Plan leider zeitgleich mit Deiner Geburt vergisst und erst wiederentdecken musst. Man kann also sagen, dass dies der Lebenssinn einer jeden einzelnen Seele ist: sich selbst und ihre Aufgabe zu erkennen.

Bleiben wir bei dem verhinderten Piloten. Eine Option wäre jetzt, aufzugeben und sich mit einem frustrierenden Job zufrieden zu geben. Ich halte dies jedoch für keine gute Lösung, aber leider liegt diese Entscheidung sehr nah. Frei nach dem Motto: Wenn ich schon nicht das haben kann, was ich will, dann will ich einen sicheren Job. Mir sind aber viel zu viele Beispiele bekannt, bei denen das so richtig nach hinten losgegangen ist. Außerdem steckt noch etwas anderes hinter der angeblich „sicheren Nummer" – die Person hält innerlich immer noch an dem Traum vom Piloten fest. Diese Einstellung kann ein ganzes Leben so richtig verbittern.

Jemand hat einmal eine unglaublich schöne Metapher für das Loslassen geprägt: Festzuhalten bedeutet, die Faust fest um einen Stein zu schließen. Loslassen bedeutet nun keinesfalls, die Hand zu öffnen und den Stein herunterfallen zu lassen. Anstelle dessen bedeutet loslassen, die Hand umzudrehen und erst dann zu öffnen. Der Stein befindet sich nun auf Deiner offenen Handfläche, aber Du verkrampfst nicht mehr.

Auf unseren verhinderten Piloten gemünzt würde das bedeuten, dass er sich die Motivation hinter seinem großen Traum (Pilotenberuf) einmal genauer ansehen kann. Vielleicht wäre der Pilotenberuf an sich völlig falsch, weil der junge Mann dann nur noch wenig in seinem sozialen Umfeld wäre. Vielleicht ist aber das Thema Luftfahrt an sich der eigentliche Grund für die Faszination. So wäre es durchaus denkbar, dass der junge Mann zwar niemals Pilot werden, aber ein begabter Flugzeugingenieur sein kann oder Flugbegleiter. Diese Möglichkeit erschließt sich einem Menschen aber nicht, wenn er weiterhin an dem Wunsch seines Egos anhaftet, denn er blockiert sich selbst damit.

Dazu passt auch eine Anekdote, die mir ein Klient während einer Sitzung erzählt hat. Der Mann hatte jahrelang in Indien zu tun und konnte dort beobachten, mit welchem Trick Affen gefangen werden.

Ein Baum wird angebohrt und zum Teil ausgehöhlt. In diesen Hohlraum wird ein Gegenstand platziert, der gerade eben so noch durch das Loch in den Baum passt. Dieser Gegenstand muss irgendwie für Affen interessant sein, also entweder glitzern oder es ist ein Leckerbissen. Wenn dann ein Affe den Hohlraum und das Objekt darin entdeckt, steckt er seine Hand in das Loch und will das Objekt aus dem Baum herausholen. Für die Hand des Affen und den Gegenstand ist die Öffnung an der Vorderseite des Baumes aber zu klein. Da der Affe den Gegenstand aber unbedingt haben will, versucht es das Tier trotzdem ausdauernd weiter und hält seine Hand fest um den Gegenstand geschlossen. Somit sitzt der Affe dann in der Falle und muss nur noch eingesammelt werden.

An diesem Beispiel merkt man dann doch ziemlich gut unsere Verwandtschaft zu unseren behaarten Brüdern und Schwestern...

Wenden wir uns an dieser Stelle nochmals dem Thema des Lebensplans zu. Im ersten Moment könnte man glauben, dass ein solcher Plan keinerlei Platz für den freien Willen lässt. Dies ist aber nur auf den ersten Blick der Fall, denn obwohl ein Plan existiert, ist auch eine gewisse Flexibilität vorhanden.

Bleiben wir doch einfach nochmals bei dem verhinderten Piloten. Aus irgendeinem Grund ist in seinem Lebensplan für ihn keine Beschäftigung als Pilot vorgesehen, dafür bringt er aber hervorragende Anlagen mit, um Flugzeuge zu bauen. Das Thema ist weiterhin der Luftverkehr, aber es gibt noch andere Möglichkeiten, wie der junge Mann seinem Lebensplan folgen könnte. Er könnte als Mechaniker Flugzeuge warten, als Logistikexperte Flüge eines Paketdienstleisters koordinieren, als Fluglotse im Tower arbeiten, sich auf Flugsimulatoren spezialisieren oder beim Militär Drohnen von der Kommandozentrale aus steuern. All dies würde sicherstellen, dass er seine Leidenschaft für Flugzeuge ausleben könnte.

Nun kann es aber auch vorkommen, dass es trotz Einklang mit dem Lebensplan zu Schwierigkeiten kommt. Dies ist meiner Meinung nach damit zu erklären, dass der Sinn des Lebensplans nicht vorrangig eine bestmögliche Karriere ist. Das würde eine einseitige Orientierung auf das Ego bedeuten, das ständig mehr will. Der Lebensplan ist aber absolut ganzheitlich, denn es geht um Erkenntnis und um Deine Seele. Wenn Du also einmal strauchelst, obwohl Du alles richtig gemacht hast, kann es sein, dass Du dadurch eine Erfahrung lernen sollst, die Dir noch fehlt. Mir selbst ist es exakt einmal so ergangen. Ich habe absolut das getan, wofür ich vorgesehen war, und dennoch blieb der Erfolg aus. Auf diese Weise erlebte ich ein Weihnachtsfest, das ich auf diese Weise keinem Menschen wünsche, denn ich wusste nicht, ob es mein Geschäft im nächsten Jahr noch geben würde. Irgendwie hatte ich mich in der „push-hard"-Philosophie verfangen und glaubte, nur hart genug arbeiten zu müssen, um erfolgreich zu werden.

Ich möchte Dir ganz eindringlich sagen, dass Du auch mit der besten Motivation und gigantischem Arbeitseinsatz auf ganz hohem Niveau scheitern kannst. Aus diesem Grund bekomme ich einen halben Herzinfarkt, wenn mutmaßlich erfolgreiche Menschen interviewt und nach den Gründen für ihren Erfolg gefragt werden. Regelmäßig kommt dann die Antwort: *„Durch harte Arbeit!"* Exakt in diesem Moment würde ich gerne wahlweise etwas in den Fernseher oder den Fernseher aus dem Fenster werfen. Wenn jemand etwas in dieser Art sagt, beleidigt er alle hart arbeitenden Menschen, die eben nicht super-erfolgreich bzw. super-reich sind. Ich kann Dir versichern: Wenn harte Arbeit ausreichen würde, dann wäre Deutschland voll von schwerreichen Menschen.

Zu allen Faktoren, die zum Erfolg gehören, gehört immer noch eine geheimnisvolle andere Zutat hinzu: Fügung und Synchronizität. Diese Prise ist allerdings entscheidend, ohne diese „göttliche Hand" kannst Du Dir die Finger wund arbeiten, und der Erfolg bleibt dennoch aus.

Was soll man aber tun, wenn man in einer solchen Situation steckt? Zuerst lohnt sich natürlich immer die Überprüfung, ob Du Dich eigentlich überhaupt noch in Resonanz mit Deinem Lebensplan befindest. Fühlt sich Deine Lebenssituation gut an? Bekommst Du Befriedigung aus Deiner Tätigkeit? Kannst Du morgens beschwingt aufstehen und abends zufrieden schlafen gehen? Wenn Du jede dieser Fragen bejahen kannst, dann wirst Du Dich höchstwahrscheinlich auf dem richtigen Weg befinden. Wenn Du aber dennoch nicht erfolgreich bist, gibt es vielleicht noch etwas anderes für Dich zu lernen bzw. zu erkennen. Gibt es vielleicht einen Teilaspekt, den Du bei all den kleinen und größeren Aktivitäten des Alltags vergessen hast? Als ich z.B. einmal mein persönliches Horrorweihnachten erlebte, wurde mir klar, dass auch ich da etwas vergessen hatte. Bei mir war es das Thema Demut. Ich hatte mir eingebildet, dass ich es nur „richtig" anzustellen brauchte und vergaß dabei das Thema „Gleichmut". Ich konnte meinen Erfolg nicht erzwingen, auch wenn ich mich noch so anstrengte, dafür brauchte es eben einen Faktor, den ich nicht beeinflussen konnte: Fügung.

Solltest Du ins Straucheln geraten, dann versprich mir bitte nur eines: Höre nicht auf zu arbeiten. Arbeit ist die Grundvoraussetzung, damit Du überhaupt erfolgreich sein kannst, aber eben keine Garantie. Erinnere Dich an das Feuer, halte die Flamme am Brennen, aber mehr Aufwand ist oftmals kontraproduktiv. Wenn Du also wie durch zähen Morast watest und nichts, aber auch einfach gar nichts reibungslos funktioniert, dann nimm Tempo raus, und gönne Dir Pausen. Beschäftige Dich mit Dingen, die Dich aufbauen und Dir wieder Mut geben. Vielleicht gibt es andere Projekte, in die Du Deine Energie momentan sinnvoller investieren kannst.

Aber selbst wenn es nichts Anderes zu tun gibt und Du vor Deinem Telefon sehnlichst auf das Klingeln warten musst, dann lerne zu warten. Ein Anrufbeantworter ist heute kein großes Vergehen mehr, solange Du ihn regelmäßig abhörst. Auf diese Weise musst Du nicht die ganze Zeit am Telefon sitzen (wenn Du nicht ohnehin mit einem Handy arbeitest). Bleibe in Kontakt mit Deinem Job, es gibt eigentlich immer etwas zu tun, und selbst wenn es nur ein verbesserter Briefkopf, putzen oder eine Inventur ist. Es besteht also kein Grund, an diesem Punkt zu resignieren. Anstelle dessen solltest Du tief durchatmen, auch wenn es schwer fällt.

In diesem Buch sprach ich von dem zyklischen Ablauf aller Dinge. Diese Phase ist ebenso ein Teil des Zyklus, anstelle von Aktivität ist nun aber Passivität geboten. In dieser Situation kann eine Charaktereigenschaft wie ein Turbo wirken: Urvertrauen. Eine andere Bezeichnung dafür ist Gottvertrauen. Aus dem christlichen Glauben stammt das Zitat: *„Dein Wille geschehe!"*

Selbstverständlich wird in diesem Zitat kein persönliches Ego angesprochen, sondern kein Geringerer als Gott selbst. Damit wird dieser Satz zu einem Bekenntnis, sein Leben in die Hände Gottes zu legen. Wie ich bereits erwähnt habe, ist dieses Buch aber keinesfalls besonders christlich geprägt. Es gibt wahrscheinlich sehr viele Zitate aus anderen Religionen. Wenn Du ähnliche Zitate kennst, würde ich mich sehr freuen, wenn Du mich daran teilhaben und sie mir zukommen lässt. Benutze zu diesem Zweck doch einfach meine Kontaktdaten am Ende des Buches.

Urvertrauen bzw. Gottvertrauen ist ein mächtiges Werkzeug, wenn es um Realitätsgestaltung geht, und gleichzeitig ein absolutes Gegenmittel gegen Angst. Angst war noch niemals ein guter Ratgeber und wird es auch niemals sein. Du wirst immer nur die Lektionen vermittelt bekommen, für die Du auch bereit bist. Aber auch wenn Du überhaupt keine Lektion in der gegenwärtigen Situation erkennen kannst, Deine Hausaufgaben erledigt sind und Du Dich im Einklang mit Deinem Lebensplan glaubst, kann es zu einem totalen Crash kommen. Es kann passieren, dass Dein Geschäft, Deine Beziehung oder Deine sportliche Laufbahn abrupt beendet ist. Das musst Du aushalten, damit musst Du leben können. Betrachte es einfach als Einsatz für das Spiel.

Warum das passiert, können wir je nach Situation vielleicht überhaupt nicht nachvollziehen. Alleine die Tatsache, dass es passiert ist bedeutet, dass es einfach passieren sollte. Was bleibt Dir dann zu tun? So hart es klingt: Scherben zusammenkehren und ab in den Müll damit. Wickele die Situation so gut ab, wie es geht, und versuche, Schadensbegrenzung zu betreiben. Eine solche Situation geht an die Nerven, und es ist völlig normal, wenn Du Dich tagelang nicht gerade gut fühlst.

Aber auch, wenn die Situation Dich zu übermannen droht: Du lebst noch, denn sonst könntest Du all diesen Schmerz nicht mehr fühlen.

An dieser Situation gibt es nichts zu beschönigen, es war ein gigantischer Misserfolg. Auf der anderen Seite ist ein Misserfolg nicht das Schlimmste, was Dir passieren kann. Für mich ist das mit Abstand Schlimmste, was Dir passieren könnte, die Gewissheit, etwas nicht probiert zu haben. Jetzt weißt Du eben, dass es nicht funktioniert hat. **Hättest Du es niemals versucht, würdest Du immer diesen Gedanken im Kopf haben: Was wäre, wenn ich es versucht hätte?**

Auch wenn alles danach aussieht: Du hast nicht verloren. Du hast nur verloren, wenn Du liegen bleibst. Wieder kann ich nur Winston Churchill zitieren: *„Die Kunst besteht darin, einmal mehr aufzustehen, als Du hingefallen bist."*

Nichtsdestotrotz wirst Du in diesem Moment von der Enttäuschung fast überwältigt werden. Aber, Du wirst gerade *Ent*-täuscht und unterliegst keiner Täuschung mehr. Nun weißt Du, dass etwas so nicht funktioniert. Dieses Wissen kann Dir niemand mehr nehmen. Außerdem ist ein solcher Moment auch befreiend. Du hast jetzt die Gelegenheit, Dich neu zu orientieren und kannst nichts mehr verlieren. Was willst Du mit Deinem Leben nun anfangen? Kannst Du Dich daran erinnern, wann Du das letzte Mal so frei warst?

Steckt auch Deine Hand in einem ausgehöhlten Baum? Was umklammerst Du? Kann es sein, dass genau das der Grund für Deine momentanen Probleme ist? Warum lässt Du nicht einfach los und öffnest Dich dem Fluss des Lebens? Was zu Dir gehört, wird auch zu Dir finden!

Kapitel 20: Willkommen im Jetzt

Egal, wie Du Dich momentan fühlst, es ist immer sinnvoll, absolut im Jetzt zu sein. Es gibt nämlich nur einen Moment, in dem Du handeln kannst: jetzt. Das Gestern ist nur noch eine Erinnerung, das Morgen nur Spekulation – sicher bist Du nur im Augenblick. Das hört sich fast poetisch an, ist aber knallharte Realität. Im gegenwärtigen Moment liegt sehr viel Macht, deshalb ist es sehr schade, dass nur wenige Menschen im Jetzt verwurzelt sind.

Wenn die Dinge gerade schlecht laufen, ist das gedankliche Abschweifen ins Gestern oder Morgen natürlich verständlich, aber immer noch falsch. Wenn Du dem Jetzt entfliehen willst, dann willst Du meist Deinen Gefühlen entfliehen, und damit machst Du Deine Situation nicht besser. Deine Gefühle wollen nicht verdrängt, sie wollen wahrgenommen werden. Wenn Du nun in Gedanken zu besseren Zeiten abschweifst, dann verdrängst Du Deine aktuellen Gefühle. Verdrängung ist aber nur in absoluten Extremfällen sinnvoll, nämlich dann, wenn es sonst Deinen Verstand kosten würde.

Verdrängte Gefühle verschwinden nicht einfach, sondern arbeiten in Dir weiter, erinnere Dich an den Ball unter der Wasseroberfläche. Dieser Prozess findet in Deinem Unterbewusstsein statt, und es handelt sich um keinen unproduktiven Vorgang. Du kannst durchaus Dinge und Zustände manifestieren, ohne dass Du davon bewusst Kenntnis hast. Dies geschieht nur aus einem einzigen Grund: Deine verdrängten Gefühle wollen wahrgenommen werden und ziehen deshalb ähnliche Situationen an wie die, in denen Du sie ursprünglich produziert hast. Wenn Du negative Gefühle verdrängst, produzierst Du letztendlich nur mehr davon, also machst Du sie nur stärker. Gefühle wollen gefühlt werden, auch wenn das für Dich vielleicht sogar sehr schmerzhaft ist. Deine Gefühle werden Dich aber nicht umbringen. Die Folgen aus einer möglichen Verdrängung haben aber durchaus das Potenzial, Dich zu schädigen.

Du hast Deine Gefühle durch Deine Gedanken erschaffen, deshalb bist Du auch für sie verantwortlich. Wenn Du diese Gefühle ablehnst, machst Du sie im Gegenteil nur umso stärker. Das Jetzt ist nun der einzige Zeitpunkt, in dem Du Deine Gefühle wirklich fühlen kannst. Wenn Du Dich nicht gut fühlst, solltest Du diese Gefühle nicht durch krampfhaftes Positives Denken überdecken und damit verdrängen.

Im Alltag fällt es natürlich schwer, jederzeit mit Deiner Aufmerksamkeit bei Dir selbst zu bleiben. Mit der Zeit wird Dir das aber immer besser gelingen, und Du bringst Bewusstheit in jeden Teil Deines Lebens. Ich spreche aber keinesfalls von sinnloser Grübelei. Mit Gedanken wirst Du Deine Gefühle nicht verstehen können, auch wenn Deine Gefühle durch Gedanken ausgelöst werden. Gefühle werden gefühlt und nicht gedacht. Wenn Du also etwas Zeit hast, schenke Deinen Gefühlen Aufmerksamkeit, und fühle sie. Auf diese Weise kannst Du Deine Gefühle tatsächlich verarbeiten und wieder integrieren.

Du bist voller Wut? Dann sei wütend! Du bist traurig? Dann spüre Deine Trauer, lasse Tränen zu, wenn Dir danach ist! Du bist voller Liebe? Spüre diese Liebe! Du bist von etwas völlig genervt? Du darfst genervt sein, fühle es mit Deinem ganzen Körper! Wenn Du etwas Übung darin hast, wirst Du merken, wie sich Dein Bewusstsein mit der Zeit wieder klärt. Dann hast Du Deinen Gefühlen den Raum gegeben, den sie auch tatsächlich benötigen.

Während meiner Arbeit als Physiotherapeut ist mir regelmäßig ein spannendes Phänomen begegnet: Die meisten Menschen reden bei physiotherapeutischen Behandlungen mindestens genauso viel wie beim Friseur, und mit der Zeit bekommt man deshalb auch ein sehr intimes Verhältnis zu seinen Patienten. Bei manchen Behandlungen kam es dann zu einem abrupten Wechsel des Gesprächsthemas, während ich einen bestimmten Punkt am Körper des Patienten berührte. Mehrfach ist mir dies aufgefallen, wenn ich am Beckenkamm von Patienten gearbeitet habe.

Mal sprachen die Patienten dann plötzlich über eine Kindheitserinnerung, mal über einen früheren Freund oder andere lange zurückliegende Erlebnisse. Meist änderte sich gleichzeitig auch die Gefühlslage des Patienten auf eine ebenso drastische Art. Wie ist das möglich?

In der Naturheilkunde-Literatur ist immer wieder die Rede von einem Körpergedächtnis, in dem ebenfalls Erinnerungen und Gefühle abgespeichert werden können. Wenn man mit einem Mediziner über diese Thematik spricht, hat dieser meistens eine absolut klare Meinung dazu: Meist wird diese nicht besonders verständnisvoll ausfallen. Mittlerweile hat aber auch die Idee des „Bauchgehirns" Einzug in konservative Medizinerkreise erhalten, da man Ansammlungen von Neuronen im Bereich des Darms vorgefunden hat. Ansonsten gibt es solche Zentren eigentlich nur im Gehirn des Menschen. Vielleicht wird sich also auch die Meinung der Medizin über das Thema eines Körpergedächtnisses ändern.

Wenn Du voll und ganz im Jetzt verwurzelt bist, kannst Du also effektiv handeln und Dir gleichzeitig Deine Realität deutlich mehr in Deinem Sinne erschaffen. Gibt es also einen besseren Ort als das Jetzt?

Wie sehr lebst Du im Augenblick, im Jetzt? Kannst Du Deine Lebenssituation akzeptieren, oder flüchtest Du in die „gute alte Zeit"? Wann hast Du zuletzt Deinen Gefühlen wirklich einmal Raum und Zeit gegeben?
Besitzt Du Deine volle Leistungsfähigkeit, oder denkst Du zwanghaft an zukünftige Ereignisse?

Nachwort

Du bist also am Ball geblieben! Dazu möchte ich Dir von Herzen gratulieren. In diesem Buch war ich manchmal provokant, manchmal ausschweifend und manchmal sarkastisch – ich hoffe, Du siehst mir das nach. Die Themen dieses Buches sind mir aber einfach zu wichtig, als dass ich sie rein nüchtern herunterleiern und Dich damit einschläfern könnte. Das ist absolut nicht meine Art, und das will ich auch gar nicht. Der Sinn dieses Buches ist völlig simpel zu beschreiben: Ich möchte Dich nicht nur wachrütteln, ich möchte Dich aus dem Bett scheuchen, raus aus der Komfortzone!

Das Leben ist einfach zu kurz, um es unbewusst und vor dem Karren einer anderen Autorität zu verbringen. Es ist *Dein* Leben, daran soll Dich dieses Buch erinnern. Lebe dieses Leben „Like a Boss", nicht wie ein Bittsteller. Gehe erhobenen Hauptes durch die Welt, denn dazu hast Du jede Berechtigung: Du bist ein unglaublich machtvoller Schöpfer!

Nun hast Du die Wahl. Sei mutig, triff Deine Entscheidung, als wer Du leben möchtest, und sei glücklich!

Hennef, im Mai 2014

Stefan Müller, *der Gedankencoach*

Die Praxis

Es gibt ein paar machtvolle Werkzeuge, mit denen Du sofort loslegen und Dein Leben verändern kannst. Gleichzeitig empfehle ich Dir aber weiterhin die Arbeit mit diesem Buch, denn der Verstand möchte beschäftigt werden.

Übung 1: Die Deklaration

Bevor Du mit diesem Weg beginnst, solltest Du kurz innehalten. Was steht am Anfang einer jeden Reise? Natürlich die Überlegung, wohin die Reise eigentlich gehen soll! Wenn Du in den Süden fahren möchtest, dann musst Du Dich auch dafür entscheiden – ansonsten wirst Du niemals losziehen. Wo soll es für Dich also hingehen?

Du musst keiner anderen Person von Deinem Vorhaben erzählen, aber Du solltest Dich selbst ganz dieser Reise verschreiben. Zu diesem Zweck eignet sich ein Ritual. Vielleicht möchtest Du ein gutes Restaurant besuchen und widmest diesen Besuch (im Stillen) dem Beginn Deiner inneren Reise? Ebenso eignet sich auch das Anstoßen mit einem wirklich edlen Champagner oder der Genuss einer Zigarre. Was Du genau machst, spielt keine Rolle. Es ist nur wichtig, dass Du diese Handlung und den Moment genießt und auskostest, denn dies markiert nichts Geringeres, als den Beginn eines neuen Lebensabschnitts. Zusätzlich solltest Du eine „Trophäe" aufbewahren, die Dich an diesen Tag erinnert. Das kann z.B. der Korken der Flasche sein, eine Visitenkarte des Restaurants oder was auch immer. Diese Trophäe können wir dann sehr effektiv in Übung 3 einsetzen.

Übung 2: „Der Stein des Anstoßes"

Dieses Werkzeug habe ich von einem sehr alten Landarzt geschenkt bekommen. Obwohl er in der knallhart materialistischen Welt der konservativen Medizin gelebt hat, war dieser Mann dennoch auch offen für andere, eher feinstoffliche Einflüsse. Mit Hilfe der unten beschriebenen Methode hat er einige vermeintlich „austherapierte" Patienten dem zugeführt, was landläufig als Heilung bekannt ist.

Zuerst gilt es, die Augen aufzuhalten, denn Du begibst Dich auf eine kleine Expedition. Wenn Du z.B. spazieren gehst, halte bitte Ausschau nach einem Stein. Im Idealfall findest Du in der freien Natur einen passenden Stein, aber ebenso darfst Du Dir natürlich auch gerne Deinen ganz persönlichen Stein kaufen. Letztlich findet Dich immer der richtige Stein. Es gibt nur einen einzigen Anspruch an diesen Stein: Du solltest ihn zu jeder Zeit in der Hosen- oder Jackentasche mit Dir führen können. Ansonsten muss dieser Stein nur zu Dir passen, und demnach sollte er sich für Dich gut anfühlen.

Wenn Du einen passenden Stein gefunden hast, nimmst Du diesen in die linke Hand und hältst ihn fest. Nun konzentrierst Du Dich und denkst bitte folgenden Gedanken: *„Ich bin der Schöpfer meiner Realität."* Bleibe so lange bei diesem Gedanken, bis der Stein sich in Deiner linken Hand deutlich erwärmt hat. Sobald Du die Wärme spüren kannst, hast Du diesen Stein energetisch aufgeladen, und er wird seinen Dienst tun. Diese Aufladung wirst Du nun an jedem Morgen wiederholen und ihn dann in Deine rechte Hosentasche stecken. Sobald Du Dich einmal dabei ertappst, wie Du Dich selber mit negativen Gedanken oder Emotionen heruntermachst, nimmst Du den Stein aus der Tasche und steckst ihn in die linke Tasche. Dann richtest Du Dich innerlich wieder auf konstruktive Gedanken aus und machst einfach weiter.

Vergiss niemals: Im Grunde gibt es nur zwei Arten von Menschen. Die einen beschäftigen sich den ganzen Tag mit Dingen, die sie begeistern. Die anderen machen genau das Gegenteil und beschäftigen sich mit Dingen, die sie frustrieren. Der *„Stein des Anstoßes"* wird Dich daran erinnern, zu welcher Sorte Du gehören willst! Außerdem wird Dir seine energetische Ausstrahlung im Alltag wertvolle Hilfe leisten.

Übung 3: Deine Galerie der Kraft

Wir Menschen sind sehr visuell ausgerichtet, das sollten wir natürlich für unsere Zwecke nutzen. Zu diesem Zweck solltest Du Dir eine große Pinnwand oder eine Magnettafel besorgen und an einem Platz aufhängen, an dem Du sie möglichst oft am Tag sehen kannst. Alternativ bzw. ergänzend kannst Du natürlich auch die Galerie Deines Smartphones nutzen. In dieser Galerie nimmst Du nun Bilder Deiner Ziele auf. Wie Du das machst, spielt keine Rolle. Einer meiner Klienten hat seine Ziele mit Legosteinen nachgebaut und diese dann fotografiert. Eine andere Klientin hat ganz auf eine „Pinnwand" verzichtet und anstelle dessen Papiermodelle auf einem Regal arrangiert. Die Art und Weise spielt also keine Rolle. Wenn Du eher nüchtern bist, kannst Du auch einfach Karteikarten beschriften und diese anpinnen. Es gibt nur ein Kriterium: Die Galerie soll Dir einen Kick, einen Impuls verpassen, wann immer Du einen Blick darauf wirfst.

Du kannst und solltest auch die Trophäe von Deiner *Deklaration* daran anbringen. Auf diese Weise wirkt dieses Ritual dann noch lange Zeit positiv nach und kann auch in Zeiten helfen, in denen es etwas zäher ist.

Übung 4: Der Energie-Anker

Aus dem *Neurolinguistischen Programmieren* (NLP) stammt eine unglaublich spannende Technik, die ich Dir nicht vorenthalten möchte, nämlich die Technik der sogenannten „Anker". Grundsätzlich gibt es viele verschiedene Variationen dieses Werkzeuges, aber ich möchte mich hier auf eine besonders wirkungsvolle Variante konzentrieren.

Aber was ist eigentlich ein Anker? Ein Anker ist ein abstrakter Begriff für ein Programm, das Du selbst in Deinem Bewusstsein installieren und ganz einfach wieder abrufen kannst. Stellen wir uns einfach einen Fußballspieler vor: Wenn dieser ein Tor schießt, wird sein ganzer Körper mit Adrenalin überflutet, und er empfindet ein vollkommen natürliches Hochgefühl. Der Trainer der Mannschaft hat aber so seine Sorgen mit dem Spieler, denn wenn der Spieler mal gerade kein Tor schießt, ist er nicht ganz so „bewegungsfreudig" und insgesamt eher unmotiviert. Am Ende eines Trainingstages nimmt er seinen Spieler zur Seite und fragt ihn, ob er sich noch an sein letztes Tor erinnern kann. Der Spieler nickt und schaut seinen Trainer etwas verständnislos an. Der Trainer aber hakt nach und fragt, ob sich der Spieler noch ganz genau an das Gefühl in diesem Moment erinnern kann. Der Spieler lächelt, denn er kann sich tatsächlich an dieses Hochgefühl erinnern.

Daraufhin bittet der Trainer seinen Spieler, seine rechte Hand zur Faust zu ballen. Als der Spieler die Hand zur Faust geballt hat, bittet der Trainer ihn dann nochmals, ganz bewusst in das Hochgefühl einzutauchen. Auch dies befolgt der Spieler zögernd und hält die Hand zur Faust geballt. Der Trainer gibt seinem Spieler diese kleine Übung auch als Hausaufgabe mit. Der Spieler soll bis zum nächsten Spiel immer wieder gedanklich zum Torjubel gehen und dabei seine Hand zur Faust ballen. Vor dem nächsten Spiel nimmt sich der Trainer erneut seinen Schützling zur Seite und sagt ihm, dass er ihm während des Spiels ein Signal geben würde und der Spieler ihn deshalb besonders gut beobachten solle. Das Spiel beginnt, und die gegnerische Mannschaft schießt in den ersten zehn Minuten zwei Tore. Der Spieler beobachtet wie vereinbart seinen Trainer und registriert ein Zeichen von ihm. Der Trainer ballt seine Rechte vor der Brust. Der Spieler reagiert automatisch und registriert überrascht, dass er von der einen zur anderen Sekunde mit Energie aufgeladen wird und rennt dann wie ein Wahnsinniger dem Ball hinterher.

Dies ist eine Illustration eines Ankers, die wir hier benutzen möchten. Du kannst nahezu jedes Gefühl programmieren. Du bist auch keinesfalls auf die Faust als Auslöser des Ankers beschränkt. Wähle eine Geste, die sich richtig anfühlt und die zu Dir passt. Vor langer Zeit habe ich einmal das Reiben der Zeigefinger- und der Daumenkuppe mit dem Gefühl eines großen Erfolgs verankert. Diese Geste wirkt auch heute immer noch.

Also, überlege Dir einfach, welches Gefühl Du „installieren" willst. Grundsätzlich kann jedes Gefühl verankert werden, auch ein schlechtes. Für unsere Zwecke eignen sich natürlich besonders positive Gefühle. Auf diese Weise kannst Du auf „Knopfdruck" positive Energie ausstrahlen. Welche Energie fehlt Dir manchmal? Kraft? Mut? Vertrauen? Gelassenheit?

Hier nochmals eine Kurzanleitung:
1. Überlege Dir, welches Gefühl besonders hilfreich für Dich sein kann.
2. Entscheide Dich für einen Punkt Deines Körpers, den Du damit am sinnvollsten programmieren kannst (Hände, Gesicht...).
3. Erzeuge ganz gezielt dieses Gefühl. Erinnere Dich an eine Situation, in der Du dieses Gefühl ganz stark verspürt hast. Wenn möglich, steigere diese Empfindung sogar noch.
4. Führe die Geste durch, während Du dieses Gefühl spürst. Führe das so lange durch, wie es sich richtig anfühlt.
5. Wiederhole diese Aufladung gelegentlich.
6. Nutze diese Technik im Alltag, und beobachte, was mit Dir passiert.

Übung 5: Die Fischgräte
Jan van Helsing beschreibt in seinem Bestseller *„Hände weg von diesem Buch!"* auch die wunderbare Technik der sogenannten *Fischgräte*. Unglaublich viele Menschen wissen sehr genau, was sie *nicht* wollen – haben aber keine Ahnung, was sie nun aber eigentlich *wollen*. Dies ist natürlich ein Problem, denn wenn man sich auf das Nichterwünschte konzentriert, bekommt man es auch.

Genau an diesem Punkt kommt die Fischgräte ins Spiel. Vom Prinzip her handelt es sich um eine Pro-Kontra-Tabelle. In die eine Spalte trägst Du ein, was Du in Deinem Leben loslassen möchtest, und in die andere Spalte trägst Du ein, was Du anstelle dessen gerne hättest.

Kontra Was will ich loslassen?	Pro Was will ich?
Das unglaublich frühe Aufstehen.	Ich möchte mir die Zeit freier einteilen und eher abends arbeiten.
Mit der ewigen Raucherei geht es so nicht weiter.	Ich höre mit dem Rauchen auf und achte auf meinen Körper.

Mein langweiliger Job, der mich überhaupt nicht ausfüllt.	Ich interessiere mich sehr für Hunde und möchte das zu meinem Beruf machen.
Mein Leben wird von meiner Arbeit bestimmt, nie habe ich frei.	Ich mache ein Sabbatjahr, um meinem Leben eine andere Richtung zu geben.
Die ewigen Streitereien mit meiner Familie wegen meinem Jähzorn.	Ich suche mir Hilfe bei einem Fachmann und arbeite an mir.

Ein Spruch besagt, „dass man entweder Teil des Problems oder Teil der Lösung ist". Wenn Du die Fischgräte benutzt, wirst Du zum Teil der Lösung.

Eine weitere Variante der Fischgräte kann ein sehr wirksames Werkzeug bei komplizierten Entscheidungen sein. Das Grundprinzip bleibt weiterhin das Pro und Kontra. Du schreibst oben auf eine leere Seite: „Soll ich X tun?" (das X ersetzt Du natürlich durch eine reale Option), und legst darunter wieder eine zweispaltige Tabelle an. Links trägst Du erneut kontra und rechts pro ein. Das machst Du so lange, bis Dir keine Argumente mehr einfallen. Nun beginnst Du, die Argumente mit Punkten von 1-10 zu bewerten. Am Ende ist dann sowohl eine qualitative Entscheidung nach Anzahl der Argumente als auch eine quantitative Entscheidung anhand der Gewichtung der einzelnen Argumente möglich. Auf diese Weise kannst Du eine sehr ausgewogene, rationale Entscheidung treffen. Nun gilt es nur noch, Dein Bauchgefühl zu berücksichtigen...

Übung 6: Die Feedback-Analyse
In der Arbeit mit meinen Klienten nutze ich die Feedback-Analyse sehr häufig. Das Prinzip dahinter ist aber sehr simpel und kann auch außerhalb einer Coaching-Situation alleine genutzt werden. Bei dieser Technik geht es eigentlich immer nur um die beiden Zustände ist und soll.

„Ist" beschreibt dabei Deine gegenwärtige Situation. „Soll" beschreibt Deine Zielvorstellung. Zu Beginn steht eine ehrliche Bestandsaufnahme. Diese erfolgt schriftlich und sollte nicht mehr als eine handgeschriebene DIN-A4-Seite umfassen. Stichworte sind dabei notfalls auch ausreichend. Dieser Bestandsaufnahme folgt nun eine ebenso detaillierte Zielvorstellung. Diese sollte ebenfalls den Umfang einer DIN-A4-Seite nicht überschreiten.

Nun haben wir einen „Start" und ein „Ziel". Diese Reise könnte also losgehen. Jetzt geht es aber noch um den besten Weg zum Ziel. Nicht jedes Ziel kann in einem Monat, einem halben Jahr, einem Jahr oder in zehn Jahren erreicht sein. Dennoch ist die Formulierung des Endziels unglaublich wichtig. Beginne deshalb zu Anfang mit einem überschaubaren Zeitraum wie z.B. einem Monat. Welches Teilziel kannst Du in dieser Zeit erreichen? Denke ausreichend darüber nach und formuliere dieses Teilziel. Als Nächstes überlegst Du Dir die Maßnahmen, die Dich zu diesem Ziel führen können. Welche Schritte musst Du unternehmen? Notiere diese Maßnahmen ebenfalls. Schreibe ein Zieldatum unter dieses Zwischenziel, und dann legst Du los. Wenn das Zieldatum erreicht ist, beginnst Du mit einer neuen, ehrlichen IST-Analyse. Wenn Du diese Bestandsaufnahme formuliert hast, vergleichst Du diese mit dem geplanten „Soll-Zustand". Wo stehst Du im Vergleich zu Deiner Zielvorgabe? Bist Du darunter geblieben? Hast Du Deine Zielvorgabe erreicht? Hast Du die Zielvorgabe gar übertroffen?

Ich habe die Feedback-Analyse sehr erfolgreich mit einem Klienten durchgeführt, der nach langen Jahren im Beruf eine umfangreiche Fortbildung anvisierte. Damit war das Endziel leicht zu definieren: *„der erfolgreiche Abschluss der Fortbildung"*. Bis dahin war es noch ein weiter Weg, denn das Vorwissen meines Klienten befand sich nicht auf dem aktuellen Stand. Deshalb sah der erste Schritt dieser Feedback-Analyse so aus:

- **Ist-Zustand:** Zum jetzigen Zeitpunkt (6 Monate bis zur Fortbildungsmaßnahme) nur ungenügend aktuelle Fachkenntnis.
- **Soll-Zustand:** Erstellung einer Liste über Fachliteratur, die vor dem Fortbildungsbeginn auszuwerten ist, und die Beschaffung derselben. Erledigung bis zum 1. Oktober.

- **Maßnahmen:** Kontaktaufnahme mit Fortbildungsanbieter, Internetrecherche, Nachfrage bei Auszubildenden im Betrieb.

Wenn Du Deine Zielvorgabe nicht erreicht hast, bewerte Deine ergriffenen Maßnahmen. Warum waren sie nicht wirkungsvoll genug? Gab es unvorhersehbare Gründe für die geringe Effizienz?

Verfasse als Nächstes einen neuen „Soll-Zustand" mit einer realistischen Zeitspanne und gegebenenfalls neuen oder modifizierten Maßnahmen. Notiere den Termin für dieses Teilziel, und führe diesen Vorgang erneut von vorne durch. Auf diese Weise kannst Du auch langfristige und hoch komplexe Ziele im Auge behalten und sicher verfolgen. Möglicherweise wirst Du Dich während der Reise für eine andere Richtung und ein anderes Ziel entscheiden. Das ist eine völlig gültige Variante, denn Du wirst dies stets absolut bewusst tun.

Ein ehemaliger Klient hielt gar nichts von konsequentem Verhalten. Heute wollte er ein Fitnesscenter eröffnen, morgen eine Unternehmensberatung und übermorgen eine Surfschule auf Hawaii. Dieser Mann macht auch heute noch exakt das, was er getan hat, als ich ihn kennengelernt habe: Er ist Angestellter der Stadtverwaltung und (ver)träumt sein Leben. Nichts gegen Stadtverwaltungen, aber wenn man andere Träume hat, dann sollte man diese auch konsequent verfolgen – oder was denkst Du?

Übung 7: Erhöhung des Energiepegels
Diese Technik wird Dir sicherlich gefallen. In unserer Kultur ist „genießen" scheinbar ein irgendwie unanständiges Wort. Ebenso gilt „Begeisterung" oftmals fast schon als verpönt. Das Dumme an dieser Sache? Was war da nochmal gleich mit dem Prinzip: *„Der da hat, dem wird gegeben, wer aber nicht hat, dem wird auch das genommen, was er hat."*? Wer also „begeistert" sein will, der muss es auch sein! Das hört sich natürlich paradox an, ist es aber nicht. Einfach ausgedrückt: Du solltest Dich gut fühlen, um Erfahrungen zu machen, die sich wieder gut anfühlen. Anders kann es nicht funktionieren.

Was bedeutet das nun für Dich? Fange an zu leben! Beschäftige Dich mit dem, was Dir Spaß macht. Finde die Begeisterung, und lebe sie voll aus. Wenn Dich Sportwagen begeistern, warum mietest Du nicht mal einen? Sicher, da werden die Leute sagen: *„Schau mal, der X. Der hat einen Höhenflug!"* Sollen „die Leute" doch reden, denn etwas anderes *tun* sie nicht. Aber dafür *machst* Du etwas!

Eine Bekannte von mir ist glühender Fan einer lokalen Band und geht zu jedem Auftritt, auch wenn dieser noch so klein ist. Diese Frau gehört zu den glücklichsten Menschen, die ich kenne. Wen interessiert da noch, was die Kollegen oder die Nachbarn deshalb über sie erzählen?

Beschäftige Dich mit Dingen, die Dich begeistern, und höre nicht mehr auf damit. Erinnere Dich: Es gibt nur zwei Sorten Menschen auf der Welt: Menschen, die sich mit dem beschäftigen, was sie wollen und Menschen, die sich mit dem beschäftigen was sie *nicht* wollen. Das Geniale daran? Beide Menschengruppen bekommen noch viel mehr von dem, womit sie sich beschäftigen. Also – womit möchtest Du Dich beschäftigen? Was möchtest Du bekommen?

Übung 8: Könntest Du jetzt glücklich sterben?

Dieses Werkzeug kennst Du bereits. Wenn es genau jetzt an der Haustüre klingeln und der personifizierte Tod, der Sensenmann, davor stehen würde – könntest Du glücklich sterben? Wenn das nicht der Fall ist, was fehlt in Deinem Leben noch? Welche Erfahrung hast Du noch nicht gemacht? Welche Sache hast Du noch nicht bereinigt, mit wem hast Du Dich noch nicht ausgesöhnt?

Ich wünsche Dir von ganzem Herzen, dass Du noch viele, viele Jahre zur Verfügung hast. Irgendwann wirst Du aber wirklich von „Gevatter Tod" zu Deiner letzten Reise abgeholt. Kannst Du es Dir wirklich leisten, wertvolle Zeit zu verschwenden?

Über den Autor

Stefan Müller ist der Gedankencoach® und wurde 1978 in Siegburg/Rheinland geboren. Nach seiner Schulausbildung erlernte er einen therapeutischen Beruf und arbeitete erfolgreich mit tausenden von Menschen. Nach einiger Zeit erkannte er die Grenzen dieser Arbeit und entschied sich, zukünftig seinen eigenen Weg zu gehen. Der erste Schritt dieses Weges bestand in der Formulierung der Gedankencoach®-Methode und der Gründung einer eigenen Praxis für Coaching sowie der Organisation und Durchführung von Seminaren. Schwerpunkte  seiner Arbeit bilden dabei die gezielte Ermächtigung des Einzelnen, das Bekenntnis zur radikalen Selbstverantwortung und die effektive Vermittlung von mentalem und spirituellem Wissen.

Unternehmen aus den unterschiedlichsten Wirtschaftsbereichen lassen ihre Führungskräfte und Mitarbeiter vom Gedankencoach® motivieren, beraten und trainieren. Ebenso gehören Privatkunden, die mit ihm an ihrer Entwicklung arbeiten möchten, zu seinen Klienten.

Kontaktadresse:

Der Gedankencoach®
Stefan Müller, Postfach 1527, 53762 Hennef
Tel.: 02242-9086783
Homepage: www.dergedankencoach.de
Email: info@dergedankencoach.de
Youtube: www.youtube.com/user/Gedankencoach

DER GOLDENE BLICK

Sabine zur Nedden, Simone Alz

Wie Du Dein Leben noch nie betrachtet hast

Ohne zu ahnen, was ihn erwartet, besucht Herr Mensch die Praxis von Dr. Augenblick und wird in eine geheime Methode eingeweiht, die seinem Leben eine völlig neue Richtung gibt: DER GOLDENE BLICK. Mit seiner ergreifenden Geschichte eröffnet uns Herr Mensch hier dieses Geheimnis und erzählt, wie er sich selbst, seinen Alltag und das Leben komplett neu zu betrachten lernt. Was mit der Suche nach Antworten begann, wird zur persönlichen Transformation. Wie Sie hautnah erleben können, wird man auf eine sonderbare Weise in diese ungewöhnlichen Dialoge tief und wirksam miteinbezogen. Und so geht all das, was Herr Mensch mit Hilfe seines Meisters erkennt und erfährt, unmittelbar auf den Leser selbst über.

ISBN 978-3-938656-93-8 • 21,00 Euro

GLÜCK IM SPIEL, GLÜCK IN DER LIEBE

Chander Bhatia

Alles ist möglich, man muss nur wissen, wie...

Auf sehr verständliche Weise beschreibt der Lebens- und Partnerschaftsberater Chander Bhatia die Bedeutung von Geld, Liebe und Partnerschaft aus spiritueller sowie aus weltlicher Sicht. In Indien geboren und seit 1964 in Deutschland lebend, verbindet er indische Lehren mit dem westlichen Denken und schafft damit eine Grundlage, die uns hilft, unsere berufliche sowie die familiäre Situation aus einem anderen, neuen Blickwinkel zu betrachten – und beides neu auszurichten, denn beides gehört zusammen!
Sehr viele Menschen in der heutigen Zeit sind der Überzeugung, ihren inneren Frieden und ihr Glück nur zu finden, indem sie viel Geld besitzen. Sie glauben, damit auch ihre anderen Probleme lösen zu können. Dieses Denken entsteht schon in der Kindheit und prägt unsere heutige, westliche Gesellschaft. Doch hat sich dieses Denken als erfolgreich erwiesen? Wie sieht unsere Wirtschaftslage aus, wie die Scheidungsrate?
Geld ist eine Form von geistiger Energie. Wohlstand ist das Ergebnis unserer geistigen Einstellung. Das Besitzen von Geld bzw. materieller Energie reicht jedoch nicht aus, um inneren Frieden zu finden. Auch unser Bewusstsein spielt eine große Rolle in diesem Spiel sowie karmische Aspekte. Chander Bhatia erklärt in diesem, mit vielen Erlebnisberichten angereichertem Buch, wie dies funktioniert.

ISBN 978-3-938656-15-0 • 19,70 Euro

GEHEIMGESELLSCHAFTEN 3

Jan van Helsing

Halten Sie es für möglich, dass ein paar mächtige Organisationen die Geschicke der Menschheit steuern? Jan van Helsing ist es nun gelungen, einen aktiven Hochgradfreimaurer zu einem Interview zu bewegen, in dem dieser detailliert über das verborgene Wirken der weltgrößten Geheimverbindung spricht – aus erster Hand! Dieser Insider informiert uns darüber: Was die Neue Weltordnung darstellt, wie sie aufgebaut wurde und seit wann sie etabliert ist – weshalb die Menschen einen Mikrochip implantiert bekommen – dass die Menschheit massiv dezimiert wird – welche Rolle Luzifer in der Freimaurerei spielt – dass der Mensch niemals vom Affen abstammen kann – welche Rolle die Blutlinie Jesu spielt – dass es eine Art Meuterei in der Freimaurerei gibt, und was aus Sicht der Freimaurer auf die Menschheit zukommt.

ISBN 978-3-938656-80-8 • 26,00 Euro

DER VERHÄNGNISVOLLSTE IRRTUM UNSERER ZEIT

Rudolf Passian

Erfahrungen an der Schwelle zum Jenseits

Wussten Sie, dass der Tod des Körpers kein Ende der Persönlichkeit bedeutet, sondern nur eine Wende in unseren Lebensbedingungen? War Ihnen bekannt, dass zum Sterbevorgang ein riesiges Forschungs- und Erfahrungsmaterial von rund 150 Jahren vorliegt? Und dass wir offenbar eine Art Computer-Festplatte in uns tragen, die all unser Denken und Tun genauestens abspeichert? Ein beim Sterbevorgang ablaufender „Lebensfilm" zeigt uns, dass nichts verlorengeht!

Der mehrfach ausgezeichnete Forscher Rudolf Passian beschreibt in diesem Buch, was Menschen bei ihren faszinierenden „Grenzübertritten" ins Jenseits erlebt haben, was dies in ihrem Leben zur Folge hatte, und erklärt auch, wieso die momentanen Weltreligionen sowie die Wissenschaften und Mediziner kein großes Interesse daran haben, dass die Menschen von dieser „anderen Welt" erfahren.

Nach diesem Buch liegt es an Ihnen: Glauben Sie eher uralten Schriften oder heute lebenden Menschen, die von einer unsichtbaren Welt berichten, aus der wir alle kommen und in der wir uns eines Tages alle wiedersehen – eine Welt, vor der wir keine Angst haben müssen, sondern das Gegenteil?

ISBN 978-3-938656-36-5 • 21,00 Euro

POLITISCH UNKORREKT

Jan van Helsing & Co.

Mit der Schere im Kopf...

...müssen viele Autoren, Journalisten und Verleger arbeiten und schreiben nicht das, was sie gerne möchten und was auch die Bürger interessieren würde, sondern sie unterliegen einem unsichtbaren Diktat – der Politischen Korrektheit!

Wenn Sie bislang der etwas wohlmeinenden Ansicht gewesen sein sollten, dass *„man in Deutschland doch alles sagen darf, da wir doch eine durch das Grundgesetz garantierte Meinungsfreiheit"* haben, dann liegen Sie falsch. Wir dürfen sicherlich mehr sagen als in China oder im Iran oder in Nordkorea, aber bei uns darf man bestimmte Themen nicht ansprechen oder gar publizieren. Ansonsten folgt eine gesellschaftliche – meist durch die Medien angezettelte – Hetze und im Regelfall dann auch eine Bestrafung. Fakt ist, dass den Bürgern entweder Teile einer Nachricht vorenthalten werden, weil sie „politisch unkorrekt" sind und eventuell den „öffentlichen Frieden" stören könnten, oder es tauchen in vielen Fällen die Ereignisse überhaupt nicht in den Nachrichten auf, man hält sie einfach von der Öffentlichkeit fern, um das Volk nicht zu beunruhigen!

In diesem Buch wird hingegen Klartext gesprochen, denn wir Bürger sind reif genug und auch wert, dass man uns reinen Wein einschenkt über die Vorgänge hinter den Kulissen – in Deutschland und weltweit!

Jan van Helsing und 13 weitere Autoren lassen sich den Mund nicht verbieten und bringen in diesem Buch Themen zur Sprache, die womöglich von diversen Kreisen und Medienorganen als „politisch unkorrekt" beurteilt werden, die aber die Autoren als ganz besonders „lesens- und wissenswert" empfinden...

Behandelt werden Themen wie:

- Zensur in den Massenmedien
- Sexualisierung unserer Kinder
- Der Codex Alimentarius
- Migrantengewalt gegen Deutsche
- Ein Illuminat bricht sein Schweigen
- Flugscheiben bei der Bundeswehr
- Wer initiierte die Wirtschaftskrise?
- Die Klimalüge

- Gewalt gegen Polizisten
- Christenverfolgung in der Welt
- Geheimakte Rudolf Heß
- Neue Lügen um 9/11
- Impfen macht krank
- Die 99er-Loge
- Abtreibungskritik
- Das Terror-Trio

Selbstverständlich wird im Buch auch die Frage behandelt, WER denn ein Interesse an dieser Zensur hat und wohin das alles führen soll – denn dahinter steckt ein gut ausgedachter Plan einiger Mächtiger. Wollen Sie denen auch in die Suppe spucken?

ISBN 978-3-938656-60-0 • 24,00 Euro

JETZT REICHT'S! 2

Johannes Holey

Rote Karte für Krankheits- und Ernährungsschwindler

Der überraschende Beschluss der Regierungsvertreter Nahrungsergänzungs- und Naturheilmittel zu verbieten, jedoch weiterhin z.B. WLAN, das unsere Gehirne regelrecht ‚grillt', in allen Ecken und Winkeln zu erlauben, weckt Protest. Stellen Sie sich auch manchmal die Frage, wie man in einem solchen Chaos überhaupt gesund bleiben kann? Johannes Holey deckt in seinem 2. Band »Jetzt reicht's!« erneut eine Menge dreister Schwindel für Sie auf. Wussten Sie beispielsweise, dass man mit System die Familien zerstören will oder dass aus Profitsucht gezielt Krankheiten erfunden werden? In einer Zeit, in der immer mehr Masken fallen und Lügen Beine kriegen, floriert aber auch gleichzeitig ein noch nie dagewesenes Potenzial an neuen Unterstützungsmöglichkeiten!

ISBN 978-3-938656-09-9 • 19,70 Euro

JETZT REICHT'S!

Johannes Holey

Wie lange lassen wir uns das noch gefallen?
Lügen in Wirtschaft, Medizin, Ernährung und Religion

Sind Sie der Meinung, dass Sie durch Fernsehen und Presse die Wahrheit erfahren? Dann können Sie sich das Lesen dieses Buches ersparen. Der Autor lässt Sie einen Blick hinter all jene Lügen riskieren, die Ihre Gesundheit, Ihr Leben und das Ihrer Kinder bis aufs Äußerste belasten. Seine Recherche in der alternativen Fachpresse und in weit über hundert Wissenschaftsberichten liefert dazu die jeweiligen top-aktuellen Wahrheiten. Dort, wo mächtige Organisationen das Weltgeschehen steuern und die Mainstream-Medien dazu schweigen müssen, suchte und fand er reichlich Aufklärung, auch wenn man darüber teilweise sehr erschrickt. Johannes Holey demaskiert Lüge um Lüge – von erfundenen Krankheiten, über bewusste Mangelerzeugungen (Vitamin B12, Eisen u.a.), systematische Vergiftungen (Fluor, Übersäuerung u.a.), die lukrativen Ernährungslügen, den Fleisch-, Zucker- und Getränkeschwindel. Die möglichen Krankmacher Mikrowelle, Kunstlicht und Mobilfunk sind mit dabei wie auch das Klimakatastrophen-Märchen und die geplante Währungsreform.

ISBN 978-3-938656-44-0 • 21,00 Euro

DER GOLDKRIEG

Michael Morris

Fünf Banken steuern den Goldmarkt seit
100 Jahren – jetzt bekommen sie Gegenwind!

Seit dem Goldrausch Mitte des 19. Jahrhunderts wird der Goldhandel von einigen wenigen Londoner Banken kontrolliert. Seit einhundert Jahren bestimmen fünf Banken im „Goldfixing" ganz im Geheimen den Goldpreis für die gesamte Welt! Zwischen diesem westlichen Bankenkartell und den sogenannten BRICS-Staaten – unter der Führung von Russland und China –, tobt heute ein Währungskrieg, der gleichzeitig ein "Goldkrieg" ist. Der "Petro-Dollar" des Bankenkartells, das unsere gesamte Wirtschaft und Politik, aber auch unser Geldwesen steuert, ist am Ende. Der „US-Dollar" hat heute nur noch 2% seiner ursprünglichen Kaufkraft von vor einhundert Jahren. Mehrere Staaten Asiens, Afrikas und Südamerikas fordern offen das Ende der Dollarherrschaft. Sie plädieren für eine neue, durch Gold gedeckte Weltleitwährung. Seit 2012 sind tausende Tonnen Gold aus dem Westen nach Asien abgeflossen. Es findet ein Kampf um jeden einzelnen Barren statt. Einzelne Nationen, ja sogar einige US-Bundesstaaten, haben mittlerweile wieder Goldwährungen eingeführt, weil sie der FED und dem Bankenkartell misstrauen – und es werden immer mehr!

IWF-Direktor Dominique Strauss-Kahn wollte 2011 das in New York gelagerte IWF-Gold zurück in die Schweiz holen. Noch am selben Tag wurde er Opfer eines absurden Sexskandals. Muammar al-Gaddafi, der eine neue Goldwährung einführen wollte, erging es noch schlechter. Warum wollen die USA das Regime in Teheran wirklich stürzen? Warum hat die neue Führung in der Ukraine im März 2014 als erste Amtshandlung das Gold ihres Volkes heimlich in die USA geschafft? Warum haben sich mehrere US-amerikanische Spitzenbanker Anfang des Jahres 2014 nahezu gleichzeitig das Leben genommen? Wo ist das Gold der Deutschen Bundesbank? Wie viel Gold existiert überhaupt auf Erden, und wer hat es? Und was haben Zentralbanken wie die FED und die Bank of England damit zu tun? Diese und viele weitere Fragen beantwortet Michael Morris in seinem neuen Buch.

Gold war nicht nur die letzten 4.000 Jahre über das erfolgreichste Zahlungsmittel. Es wird auch in der Zukunft wieder eine wichtige Rolle in unser aller Leben spielen. Erfahren Sie hier alles über die Hintergründe, und darüber, wie Sie selbst am besten in Gold investieren.

ISBN 978-3-938656-12-9 • 21,00 Euro